# Neuromarketing

O GEN | Grupo Editorial Nacional, a maior plataforma editorial no segmento CTP (científico, técnico e profissional), publica nas áreas de saúde, ciências exatas, jurídicas, sociais aplicadas, humanas e de concursos, além de prover serviços direcionados a educação, capacitação médica continuada e preparação para concursos. Conheça nosso catálogo, composto por mais de cinco mil obras e três mil e-books, em www.grupogen.com.br.

As editoras que integram o GEN, respeitadas no mercado editorial, construíram catálogos inigualáveis, com obras decisivas na formação acadêmica e no aperfeiçoamento de várias gerações de profissionais e de estudantes de Administração, Direito, Engenharia, Enfermagem, Fisioterapia, Medicina, Odontologia, Educação Física e muitas outras ciências, tendo se tornado sinônimo de seriedade e respeito.

Nossa missão é prover o melhor conteúdo científico e distribuí-lo de maneira flexível e conveniente, a preços justos, gerando benefícios e servindo a autores, docentes, livreiros, funcionários, colaboradores e acionistas.

Nosso comportamento ético incondicional e nossa responsabilidade social e ambiental são reforçados pela natureza educacional de nossa atividade, sem comprometer o crescimento contínuo e a rentabilidade do grupo.

PEDRO DE CAMARGO

# Neuromarketing
## A Nova Pesquisa de Comportamento do Consumidor

O autor e a editora empenharam-se para citar adequadamente e dar o devido crédito a todos os detentores dos direitos autorais de qualquer material utilizado neste livro, dispondo-se a possíveis acertos caso, inadvertidamente, a identificação de algum deles tenha sido omitida.

Não é responsabilidade da editora nem do autor a ocorrência de eventuais perdas ou danos a pessoas ou bens que tenham origem no uso desta publicação.

Apesar dos melhores esforços do autor, do editor e dos revisores, é inevitável que surjam erros no texto. Assim, são bem-vindas as comunicações de usuários sobre correções ou sugestões referentes ao conteúdo ou ao nível pedagógico que auxiliem o aprimoramento de edições futuras. Os comentários dos leitores podem ser encaminhados à **Editora Atlas S.A.** pelo e-mail editorialcsa@grupogen.com.br.

Direitos exclusivos para a língua portuguesa
Copyright © 2012 by
**Editora Atlas S.A.**
**Uma editora integrante do GEN | Grupo Editorial Nacional**

1. ed. 2013 (5 impressões)

Reservados todos os direitos. É proibida a duplicação ou reprodução deste volume, no todo ou em parte, sob quaisquer formas ou por quaisquer meios (eletrônico, mecânico, gravação, fotocópia, distribuição na internet ou outros), sem permissão expressa da editora.

Rua Conselheiro Nébias, 1384
Campos Elísios, São Paulo, SP – CEP 01203-904
Tels.: 21-3543-0770/11-5080-0770
editorialcsa@grupogen.com.br
www.grupogen.com.br

Designer de capa: Leonardo Hermano

Editoração Eletrônica: Formato Editora e Serviços

## Dados Internacionais de Catalogação na Publicação (CIP)
## (Câmara Brasileira do Livro, SP, Brasil)

---

Camargo, Pedro Celso Julião de
Neuromarketing: a nova pesquisa de comportamento do consumidor / Pedro Celso Julião de Camargo.
São Paulo: Atlas, 2016.

Bibliografia.
ISBN 978-85-224-7484-4

1. Consumidores – psicologia 2. Marketing – aspectos psicológicos 3. Neuromarketing 4. Neuropsicologia 5. Propaganda – aspectos psicológicos I. Título.

| | |
|---|---|
| 12-12368 | CDD-658.8001 |

---

## Índice para catálogo sistemático:

1. Neuromarketing: administração      658.8001

# Sumário

*Prefácio*, vii

## Parte I

1    O estudo do comportamento do consumidor, 3

2    A história da neurociência e o comportamento, 22

## Parte II

3    As informações e o inconsciente, 35

4    A mentira, o autoengano e pesquisa de mercado, 40

5    Os vieses cognitivos e a pesquisa qualitativa de comportamento do consumidor, 56

6    Os vieses biológicos e a pesquisa de mercado, 68

7    Os vieses da memória e a pesquisa qualitativa de comportamento do consumidor, 74

8    Os vieses do comportamento econômico, 89

## Parte III

9    Neurociência e localizacionismo na pesquisa de comportamento econômico, 95

10    Neuroeconomia, economia e finanças comportamentais, 102

## Parte IV

11    O neuromarketing, 119

12    As pesquisas em neuromarketing, 126

13 Ética em neuromarketing, 148

14 O diagnóstico por imagem como instrumento de pesquisa de marketing, 155

15 O marketing sensorial, 172

*Referências*, 175

# Prefácio

A pesquisa de mercado vem se modificando, se reinventando, se aproximando de novas ciências e também se apropriando de novos métodos para dar conta de entender o comportamento do consumidor, que é algo muito complexo e nada fácil de ser pesquisado e muito menos de ser interpretado e levado para prática do marketing moderno, que tem exigido cada vez mais assertividade dos seus profissionais.

Nesse sentido, as pesquisas de comportamento do consumidor sempre estiveram apoiadas nas ciências sociais, mais especificamente na psicologia, que busca basicamente entender a mente do consumidor; na sociologia, para compreender como as pessoas agem em grupo e qual é a influência deste no comportamento do indivíduo; e ultimamente tem-se apoiado também na antropologia, com imersão na vida do consumidor, através do método etnográfico.

Mas a verdade é que nenhuma dessas ciências, sozinha ou em conjunto, pode dar conta de compreender exatamente tudo o que se passa na mente do consumidor, porque tal fenômeno é exatamente um processo físico-químico cerebral e não algo externo passível de observação pura e simplesmente. É muito mais complexo e enigmático, pois tem relação com uma história ontogenética (a vida do sujeito desde a concepção) e também com a sua história filogenética (a vida da espécie desde milhares de anos atrás). O consumidor não nasce uma tábula rasa ou uma folha de papel em branco sem conhecimento algum, que é o princípio adotado pelo marketing quando pesquisa os indivíduos buscando entender somente o que se passa no momento atual, no momento da escolha e da compra. Muito pelo contrário, o ser humano vem ao mundo cheio de informações de seus ancestrais hominídeos e seus comportamentos que deram certo no passado, na savana, e também de informações que foram registradas enquanto estava sendo gestado no útero da mãe.

Outro problema é que as ciências sociais oferecem uma perspectiva behaviorista, isto é, infere-se o comportamento ao observar e ao perguntar para o sujeito consumidor o motivo de escolha e compra de um produto ou serviço. Mas existe um universo interno que nos faz agir que não é levado em conta. Muitas informações que temos guardadas em nossa caixa-preta estão no inconsciente, mais especificamente 95% delas não estão acessíveis ao proprietário do cérebro, o que me faz pensar e acreditar ser difícil ou, melhor, quase que impossível que um sujeito entrevistado ou que responda a um questionário ou ainda que participe de um *focus group* possa dizer exatamente o motivo que o fez escolher tal produto e comprá-lo.

A neurociência e suas técnicas de diagnóstico é que vem preencher essas lacunas no entendimento do comportamento do consumidor, não como a solução definitiva, mas como uma nova e promissora ferramenta de pesquisa que deve ser levada em conta se quiser realmente entender o que se passa na mente do consumidor.

A verdade é que não me conformo em estudar o ser humano e fundamentalmente o seu comportamento sem levar em conta a biologia, pois é como se estudar uma planta sem usar a botânica ou pesquisar o comportamento animal sem uso da etologia. Inconcebível se quer ter-se uma visão holística do comportamento humano e mais especificamente de consumo.

Este livro busca a compreensão da natureza humana ligada a escolha e consumo de bens e serviços e as novas formas de pesquisas. Está dividido em quatro partes, cada uma delas com um propósito bem claro e definido.

Na Parte I estão os Capítulos 1 e 2, que têm o propósito de introduzir o assunto sobre o comportamento do consumidor, os fatores biológicos que nos fazem agir e a neurociência. É uma explanação sobre a anatomia e a fisiologia do comportamento humano. Aqui você perceberá a importância de se dar um foco biológico para os estudos e as pesquisas de comportamento do consumidor. É uma introdução para o assunto que se segue

A Parte II do livro é composta por seis capítulos e traz à tona os aspectos biológicos que podem vir a prejudicar a pesquisa qualitativa tradicional de comportamento do consumidor. No Capítulo 3, a obra trata especificamente do inconsciente e seus impeditivos para uma pesquisa de comportamento de consumo com uso de métodos como os questionários, entrevistas ou observação. No Capítulo 4, eu ressalto a nossa natureza mentirosa, mostrando o engano e o autoengano como mecanismos biológicos de defesa e adaptação ao meio, o que também é impeditivo de ter-se conhecimento de uma real motivação do consumidor. No Capítulo 5, são os vieses biológicos, mais especificamente os hormônios, que atuam de maneira diferente na mulher e no homem e mesmo naquela em suas fases do ciclo menstrual, modificando os seus comportamentos e que não são levados em conta na hora de se escolher o indivíduo que será pesquisado. No Capítulo 6, trato dos vieses cognitivos como a ancoragem, a conformidade e até os vieses que atingem os próprios pesquisadores, sejam eles entrevistadores ou analistas de pesquisa do comportamento de consumo. No Capítulo 7, o livro trata de vieses também, mas desta vez são as falhas e truques da memória humana. A falsa memória, a transitoriedade e até a distração atrapalham quem intenciona obter a verdade do consumidor com perguntas seja via questionário ou via entrevista e *focus group*. Ainda nesta segunda parte, no Capítulo 8, a obra trata dos estudos em economia e finanças comportamentais sobre os enganos que cometemos sem que tenhamos consciência deles, como o excesso de confiança, o otimismo e o conservadorismo. São vieses que nos levam a comportamentos econômicos completamente equivocados.

Na Parte III estão os Capítulos 9 e 10, que são introdutórios aos novos estudos do comportamento econômico humano e que deram origem ao neuromarketing. O primeiro deles, o Capítulo 9, discorre sobre a neurociência, não mais histórica, como no primeiro capítulo, mas o movimento dela em direção à busca do conhecimento, e principalmente da verdade, que tem levado o ser humano a pesquisar e mapear os processos cerebrais, tanto com o objetivo de buscar a cura para doenças neurológicas como para tentar entender os porquês do comportamento humano. No Capítulo 10, o aparecimento das novas visões da economia e das finanças ligadas aos estudos neurocientíficos fazendo surgir a neuroeconomia, as finanças comportamentais e, a partir delas, o neuromarketing.

Na Parte IV, no Capítulo 11, a obra explica como surgiu essa tal ciência aplicada denominada neuromarketing por conta da busca incessante de novos métodos de pesquisa do comportamento do consumidor. O Capítulo 12 entra mais especificamente nas pesquisas em neuromarketing, os cientistas e universidades pioneiras no uso das novas técnicas e também as empresas que surgiram para transformar os estudos antes acadêmicos em produtos mercadológicos. No Capítulo 13, o livro trata da ética na pesquisa em neuromarketing, mais especificamente sobre bioética. Já no Capítulo 14, o livro discorre sobre o uso da imagem como ferramenta da pesquisa científica, os métodos e instrumentos usados nos estudos em neurociência e em neuromarketing, o diagnóstico por imagem como instrumento de pesquisa de marketing. E o último capítulo, de número 15, encerra com a nova perspectiva do marketing sensorial, algo que já era usado, mas sem uma visão biológica que agora se impõe por tomar-se consciência de que os sentidos são as portas de entrada para o sistema nervoso, e ele é que processa nosso comportamento em geral assim como o de consumo.

Espero que goste da leitura. Enorme abraço.

*Pedro de Camargo*

# Parte I

# 1

# O Estudo do Comportamento do Consumidor

## 1.1 O FATOR BIOLÓGICO NAS TEORIAS DO COMPORTAMENTO

Uma das primeiras linhas de estudo sobre o comportamento foi o behaviorismo, que se originou na Rússia com Ivan Petrovich Pavlov (1849-1936) e nos Estados Unidos com John Broadus Watson (1878-1958), que é chamado de "o pai" do behaviorismo. Ele declarou em 1913, num artigo intitulado "Psychology as the behaviorist views it" (A psicologia como os behavioristas a veem), que o objeto de estudo da psicologia deveria ser o "comportamento" e não mais a "mente", e que essa ciência formularia generalizações amplas sobre o comportamento humano, com experimentos passíveis de réplica em qualquer laboratório. Burrhus Frederic Skinner (1904-1990) foi outro nome de suma importância no estudo do comportamento, com visão voltada para o comportamento como interação entre o sujeito e o ambiente.

Para a sociobiologia, todo comportamento tem relação com a sobrevivência. Ele surge porque é de alguma forma um processo adaptativo, ou seja, existe porque aumenta as chances de um indivíduo de propagar seus genes para novas gerações. Ainda hoje, a denominada psicologia evolucionista tenta explicar, do ponto de vista da seleção natural, todo tipo de comportamento. Nós somos como todos os animais, programados para a sobrevivência e para reproduzirmo-nos espalhando nossos genes, que são nossos objetivos básicos ou primários, e esse fato dirige nosso comportamento. Se as teorias e os cientistas pesquisadores da psicobiologia, da genética comportamental e da biologia evolutiva estiverem corretos, o que eu particularmente acredito, o cérebro reptiliano, onde se processam esses instintos, e o sistema límbico, onde se processam as emoções, são quem comanda boa parte de nossas ações, porque nessas áreas cerebrais é que se encontram as tais programações vitais. Muitas vezes, principalmente nos preceitos das ciências sociais, não se admite que o homem, supostamente no topo do processo evolutivo, possa agir por instinto. O antropocentrismo não nos deixa enxergar, muito menos admitir que também nós agimos, com alguma frequência, por puro instinto. Assim, os comportamentos que observamos ainda hoje nos seres humanos, após bilhões de anos de evolução natural, podem, em parte, ser explicáveis em termos de favorecimento da sobrevivência e da propagação dos genes. Eu digo em parte, porque não é só o processo evolutivo que determina todo o comportamento pura e simplesmente, mas o fato é que deve ser levado em conta, sim, na análise e no entendimento das motivações, das ações e das atitudes do ser humano.

Muitas são as críticas feitas à sociobiologia ou psicologia evolutiva e à genética comportamental e seus pesquisadores. Uma delas é que essas linhas de pensamento são deterministas, pois todo comportamento está vinculado à sobrevivência e à propagação eficiente dos genes. Por um lado nós não podemos negar o evolucionismo e também não podemos negar a sua maior evidência nos seres humanos, cérebro triúno (cérebro reptiliano, sistema límbico e neocórtex), onde existe uma parte deste que encontramos nos seres humanos e nos répteis, outra que encontramos também nos humanos e em outros animais e a terceira, camada cerebral, que encontramos em nossos cérebros e nos macacos também, mas por outro lado não podemos aceitar a sobrevivência e a procriação como únicos fatores de determinação do comportamento. Devemos também estar atentos para o aprendizado, a relação corpo-ambiente, os relacionamentos interpessoais, a geografia e outros fatores que, juntos, determinam as ações de um indivíduo. Os indivíduos têm um repertório comportamental que resulta da interação entre a filogenia (história evolutiva da espécie) e a ontogenia (história evolutiva do indivíduo).

A filogenia atua sobre a evolução da espécie humana e seleciona tipos de comportamentos favoráveis à sobrevivência dessa mesma espécie, e a ontogenia atua pela interação de cada indivíduo, em particular, com o ambiente que o circunda desde o início do seu desenvolvimento, e por sua vez seleciona tipos de comportamentos eficazes para a adaptação daquele ser no ambiente mutável. Isso não é desumanizar o comportamento, como muitas críticas afirmavam, principalmente as vindas da antropologia, muito pelo contrário, é não negar a condição biológica do ser humano, não ser reducionista.

A psicologia evolucionista nos alertou e ainda nos faz lembrar-se da nossa condição básica, de um ser vivo, e que em função desse fato inegável é preciso, ao se estudar o comportamento, levar em conta os aspectos biológicos que o promovem.

Mesmo o behaviorismo, que influenciou e muito a ciência da psicologia durante o século passado, tendo como seu principal autor Skinner, tem como premissa fundamental a ideia de que o ser humano tende a fazer coisas pelas quais é recompensado e não pelas quais é punido, o que denota a forte influência externa no comportamento.

Assim, não há vontade intrínseca, pois é sempre o estímulo externo que determina o comportamento. Já a psicologia evolucionista busca os motivos de determinadas ações comportamentais nas bases biológicas dos nossos antepassados, o que faz todo sentido. O comportamento ancestral está ligado às emoções mais escondidas, menos notadas e consequentemente menos entendidas e que por sua vez influenciam de maneira pungente o comportamento dos indivíduos.

Não há como desconsiderar que a evolução deixou marcas que carregamos até hoje. Se a anatomia tem relação com a ancestralidade do cérebro e de todo o sistema nervoso, certamente não se pode negar que a fisiologia também, e junto com elas os neurotransmissores. Portanto, não é possível negar a influência da evolução no comportamento, que está diretamente ligado ao sistema nervoso. É preciso também somar os entendimentos, teorizar holograficamente, sem que uma teoria elimine a outra. Não há apenas um fator, mas a incidência de vários.

Em termos científicos, o comportamento pode ser visto de várias maneiras. Para a psicologia, ele é o seu próprio objeto de estudo, é a conduta, procedimento, ou o conjunto das reações observáveis em indivíduos em determinadas circunstâncias; para a biologia, esse termo significa todas as ações dos seres vivos; para a antropologia, são os aspectos da cultura necessariamente que se referem ao organismo humano; na sociologia, são as atividades dos grupos humanos. De maneira geral, comportamento é definido como o conjunto de ações ou reações de um sistema dinâmico, vivo, em face das interações e realimentações propiciadas pelo meio onde está inserido. Todas as definições estão ligadas aos movimentos ou ações dos seres humanos em função de uma provocação externa, mas nota-se que os pontos de vista são bem diferentes: para a antropologia, psicologia e sociologia, que "olham de fora", o comportamento é uma reação a uma ação ambiental e para a biologia, que tem um "olhar de dentro", isto é, no interior do corpo, mais especificamente do sistema nervoso, o comportamento é mais visto como uma ação do corpo em relação às mudanças ambientais. Para as três ciências anteriores há uma perceptível passividade do sujeito, que é provocado, induzido a agir. Já para a biologia, o corpo age de maneira independente, ele tem vontade própria. Na verdade, o sistema nervoso age com intenção própria quando lhe é conveniente e reage quando há uma provocação aceita pelo sistema nervoso, que mesmo assim é uma ação de um "sistema dinâmico" e não de um objeto passível de ser moldado por forças externas somente.

É neste ponto que percebe-se uma certa brecha deixada pelas ciências sociais para explicar fenômenos do comportamento, pois elas são antropocêntricas, colocando o homem acima de todas as espécies e esquecendo-se que o social é antes biológico. Os animais também se agrupam para defender-se; eles têm organização social para reproduzir-se, têm costumes parecidos porque têm descendência comum e vivência próxima. Vê-se também que as teorias sociais são deterministas ambientais, negando a participação efetiva do ser humano nas escolhas, negando que temos instintos e ações que se dão a partir do inconsciente.

No campo da filosofia da mente discute-se muito sobre o dualismo e o monismo. O primeiro considera a mente algo separado da fisiologia cerebral e o segundo um processo único, resultado da física e da química que agem em função da sobrevivência e da reprodução. É o chamado monismo materialista, por acreditar que tudo é uma coisa só, que o cérebro produz a mente mediante processos físicos e químicos. Se adquirimos informações ambientais por meio do sistema nervoso, e o cérebro é parte do sistema nervoso central e a mente se processa no cérebro, esta só pode ser uma combinação de atividades neurais físicas e químicas.

Torna-se urgente uma forma de investigação que nos traga informações internas, diretamente do sistema nervoso humano central e periférico, que por sua vez tem informações muito valiosas sobre como se processa intrinsecamente a motivação que gera um comportamento determinado. É a busca de entendimento da anatomia e da fisiologia do comportamento humano. Definitivamente, não dá mais para analisar comportamento do consumidor somente com métodos por observação, entrevistas ou questionários, sejam estes quantitativos ou qualitativos. Se queremos métodos mais assertivos, é preciso analisar outros aspectos além dos que se observam ou dos que se percebem.

## 1.2 ANATOMIA E FISIOLOGIA DO COMPORTAMENTO

Entender as funções de cada área ou região do cérebro e sua participação e grau de influência no comportamento humano é de extrema importância. Para tanto, os neurocientistas interpretam as imagens do cérebro obtidas mediante o uso de equipamentos de alta tecnologia que realizam exames não invasivos. Fazem isso através de informações sobre o fluxo sanguíneo em cada região, correlacionando-as com a provável função metabólica dessa área, mostrando com isso evidências de sua maior ou menor atividade, o que responde às perguntas que até hoje não se tinha sobre o papel do cérebro no comportamento humano. Para que se possa entender a anatomia do comportamento, é necessário conhecer o cérebro e aqui serão apresentadas cinco regiões cerebrais que estão mais intimamente ligadas e envolvidas com o comportamento humano.

A primeira delas é o sistema límbico, excetuando os lobos temporais profundos e também o giro do cíngulo, compreendendo então o hipotálamo e áreas imediatamente vizinhas e as estruturas talâmicas, que têm funções extremamente importantes para o comportamento humano.

O sistema límbico é a área que acrescenta emoção à conduta humana, tanto a positiva como a negativa. Essa região cerebral tem uma grande influência no comportamento humano, pois filtra e interpreta os eventos ambientais externos. Ainda nesse aspecto, o sistema límbico tem sido responsabilizado também pela tarefa e como local de armazenagem de lembranças emocionais, tanto as positivas como as negativas. Se uma situação qualquer causou algum trauma ou, pelo contrário, trouxe muita emoção positiva forte para um indivíduo, o componente emotivo daquela lembrança está guardado no sistema límbico, o que também vai influenciar a percepção que temos de determinados eventos. A área límbica tem uma ligação com a motivação e o impulso, que faz a pessoa ter vontade de seguir adiante, de ir em frente e tomar atitudes.

Esse sistema está ligado ao córtex pré-frontal, que se situa bem acima dos olhos e cuida do pensamento racional, do planejamento, o que faz com que, quando o primeiro é acionado, as emoções tendem a prevalecer sobre o indivíduo, sejam positivas ou negativas. Quando, por sua vez, o córtex pré-frontal prevalece, as emoções estarão sob controle.

A emoção está diretamente relacionada com o nosso comportamento. Ela modula os ímpetos e ações pessoais no dia a dia, dependendo da maneira como se perceba a situação e também a relação que se faz desta situação com lembranças de ocasiões passadas semelhantes. Assim, o comportamento humano está vinculado e diretamente ligado às emoções positivas ou negativas processadas no sistema límbico, por isso a estreita correlação entre esta área do cérebro e a maneira de um sujeito comportar-se.

Os gânglios basais são formados por estruturas que se localizam também no centro do cérebro, nas cercanias do sistema límbico. A função desse conjunto de estruturas tem relação direta com a integração dos sentimentos, dos pensamentos e movimentos. Elas agem como um sistema que controla o acionamento ou não do córtex pré-frontal, o que significa ligar ou desligar a vontade de agir, modulando a motivação. É a área cerebral que cuida da coordenação entre as emoções, os pensamentos e os movimentos físicos. Quando os gânglios basais estão muito ativos, o indivíduo fica tenso e a tendência é de paralisia corporal, assim como de pensamento. É quando se diz popularmente que o sujeito travou diante da situação. Ao contrário, quando os mesmos gânglios basais estão em baixa atividade as pessoas agem, mesmo numa situação de medo ou adversa, porque o acionamento do córtex pré-frontal, a área responsável pelo raciocínio lógico, racional, funcionou. Neste caso, o sujeito não paralisa seus pensamentos e nem suas ações corporais.

Além dessas funções, essas estruturas cerebrais têm relação com a motivação dos indivíduos. Os gânglios basais fazem parte de uma rede de neurônios que guia as decisões dos indivíduos em relação a agir ou não em função de estímulos externos ou internos. Essa rede neural é chamada de alça límbica, porque envolve várias áreas do sistema que leva o mesmo nome. As provocações ambientais externas ou internas passam pelo sistema límbico e nele os dados têm um tratamento emocional, isto é, são avaliados em nível emocional, e estas avaliações, por sua vez, devem passar pelos gânglios basais, que, como disse, vão provocar ou não a ativação do córtex pré-frontal. Daí, se o córtex não recebe a informação, a decisão de ação não acontece, não é tomada. O que acontece é que, nesse caso, a "importância emocional" não é dada ao estímulo vindo do ambiente externo ou interno e a motivação não ocorre, nem a vontade de agir.

Depois de todos os fatos apresentados, nota-se que os gânglios basais são estruturas que têm um vínculo direto com o comportamento humano. Reagir ou não aos estímulos ambientais, sejam eles de natureza externa ou interna, o que significa adotar um comportamento determinado frente à situação que se apresenta, é uma atividade também regulada pelos gânglios basais.

O córtex, pelo viés da teoria evolucionista, é a região mais nova do cérebro humano. Nele situa-se a área pré-frontal, que ocupa mais ou menos um terço daquele e tem a função de supervisionar e direcionar as ações do sujeito. Se ocupa das funções executivas, como o julgamento, o controle, a organização e o planejamento do comportamento. Quer dizer, a capacidade do ser humano de determinar objetivos, de planejar o futuro, que é um sinônimo de eficiência, está ligada a essa área cerebral e às conexões que ela faz com outras partes do cérebro. Para ter-se uma ideia, a capacidade de pensar antes de fazer ou dizer algo é associada à atividade do córtex pré-frontal, enxergar um evento qualquer antecipadamente para poder planejá-lo, resolver problemas situacionais, aprender com os erros cometidos anteriormente, escolher entre duas opções são também situações que ativam o pré-frontal. A concentração é outra capacidade humana que tem a participação dessa área e é de fundamental importância para o aprendizado e também para a memória, que por sua vez influencia na maneira das pessoas comportarem-se. Nesse sentido, quando o córtex pré-frontal está com atividade baixa, a pessoa fica mais dispersa, distraída e desconcentrada.

Diferente do sistema límbico, onde se processam as emoções, o córtex pré-frontal é que permite que você sinta e expresse as emoções, traduz as atividades do sistema límbico em sentimentos expressos reconhecíveis como as palavras. Sua atuação sobre o comportamento é fundamental, pois é nessa área que se processa a capacidade de pensar sobre as possíveis consequências de um comportamento. Sem a atuação dele, fica difícil agir de modo comedido sem que o impulso tome conta. É o caso clássico de Phineas Gage, que num acidente teve seu córtex pré-frontal danificado e passou a comportar-se de maneira completamente oposta do que antes do acidente, quando era, segundo relatos de amigos e familiares, um sujeito pacato, respeitoso, contido nos seus atos. Depois do ocorrido, um indivíduo sem paciência, estourado e impulsivo. De uma maneira bem simplista, o córtex pré-frontal tem muitas conexões com o sistema límbico e envia mensagens inibitórias que não eliminam as emoções, mas ajudam a mantê-las sob controle.

Em se tratando de comportamento humano, é o córtex pré-frontal que freia os impulsos, mantém a concentração e ajuda nas reações rápidas analisando a situação, planejando e medindo as consequências dos atos físicos e das palavras expressas. É nessa área do cérebro que há o controle do comportamento extremado.

Giro do cíngulo é a região do cérebro que se localiza numa camada mais profunda do córtex acima do corpo caloso, que permite às pessoas mudarem sua atenção de um ponto para outro, mudar de ideia e perceber opções. É a área que processa a capacidade do ser humano de ter flexibilidade e adaptar-se às mudanças ambientais externas, administrando de maneira eficaz essas mudanças. O enfrentamento de problemas da vida é beneficiado pela atividade dessa área. O sistema do giro do cíngulo, junto com outras áreas, influencia no pensamento orientado para o futuro e o seu mau funcionamento pode fazer com que o indivíduo preveja eventos negativos e como consequência sinta-se inseguro.

Em relação ao comportamento humano, o giro do cíngulo é a área que mantém a flexibilidade mental do sujeito para que ele possa comportar-se de maneiras diferentes em situações e ambientes variados como forma de adaptação. Além, é claro, de gerar atitudes cooperativas tão importantes para a vida em sociedade, também vitais para a sobrevivência e reprodução humana.

Os lobos temporais também têm relevância para o comportamento porque são atuantes no aprendizado, na memória do ser humano. Eles se localizam no córtex e são vizinhos do pré-frontal, situados entre este e o tronco encefálico. As experiências que armazenamos em nossa memória são responsáveis pela própria identidade do sujeito e pela ligação dele com as pessoas, os coespecíficos. Nos lobos temporais são guardadas as imagens da vida que contribuem para esse senso de si e da relação com os outros e que influenciam cada ação que a pessoa realiza. No lado esquerdo do cérebro, os lobos temporais estão envolvidos com o entendimento e processamento da linguagem, as memórias de médio e longo prazo e o processamento visual e auditivo. No lado direito, estão envolvidos com a leitura de expressões faciais, percepção de entonações vocais dos outros, musicalidade e também aprendizagem visual.

Para a busca de entendimento do comportamento, os lobos temporais são vitais por vários motivos. Um deles é que a memória de fatos passados age sobre a forma como as pessoas se comportam. O aprendizado, seja ele via textos ou imagens, usando o lado esquerdo do cérebro ou o direito, também pode modificar o comportamento.

Assim, o papel dos lobos temporais, na forma do ser humano se comportar, é de primeira ordem.

Várias são as áreas envolvidas nos fenômenos que incidem no comportamento. O entendimento de cada uma delas separadamente e da conexão entre elas nos faz ter uma compreensão maior de como as pessoas agem. A pesquisa neurológica pode trazer à luz a sistemática não observável do comportamento. Somando-se esta ao que pode ser observado com o uso de métodos psicológicos e antropológicos, ter-se-á uma análise mais completa do fenômeno tão intrigante que é o comportamento humano. Melhora a assertividade, a eficácia da pesquisa de comportamento seja ela científica ou aplicada. Teremos mais dados para somarmos o que é estimulante em todos os pontos de vista.

## 1.3  O INCONSCIENTE, OS PROCESSOS AUTOMÁTICOS, O INSTINTO E O COMPORTAMENTO HUMANO

Como nos explica a psicologia evolucionista, o homem moderno, assim como os nossos ancestrais, é movido basicamente pelo instinto, e a inteligência foi um incremento numa criatura antes instintiva. O ser humano não é um ente ou organismo vivo inteligente, mas um ser instintivo dotado de inteligência. A inteligência e o controle intelectual aumentaram a capacidade humana para sobreviver ao proporcionar uma ampliação na escolha de comportamentos, mas os aspectos inatos não desapareceram. Caso queira, o indivíduo pode ter um controle intelectual sobre o seu comportamento, mas essa capacidade não anula a atividade inconsciente, nem diminui sua importância e influência nas escolhas do sujeito.

O inconsciente tem um papel fundamental no estudo do comportamento humano, tanto que, além da psicanálise, a psicologia evolucionista e a neurologia, cada uma à sua maneira, com vieses particulares, atentam para tal aspecto do comportamento dos seres humanos. A psicologia evolucionista trata dos processos inconscientes quando alega que os indivíduos da espécie humana têm certos comportamentos ligados aos comportamentos dos ancestrais (exemplo para o comportamento dos caçadores-coletores que viviam na savana africana, a que ela dá nome de instinto). A neurologia faz o mesmo quando nos mostra que a maioria das ações comportamentais das pessoas passa pelo sistema límbico e pelo sistema mesolímbico ou cérebro reptiliano, que tratam das áreas que governam, respectivamente, os estados emocionais e os processos automáticos ligados à sobrevivência e bem longe do córtex, área cerebral muito desenvolvida em nossa espécie, que governa nossos pensamentos conscientes e controlados.

O adjetivo "inconsciente" designa aqueles processos que ocorrem no cérebro e que não são conscientemente reconhecidos. Mas esse mesmo termo pode também ser empregado como substantivo, com uma conotação pejorativa, para falar de um indivíduo irresponsável ou louco, incapaz de prestar contas de seus atos. As ações humanas inconscientes são atitudes tomadas sem que se pense nelas, sem que se reflita sobre elas, isto é, novamente, sem que tenham sido percebidas pelo córtex pré-frontal. Daí se diz: "esta atitude que ele tomou foi inconsciente" ou "ela não sabia o que estava fazendo". Isso mostra que nós não aceitamos que o inconsciente possa gerar comportamento, porque somos antropocêntricos e uma atitude inconsciente cabe ao animal e não aos indivíduos da espécie humana. É inconcebível e inaceitável, social e culturalmente, a ação inconsciente. Isso nega e contraria a natureza humana que nos imputa comportamentos inconscientes para a sobrevivência e para a reprodução, por mais que nós possamos negar esse fato, e a partir daí damos outras explicações para o comportamento humano, mais condizentes com a nossa "posição superior" no reino animal e de acordo com as nossas crenças. As ciências sociais alegam que a aceitação da inconsciência poderia gerar uma desculpa e a não responsabilização do indivíduo pelas muitas atitudes socialmente intolerantes. Que, se assim fosse, ele não seria culpado por seus desvios de conduta, pois foram inconscientes. Mas os processos inconscientes não anulam a consciência, ela está presente, mas pouco ativa. Certamente o indivíduo sabe que está fazendo algo que não deveria, sabe que está contrariando os preceitos morais existentes nas sociedades, mas não consegue agir de maneira diferente.

O que defendo aqui é que o inconsciente participa da formação do comportamento e não determina o mesmo. Ele é um componente desse comportamento e por isso deve ser levado em conta e analisado. Acredito que não há comportamento humano puramente inconsciente, a não ser em estados neurológicos específicos em que a consciência não está ativa. Os processos inconscientes atuam em paralelo com os processos conscientes. Contanto que estejamos despertos e alertas, estaremos sempre conscientes, mas nossas atitudes têm uma pitada de inconsciente também.

Desde René Descartes (1596-1650), quando este postulou o princípio do dualismo entre a mente e o corpo, a consciência tornou se o lugar da razão, em contraste com o universo da inconsciência ou não razão. O inconsciente não era compreendido.

O mesmo se deu, em outra época, com o hemisfério direito, que, por não ser estudado, não era compreendido e por isso passou a ser um hemisfério menos importante, secundário em relação ao hemisfério esquerdo. Nesse sentido, o pensamento inconsciente deveria ser domesticado para integrar-se à razão ou então deveria ser rejeitado em forma de loucura. Viu-se por muito tempo o inconsciente como uma dissociação da consciência, ou seja, uma subconsciência ou automatismo mental.

Inconsciente não é um local no cérebro, é a forma de processamento de alguns eventos mentais, isto é, tudo o que acontece dentro do cérebro do indivíduo sem que ele tenha consciência. Os processos automáticos, que são atividades corporais, biológicas, como a aceleração do coração por estar-se com medo, suor nas mãos quando se está nervoso, processam-se de forma inconsciente, tal como o instinto, pois são ações provocadas por uma memória ancestral processada no cérebro reptiliano; sem que se tenha a mínima ideia do porquê, está-se agindo de determinada maneira. É um impulso.

As células nervosas se comunicam incessantemente, sem que percebamos, e muitas vezes o cérebro tem suas razões em função da defesa do corpo, mas não nos coloca a par de suas atividades e comandos. Essas ações são ordens cerebrais para o corpo de que nós não temos informação consciente, são os processos automáticos. Elas acontecem sem o nosso conhecimento e muitas vezes sem nosso consentimento. O cérebro não precisa de permissão para agir; ele o faz sempre que o corpo necessitar, sempre que estiver em perigo. Os processos automáticos nos ajudam na defesa e no ataque, na fuga, na mudança ambiental brusca e em toda e qualquer situação que possa colocar o corpo em risco. Os processos automáticos são inteligentes, sagazes e eficientes. Por meio de um fantástico, eficiente e eficaz sistema de mensagens trocadas entre os milhões de neurônios que temos, ligados aos órgãos, essas várias estruturas do corpo vão informando constantemente suas necessidades e, a partir dessas informações, vão sendo feitos ajustes no organismo para manter a vida. Todos esses processos automáticos vão acontecendo inconscientemente, até porque "em sã consciência" não teríamos como prestar atenção em tudo o que ocorre dentro e fora do nosso corpo. E por esse motivo é que muita coisa no cérebro acontece de maneira automática e inconsciente. É a sabedoria do corpo.

Os processos automáticos são acionados ou se processam no cérebro reptiliano e também no cérebro límbico. É nessas áreas que os automatismos corporais são decididos e através delas acionados. Esses processos podem nos dizer muito sobre o comportamento humano, basta que comecemos a prestar mais atenção a eles. A dilatação da pupila pode nos mostrar uma intenção, a aceleração do coração também, a sudorese nas mãos, dilatação das narinas, as microexpressões faciais, a aceleração da respiração e por aí em diante. É que, como venho mostrando, o marketing não se atenta para os fatores biológicos, volta-se para o psicológico, o sociológico e o antropológico que têm muitas informações, mas não as básicas ou primeiras, que são as biológicas, aquelas que são inerentes à natureza física e química do ser humano. Seria de grande ajuda para as pesquisas e para o entendimento do consumidor, e consequentemente para a ciência econômica e para as próprias empresas, se os profissionais da área de marketing e suas subáreas começassem a focar mais nesses aspectos. Os nossos automatismos vão estar no ponto de venda, nas ruas, na atenção dispensada às propagandas em meios eletrônicos e impressos. O marketing sensorial é um princípio desse movimento, mas ainda é incipiente.

O ser humano vive, a maior parte do tempo, numa espécie de piloto automático, como disse anteriormente, até porque não seria possível estar ciente de tudo que se passa a nossa volta, ter consciência de todos os estímulos. Por esse motivo o sistema nervoso seleciona os estímulos ambientais dos quais teremos ou não ciência, mas serão processados de maneira automática.

O instinto é um processo também inconsciente. O homem, lá no princípio da espécie, agia por instinto. A base do seu comportamento era a sobrevivência e a reprodução para espalhar seus genes e, portanto, o instinto guiava todas as suas atitudes. Era a força do cérebro reptiliano agindo de maneira contundente. Com a evolução, passou a usar também o cérebro límbico, isto é, as emoções que nele se processam, também para manter-se vivo e procriar, e com o tempo veio o uso do córtex, a parte mais desenvolvida nos indivíduos humanos, que nos possibilitou o planejamento, o controle das emoções e do instinto, mas isso não quer dizer que os instintos não estavam presentes e atuantes em suas ações, nos seus modos de comportar-se. Percebe-se, portanto, que o instinto é uma "inteligência" primitiva que guia o indivíduo a caminho da autopreservação. São guias mestras de manutenção da vida e também da reprodução. Os instintos são herdados de ancestrais que viveram experiências anteriores cujo sucesso foi acumulando uma sabedoria interna, que é inata. O ser humano nasce com instintos.

Como fator determinante para a conservação da espécie humana e gerador de comportamento, os estudos em marketing não podem se furtar em conhecer e entender como se processa o instinto, para entender mais e com maior eficiência o comportamento dos indivíduos, pois certamente num ato de compra de determinado produto ou serviço há um percentual, que seja pequeno, de instinto, que atua favorecendo ou desfavorecendo a compra. Talvez a própria compra por impulso possa nos revelar a ação dos instintos nesse tipo de comportamento humano.

## 1.4 OS COMPORTAMENTOS SOCIAIS E CULTURAIS TÊM FUNDAMENTOS BIOLÓGICOS

O comportamento social não é exclusivamente humano, portanto não pode ser analisado de maneira separada dos fatores biológicos evolucionistas – é uma questão de sobrevivência. Não se pode considerar que um determinado comportamento tem como gatilho somente uma motivação social, porque por detrás desta motivação ligada, por princípio, somente a aspectos sociais existe um fator biológico ancorando-a, dando fundamento para a sua existência. O que quero dizer é que, no fundo, toda motivação para um determinado agir ou comportamento é de cunho biológico embora a princípio possa parecer somente social. Como seres vivos, sentimos um ato biológico e agimos, outro ato biológico em função da manutenção do nosso corpo, ou seja, sobrevivência, e em função da propagação dos nossos genes, o que significa reprodução sexual. Esses sim são os grandes gatilhos do nosso comportamento, às vezes mascarados por explicações sociais, porque não podemos ser irracionais, instintivos. Isso não é para o ser humano, que tem controle sobre si e um córtex cerebral desenvolvido, mas somente para os animais. Essa visão antropocêntrica nos prejudica por ficarmos buscando motivos sociais para as razões do comportamento do consumidor, buscamos até motivos emocionais, mas não os ligamos, não os consideramos como atividades naturais do organismo, biologicamente explicáveis.

A sociabilidade é uma plesiomorfia, o que significa dizer que é um traço que vem desde os primórdios da espécie e não é exclusivamente humana. Assim, não podemos dissociá-la dos outros animais nem pensá-la separada dos aspectos orgânicos. Nós não inauguramos a sociabilidade, por isso não podemos considerá-la sem vínculos com os aspectos biológicos da natureza humana. A tal natureza humana é uma só, não existe uma natureza humana social pura, uma natureza humana cultural pura e uma natureza humana biológica, todas descendem e partem das premissas desta última. Temos principalmente explicações psicológicas associadas à cultura e ao social. Esse olhar não dá uma profundidade necessária para que realmente se entenda o comportamento de consumo do ser humano, que está, sim, ligado aos nossos ancestrais e tem uma explicação última na manutenção da sobrevivência e da reprodução. Compramos e consumimos basicamente em função da sobrevivência e para atrair parceiros sexuais. Foley (2003) diz que: *"A tarefa de explicar as origens da sociabilidade humana e da sociedade cabe mais aos primatologistas que aos antropólogos, uma vez que à época do surgimento dos hominídeos ela já se encontrava bem estabelecida."*

Quase tudo o que nos faz diferentes dos primatas está relacionado ao nosso comportamento social, e daí pode ter vindo a permissão para acharmos que somos únicos. Mas, na verdade, significa dizer que temos as mesmas bases e desenvolvemos outras, isso por termos um córtex mais evoluído também, que nos permite processamentos cerebrais mais refinados. Desse modo, para se entender vários pontos da evolução dos humanos e até preencher partes que estão sem explicação e, principalmente, entender o nosso comportamento instintivo e inato, deve-se ir até os primatas e pesquisá-los. Isso só vem corroborar o fato de que é preciso considerar o comportamento ancestral para poder entender o comportamento atual. Só os aspectos biológicos podem fazer essa ponte, o nosso passado longínquo. A paleogenética, uma ferramenta da paleontologia que desenvolveu técnicas de coleta, sequenciamento e análise de DNA muito antigo e degradado pelo tempo, é que está permitindo o estudo de material dos nossos ancestrais e daí fazer essas ligações, talvez encontrar o elo perdido na evolução dos humanos para entender o comportamento ancestral e fazer a devida ligação com o comportamento atual. A biologia explica a natureza humana e esta, por sua vez, explica o nosso comportamento social e cultural e não ao contrário, muito menos dissociado daquela.

Se não existem comportamentos exclusivamente humanos, no sentido de que todos os nossos comportamentos atuais têm uma descendência ancestral, e se descendemos dos primatas, nos quais reconhecemos e imputamos os instintos como base do comportamento social e cultural, não há como defender a tese de um comportamento exclusivamente sociocultural para nós seres humanos, pois só pode ter fundamentos biológicos.

Os grupos sociais surgiram em função dos custos e dos benefícios relacionados à distribuição de alimentos, à proteção contra predadores e à reprodução e não por outros motivos. Quanto ao primeiro aspecto, as sociedades de primatas formam-se sempre que os recursos estiverem concentrados em grandes "manchas" ou áreas ou quando eles se distribuírem de maneira regular e uniforme numa determinada área geográfica. Isso permite que a sociedade de primatas, formada por indivíduos, possa explorar em conjunto esses recursos alimentares. Agora, quando os recursos são dispersos e em pequena quantidade, não é vantagem competitiva aglomerar-se para formar sociedades. No segundo aspecto alegado, percebe-se que os animais e os primatas também se unem para se defender dos ataques dos predadores, pois são mais indivíduos atentos ao perigo, juntos podem se defender melhor, o que por outro lado pode chamar mais atenção dos predadores. No terceiro aspecto citado, vê-se que a fêmea primata fica em torno e próxima do alimento, para sobrevivência e alimentação da prole, e o macho primata, por sua vez, fica em torno da fêmea na busca de reprodução e disseminação dos genes. Percebe-se então que não há outro motivo básico para a vida social do que a manutenção do próprio organismo, da prole e da reprodução. Novamente percebem-se os fatores biológicos influenciando os sociais.

Quanto à cultura, a defesa não é diferente. Por que tentamos dissociá-la das bases genéticas? Para tentar provar que somente o ser humano tem essa capacidade? Continuamos antropocêntricos ao extremo em nossas teorias. Se um comportamento aprendido está relacionado a características genéticas, é imediatamente desconsiderado de ser uma atividade cultural, isso certamente porque não se admite que possa ser comparado aos animais, mesmo aos macacos, que são nossos ancestrais. Sinto decepcioná-lo, mas nós somos animais, deles descendemos e agimos muito parecidamente com eles, com alguma vantagem ou especialização do córtex cerebral. A transmissão cultural é obviamente diferente da transmissão genética, pois esta se dá pela reprodução e aquela se dá pela expressão da linguagem, seja ela qual for. Mas a capacidade e a intenção de transmitir cultura para os coespecíficos têm suas bases na biologia. Assim, o comportamento cultural humano é passado não mediante transmissão sexual, mas por meio da fala, da arte, entre outros instrumentos diferente dos genes, e isso não quer dizer que, primeiro, não tenha fundamentos ou ancoragem biológica e, segundo, que a ação e a recepção partem de atividades cerebrais superiores e também do sistema nervoso humano, novamente atividades orgânicas ou biológicas. Portanto, a cultura descende da biologia, ela depende do cérebro. O pensamento, o comportamento e até as escolhas culturais não acontecem no vácuo, mas erguem-se sobre algumas predisposições biológicas de grande importância. Quem difunde cultura são somente os seres biológicos, o que significa que uma coisa está ligada à outra necessariamente.

Uma discussão aqui pertinente é se o comportamento é predominantemente resultado de uma ação ambiental, isto é, externa como a ação cultural e social, que vêm de fora para dentro, como o modelo padrão das ciências sociais propõe e o marketing vem se apoiando, quando se trata de análise do comportamento do consumidor, ou se há uma atuação determinista e incisiva, no sentido de ser imutável, da biologia, mais especificamente dos genes no comportamento humano. No primeiro caso, da ação ambiental, não se diz haver determinismo, mas sim influência, pois o indivíduo tem a liberdade de decidir, de escolher a ação e o faz com uso da sua capacidade mental e cognitiva. No outro caso, da ação biológica, alega-se haver determinismo biológico, ou seja, a evolução e os genes decidem antecipadamente o comportamento, sem que haja discernimento e uma vontade capaz de modificar o estado inicial por parte do sujeito. É o chamado determinismo biológico. É preciso atentar para o fato de que a própria biologia trata da flexibilidade em muitos pontos, vê-se como exemplo a plasticidade neural que nada mais é do que a modificação dos circuitos neurais em função da influência ambiental, quer dizer, o próprio cérebro, processador de informações e órgão de base na motivação e no comportamento humano, adapta-se à novas situações sempre que for necessário ou melhor para o organismo. A partir daí não se pode dizer que há determinismo, pois o ambiente modifica o organismo.

As ciências sociais foram formatadas de maneira geral, e em sua maioria, em função da rejeição da teoria de Darwin e consequentemente da perspectiva evolucionista. Por esse motivo, todas as subciências ou teorias ligadas a elas também carregam o mesmo preconceito, ranço ou, pelo menos, não atentam para os fatores genéticos que influenciam o comportamento; no máximo, chegam aos preceitos da psicologia, mas não chegam perto da genética. Cientistas sociais têm aversão à incidência e à influência da genética sobre o comportamento humano, por acharem que os evolucionistas e geneticistas consideram os fatores hereditários como determinantes, como únicos e não como fatores somente influentes no comportamento e que, outrora, o pensamento evolucionista provocou o aparecimento de aberrações como Hitler, que acreditava poder decidir o destino da humanidade, e pode provocar outras, como, por exemplo, a seleção de genes para fins escusos. Assim, predominou a visão da preponderância do ambiente sobre a natureza humana.

O fato é que a genética tem crescido e tomado corpo entre as ciências e a genética comportamental, uma nova área daquela, está se desenvolvendo rapidamente. Mas junto com esse crescimento vem a consciência de que a hereditariedade não é tudo, não é fator único a dirigir o comportamento humano em sua totalidade. O que acontece é que o fator hereditário é um componente do comportamento agindo em colaboração com o ambiente que interage com aquele. Mesmo para os geneticistas o indivíduo não é um produto aleatório dos seus genes. Tudo isso nos mostra que é necessário e vital prestar atenção nos fatores biológicos, na genética, nos preceitos evolutivos, na neurologia, para fazermos inferências e análises sobre o comportamento humano e consequentemente utilizar isso para entendermos o *modus operandi* do comportamento de consumo. Não dá mais para sugerir ações mercadológicas sem a base orgânica, fundamento de tudo, principalmente da natureza humana, que guia as nossas atividades diárias, das mais simples às mais complexas, estas mediadas pela razão, pelo planejamento e aquelas pelos sentimentos e instintos.

Os fatores biológicos, aqui representando o ambiente interno, e os fatores sociais e culturais, representando por sua vez o ambiente externo, devem integrar-se nos estudos do comportamento do consumidor em prol e benefício do desenvolvimento da área. Agora é chegada a hora de buscar respostas biológicas do comportamento, que foi deixado de lado, seja porque houve preconceito e o tal medo do determinismo biológico por parte dos cientistas sociais ou mesmo por não estar atentos a tais fatos, ou ainda por não se ter informações precisas sobre a mente e o cérebro, área que se desenvolveu há pouco. No que tange aos aspectos sociais e culturais muito já se desenvolveu, não foram esgotados e estão longe disso, até porque a sociedade e a cultura mudam dia após dia, hora a hora, minuto a minuto, mas é chegada a hora de deslancharmos na área biológica, de olharmos para dentro do ser humano, entender os processos cerebrais, os hormônios, os neurotransmissores, a genética, a fisiologia e até o processo evolutivo que nos transformou no que somos física e mentalmente. É o momento exato para abrirmos nossos horizontes, reconhecermos que somos seres biológicos e como tal temos processos internos que devem ser levados em consideração, sob pena de incorrermos em erros graves de análise do comportamento humano.

O comportamento do consumidor deve estudar as interações do organismo, vistos como um todo, com seu meio ambiente. A visão holográfica, de que tanto falo, deve até muitas vezes recorrer ao estudo do comportamento de outras espécies animais e de nossos antepassados para tentar entender algo tão complexo e variante como o comportamento humano. As interações entre corpo e ambiente não estão somente no âmbito exclusivo da psicologia, são estudadas fundamentalmente pela biologia, pela neurologia, assim como pela antropologia e pela sociologia, que envolvem grupos de indivíduos tomados como unidade. As áreas se sobrepõem, o que gera uma riqueza muito importante, originando até novos vieses e também novas ciências como a psicobiologia, a psicofisiologia e psicologia social, entre outras várias que resultam dessa grande interação das ciências. As interações organismo-ambiente devem ser vistas como um *continuum*.

## 1.5   O COMPORTAMENTO DO CONSUMIDOR

O comportamento do consumidor não é algo fácil de entender e, por outro lado, a compreensão das atitudes e motivações que compõem tal comportamento é fundamental para o marketing. Para que possamos chegar perto dos reais motivos que levam alguém a comprar algo, deve-se lançar mão das mais diversas técnicas de pesquisa para formar um quadro completo das ações e pensamentos do sujeito consumidor. É preciso ter uma visão holográfica de todo o processo que leva alguém a tomar uma decisão, o que implica em observar o comportamento externamente, mediante técnicas antropológicas de pesquisa em pequena escala, que são pesquisas qualitativas e que se aproximam do cotidiano dos sujeitos pesquisados, exceto o *focus group*, que é um processo controlado e por isso não representa a ação real do consumidor, mas sim sua percepção, onde entram suas crenças e não necessariamente o que ocorre – e sabemos que, além de não saber o que sente, há o fator do autoengano. Deve-se também fazer pesquisas de observação quantitativas no ponto de venda e, do ponto de vista interno ao sujeito, é necessário fazer testes neurológicos, com uso da neuroimagem e exames neuroquímicos que mostram a fisiologia e o motivo que provocou determinado comportamento. Aqui é que entra a neurociência comportamental, o estudo do comportamento como uma função da atividade cerebral.

As neurociências, mais especificamente a neuroeconomia e o neuromarketing, vêm colaborar com a pesquisa de comportamento do consumidor à medida que busca entender os processos automáticos, aqueles realizados pela mente sem que tenhamos consciência deles, são mais rápidos do que decisões criteriosas conscientes e ocorrem com pouca ou nenhuma percepção. E isso é tão verdadeiro para os atos de percepção simples como para as atividades mais complexas, tais como o comportamento social, as decisões de compra ou a linguagem. Temos pouco acesso a esses processos automáticos e por isso não temos controle pela vontade sobre eles. A grande maioria dessas informações processa-se em níveis não conscientes, controladas pelo sistema nervoso central, que filtra essas informações que nos chegam do mundo e descarta as desnecessárias. Isto é, muitas reações que julgamos controlar são efetuadas pelo cérebro antes de tomarmos a decisão de o que fazer e, no entanto, acreditamos que estamos a dominar a ação. Somente as pesquisas que levem em conta os processos do sistema nervoso, mediante o uso da neuroimagem e outros equipamentos, podem trazer à luz essas nuances do comportamento. Esses estudos vindos da medicina podem detectar reações que a olho nu não se conseguem.

Em 1983, Benjamin Libet foi o primeiro cientista a descobrir que o cérebro pode tomar decisões antes mesmo das pessoas o fazerem conscientemente. O que significa dizer que cérebro decide antes da própria mente. O professor Michael Gazzaniga, presidente do Instituto de Neurociências Cognitivas (EUA) e professor de Psicologia em Neurologia no Cornell University Medical Center, também afirma esse fato que se confirma nas mais recentes pesquisas. O professor Gazzaniga (2005) disse: *"Quando pensamos que sabemos qualquer coisa já o cérebro concluiu o seu trabalho. Os sistemas incorporados no cérebro realizam o trabalho automaticamente e muito antes do nosso conhecimento consciente."*

Não faz mais sentido manter, unicamente, padrões tradicionais de análise, é preciso acrescentar novos referenciais. É preciso fazer análises fisiológicas para inferir sobre o comportamento de compra. Os critérios usados não chegam ao nível neurológico e a motivação, a percepção e a aprendizagem são, antes de tudo, processos que se dão no cérebro.

Muitas são as explicações para o comportamento do consumidor, vindas das mais diversas proposições, principalmente da área de psicologia, todas tentando vislumbrar o "porquê da escolha" e o "porquê da compra". O estudo do comportamento de consumo tenta analisar não só a ação ou a situação de compra, mas antes disso o que levou o indivíduo a determinado comportamento. São questões que vêm antes do ato, do comportamento em si. A grande questão é procurar entender quais os processos que levam o sujeito a agir de certa maneira. O ato de compra pode ser entendido facilmente, isto é, onde o sujeito compra, qual produto ou marca escolhe, quanto compra de determinado produto. Tudo isso é simples de ser observado e possível de ser quantificado. A ação do indivíduo em si não traz complicação para a análise do comportamento, mas também não traz verdades profundas sobre o comportamento, pois este tem componentes anteriores, processos cerebrais físico-químicos que são vitais para a tentativa de explicação do motivo de consumo. Portanto, para entender como se dá sua tomada de decisão, que fatores influenciam na sua avaliação de compra e mesmo de consumo, que é o pós-compra, tão importante quanto o ato de compra para que se perceba se houve ou não uma experiência válida, passível de ser repetida, ou se houve uma dissonância cognitiva e a compra não será repetida, se faz necessário aprofundar mais e compreender como se estabelecem as atitudes dos consumidores.

## 1.6 A PESQUISA EM COMPORTAMENTO DO CONSUMIDOR

Para Leonardo Nicolao e Juliano Aita Larán (2002), que escreveram sobre a dominância paradigmática na pesquisa em comportamento do consumidor, os estudos nessa área seguem uma corrente de pensamento que domina a forma com que conceitos e fenômenos são abordados. Essa perspectiva única é tratada pelos autores como um paradigma de pesquisa, prejudicial para a evolução da disciplina, e por isso eles propõem a pluralidade epistemológica no uso de métodos de pesquisa de áreas diversas e das predominantes que a princípio possam causar estranheza, por não fazer parte do universo epistemológico dos cientistas sociais, mas que fazem todo sentido quando se trata de análise do ser humano e seus motivos e formas de se comportar em relação ao consumo de produtos, ideias e serviços. Esses mesmos autores alertam para outro sentido de pluralismo, que é o de admitir que a forma como essas pesquisas vêm sendo feitas aqui no Brasil já não são suficientes para explicar um fenômeno tão complexo e intrincado.

Precisa-se entender, com urgência, que o comportamento humano deve ser visto de maneira holográfica, sob pena de não se ter uma visão completa da situação. E para se chegar à pluralidade é preciso lançar mão de várias correntes teóricas, diversos métodos e ferramentas de pesquisa comportamental. Até então, temos usado métodos tradicionais, com uma tendência crescente de novos métodos como a etnografia, que é a observação do sujeito no próprio local de compra ou mesmo no *habitat* natural de consumo de produtos. Para que se possa ser realmente completo, é necessário ter uma visão interna dos processos de consumo, isto é, aquilo que acontece antes do consumo, no momento de escolha e no de decisão. É aí que entra a biologia. As outras ciências, como a psicologia e seus métodos, prevalecente em pesquisa de comportamento do consumidor, a sociologia e seus métodos e ainda a antropologia e seus métodos privilegiam o que pode ser observado ou perguntado ao consumidor.

Análises sociais, culturais, isto é, da relação do indivíduo com ambiente externo, e também análises pessoais e psicológicas que são referentes ao mundo interno são feitas mediante a observação externa ao sujeito pesquisado. Não é que sejam erradas essas propostas, mas com elas somente não se forma o quadro completo porque não se tem uma visão interna ou o viés fisiológico e anatômico que no fundo é onde e como se processam os fatores anteriores ao comportamento que pode ser observado. Acrescente-se a esses métodos os vindos da biologia, mais especificamente da neurologia, porque além de terem uma visão interna, intrínseca do objeto de estudo, que é o sujeito, ainda têm como aliada a tecnologia do diagnóstico por imagem.

O correto provavelmente não é fazer uma ou outra pesquisa, adotar um ou outro método, usar uma ou outra ferramenta, mas deve-se usar pelo menos ou no mínimo mais de um método para poder enxergar todos os vieses, tanto os externos e dentro destes os culturais, os sociais, os individuais, quanto os internos, os biológicos, que podem ser apurados com várias técnicas que buscam informações no sistema nervoso central e nos sentidos superiores (visão, audição, paladar e olfato), assim como informações do sistema nervoso periférico somático e autônomo, simpático e parassimpático. Antes de ser um indivíduo cultural, antes de ser um ser social, antes de ser apenas uma mente, o objeto de estudo é um ser biológico. Não contemplar este aspecto e negar a natureza humana é ter a certeza de que a cultura, a cognição e o meio social se bastam para entender o comportamento humano. A combinação de métodos numa mesma pesquisa pode ser muito enriquecedora para um tema de tamanha amplitude e profundidade.

A verdade é que a relação do consumidor com a marca é como um *iceberg*, pois somente uma pequena fração está na superfície, fácil de ser percebida, porque toda a dimensão motivacional e seus mecanismos, por detrás do comportamento, estão escondidos no inconsciente do sujeito que não é fácil de ser resgatado.

É neste sentido que volto a dizer que a pluralidade na metodologia de pesquisa é fundamental para compreender o comportamento de consumo das pessoas e reafirmar a minha posição de que, dentro dessa pluralidade, deve haver um lugar reservado para a pesquisa que contemple o exame do sistema nervoso, tanto o de escaneamento cerebral, que nos trará imagens das áreas que gerenciam os fenômenos antecessores do comportamento, como também o de mensuração das reações dos sentidos superiores como do sistema nervoso periférico.

# 2

# A História da Neurociência e o Comportamento

## 2.1 HISTÓRIA DA NEUROCIÊNCIA

Há muito a curiosidade sobre o estudo do cérebro e do sistema nervoso como um todo é uma preocupação do ser humano. Desde 4.000 anos antes de Cristo os sumérios, considerados o povo mais antigo de toda a humanidade, cultivadores de papoula, já registravam alguns fatos sobre o cérebro e seus fenômenos. Os registros relatam as alterações de comportamento associadas ao consumo de papoula, como os sintomas de euforia, sedação, bem-estar, dentre outras. Nos papiros egípcios em 2500 a. C. encontram-se os primeiros tratados médicos de toda a história. O "papiro cirúrgico de Edwin Smith", que leva o nome do egiptólogo que o adquiriu, continha, além de descrições sobre anatomia, fisiologia e patologia das mais diversas doenças, casos de danos cerebrais, descrições de suturas cranianas, as lesões traumáticas no cérebro e sua correspondência com as mudanças no funcionamento de outras partes do corpo. Além desse, outros documentos que relatam a preocupação com a medicina revelam que o coração é que era o órgão mais importante do corpo, porque era considerado o centro da inteligência. Para ter-se uma ideia, na mumificação o cérebro era retirado pelo nariz e o coração era conservado no corpo. É o chamado pensamento cardiocêntrico.

A trepanação, uma espécie de cirurgia neurológica em que se remove uma placa do osso craniano com o objetivo de ter acesso ao cérebro, era uma prática realizada no Egito, na Grécia, no Império Romano, na China, nas civilizações asteca, maia, inca e existem indícios de que até mesmo entre índios brasileiros. Foram descobertos crânios que evidenciam essa técnica em diversos sítios arqueológicos que datam desde 2000 a. C. Mas segundo Robert-Benjamin Illing (2004) relata, as evidências da trepanação são ainda mais antigas, desde 7 mil anos e são reveladas pelos buracos nos crânios dos homens do neolítico.

Alcmaeon de Crotona, discípulo de Pitágoras, foi o primeiro a localizar no cérebro humano a sede das sensações e a relacionar fenômenos psíquicos ao sistema nervoso central, contrariando a visão cardiocêntrica. Afirmava que as informações do mundo eram transmitidas ao cérebro por meio de poros e o nervo óptico seria um desses poros. Foi através de suas teorias que se distinguiu a sensação da percepção e compreensão, revelando que o ser humano diferenciava-se dos outros seres por se o único que tinha compreensão, pois os outros só tinham percepção. A sua visão influenciou Hipócrates e Platão, apesar de Aristóteles defender a visão de que o coração, quente e ativo, seria a sede da razão, responsabilizando o cérebro pela função de refrigeração do sangue, por ser frio e inerte.

Aristóteles, o criador do pensamento lógico e seus postulados datados de 335 a. C., afirmou que o coração era a fonte das sensações e não o cérebro. Essa visão se deu em função de que o filósofo notou que uma lesão no coração significava a morte imediata do indivíduo, enquanto as lesões no cérebro, em geral, geravam consequências menos graves, podendo até mesmo cicatrizar. De fato, segundo a história e diversos achados em todos os locais em que foram encontrados crânios trepanados com evidência de reabsorção óssea, entre os indivíduos que eram submetidos a essa técnica 50% sobreviviam. O filósofo também observou que as alterações da frequência cardíaca eram acompanhadas sempre de mudança no estado emocional e que o cérebro parecia insensível, não provocava emoções. Isso certamente porque não entendiam que o comando cerebral é que determinava a aceleração cardíaca, para aumentar a circulação sanguínea e permitir a fuga.

A figura do coração como centro das emoções prevalece até hoje nas artes, como na música e na poesia, mesmo tendo-se consciência da verdade. Quando Aristóteles realizava suas dissecações em insetos, não conseguia identificar o cérebro, o que o levava a reafirmar a tese de que esse sistema não poderia estar relacionado com a tomada de decisão. Para ele o cérebro tinha como função o resfriamento do corpo, funcionava como um radiador.

Na Grécia, as funções do cérebro não eram tão conhecidas como no Egito. Para aqueles, essa região do corpo era a morada da alma. Filósofos como Platão em 347 a. C., com a criação da teoria da "alma tripartida", defendiam a ideia de que o cérebro seria responsável pela razão por se encontrar mais perto do céu, o coração pelas emoções e vontades e o baixo-ventre pelo instinto e pelo desejo.

Em 300 a. C. os alexandrinos Herpophilus e Erasistratus acabaram de vez com a visão cardiocêntrica. Foram os primeiros a descrever os hemisférios cerebrais e o cerebelo, deram suas contribuições para novos conhecimentos sobre o sistema nervoso central, classificaram os nervos em motores e periféricos e os caminhos destes até o cérebro. Os biólogos alexandrinos tiveram suma importância na história da neurociência, pois deram inicio à neuroanatomia, e Herpophilus é ainda considerado o fundador do método científico e introdutor do método experimental em medicina.

Galeno foi o primeiro a fazer investigação cerebral a fundo e conhecia essa área graças a dissecações e estudos de cérebros de vacas, carneiros, porcos, gatos, cães e macacos, produzindo lesões no cérebro, no cerebelo e seccionando a medula espinhal em diferentes locais para observar os efeitos resultantes dessas lesões. Como o mais destacado médico de sua época, ele pesquisou anatomia, fisiologia, semiologia, patologia e terapêutica e é considerado como um dos maiores neurofisiologistas da Antiguidade. Ele também criou uma classificação para os nervos, dividindo-os em moles ou sensitivos para os órgãos dos sentidos e duros para os movimentos, além de dar início ao conceito de plasticidade do sistema nervoso, que é a habilidade que esse sistema tem de recuperar-se após lesões. Após a morte de Galeno, o progresso dos estudos da anatomia ficou parado por oito séculos.

Na Idade Média, em virtude da religião, mais especificamente da igreja católica, os experimentos de dissecação fundada por Herpophilus, mais ou menos 1.400 anos antes, que considerava o método experimental essencial ao conhecimento, foram proibidos. Surgiram as psicocirurgias, procedimentos mutiladores do sistema nervoso central que tinham como objetivo fundamental desconectar estruturas nervosas em virtude de mudanças de comportamento. Eram consideradas como tratamentos milagrosos, permitidos e fiscalizados de perto pela igreja com o objetivo de eliminar a loucura. Quando surgiram estudos anatômicos mais apurados com Andreas Vesalius, a psicocirurgia passou a ser condenada.

Vesalius (1514-1564) destacou a anatomia como ciência e mudou a forma de estudá-la, que era ensinada, até então, apenas por meio dos textos de Galeno. Ele dissecava cadáveres diante do público e revelava a anatomia do cérebro. O trabalho desse anatomista mostrava a importância da dissecação como ferramenta básica para entender o corpo humano e também enfatizava o caráter deste como uma estrutura orgânica e não como algo habitado por fenômenos sobrenaturais. Em 1538 publicou sua obra *Tabule anatomicae sex*, que corrigiu, depois de séculos, os erros cometidos por Galeno, e em 1543 publicou *De humani corporis fabrica*, uma obra de arte e o maior livro médico de todos os tempos, com uma riqueza de detalhes impressionante na área de anatomia. Pelas mãos de Andreas Vesalius a anatomia cerebral deslanchou como nunca, pois foi ele quem descreveu as meninges, os pares cranianos, as cavidades ventriculares, o líquido cefalorraquidiano e também doenças cerebrais como a hidrocefalia. O livro 4 dessa obra era dedicado ao sistema nervoso e o livro 7, ao cérebro. Na verdade, a anatomia se desenvolveu fantasticamente, mas ninguém especulava como o cérebro funcionava.

Do ponto de vista artístico, o Renascimento também foi rico em anatomia, pois além de Vesalius, que desenhava o corpo humano, os italianos Leonardo da Vinci (1452-1519) e Michelangelo (1475-1564) também esboçaram desenhos do corpo humano na tentativa de aprender mais sobre ele e assim voltaram-se para o seu interior. Da Vinci foi quem desenhou as primeiras representações realistas dos ventrículos cerebrais. Centenas de páginas de anotações e desenhos com detalhes sobre anatomia humana não eram muito conhecidos na época, porque não foram publicados até o final do século XVII. São desenhos impressionantes sobre a área de neurociência.

Descartes no século XVII, em oposição à teoria da "alma tripartida" de Platão, afirmou que a alma era representada por uma mente unificada e racional, localizada na glândula pineal. Escolheu esta estrutura por ser um órgão ímpar, ao contrário das outras estruturas cerebrais, que são bilaterais, portanto, a única a não ter correspondência nos dois hemisférios e ser unificada, como a mente deveria. Além disso, a escolha da glândula pineal para conectar corpo e alma era de acordo com a concepção da época, por encontrar-se próximo aos ventrículos cerebrais. A glândula pineal era para Descartes o centro do corpo e da mente.

Na neurofisiologia de Descartes os filamentos existentes nos nervos agiam como válvulas, abrindo poros que deixariam fluir os espíritos animais. Como exemplo do que ele dizia, uma estimulação na pele agiria sobre esses filamentos, provocando uma contração como resposta reflexa. Do cérebro os espíritos animais viajariam através dos nervos até os músculos, que seriam inflados, provocando o movimento. Assim se dariam, segundo Descartes, os atos involuntários. Em *De Homine*, publicado em 1662, ele afirmava que as informações visuais eram levadas ao cérebro por nervos ópticos ocos, chegando à glândula pineal, que regularia o fluxo dos espíritos animais através dos nervos. Esses espíritos viajariam até os músculos do braço, provocando assim um movimento.

Ainda segundo Descartes, os espíritos animais podiam dilatar o cérebro, despertando-o e permitindo a recepção das informações sensoriais; a ausência ou pouca intensidade dos espíritos animais levaria ao sono e ao sonho; e os temperamentos e habilidades diferentes de cada indivíduo corresponderiam às diferenças em número, tamanho, forma e movimento dos espíritos animais. Para esse filósofo, o contato da alma com o corpo estava localizado na glândula pineal.

Uma das grandes discussões que sempre permearam as neurociências é o dualismo mente-cérebro. Inaugurando a teoria mecanicista, Descartes afirmava que o corpo é uma máquina e deve entregar o controle das ações para a alma. Essa premissa foi a base para a ciência moderna, que busca a verificação em tudo, isto é, se existem evidências reais e indubitáveis acerca de um fenômeno ou evento. A famosa frase "Penso, logo existo" é a expressão maior do racionalismo cartesiano. Foi Descartes também que deu início ao "problema da consciência".

Foi no ano de 1664 que surgiu o primeiro tratado de neuroanatomia e neurofisiologia, pelas mãos de um renomado médico inglês chamado Thomas Willis. Ele defendia a ideia de que a química determinava as bases do funcionamento do corpo e foi um dos pioneiros em relacionar a fisiologia, a anatomia e a química com as patologias cerebrais. Willis também é considerado o responsável pelo termo "neurologia", além de ser o primeiro neuropediatra e lembrado como "pai" da neurologia.

A ideia de "espíritos animais", como apregoava Descartes, que percorriam os nervos, e que teve origem ainda na Grécia, permaneceu vigente até o século XVIII, quando ficou demonstrada a natureza elétrica na condução nervosa, destacando-se para isso o trabalho de Luigi Galvani. Foi este médico e também físico que demonstrou a produção de eletricidade no músculo e nas células nervosas. Foi o seu trabalho que serviu de base à pesquisa e à descoberta do potencial de membrana e do potencial de ação das células nervosas.

No início do anos de 1800, o neuroanatomista e fisiologista alemão Franz Joseph Gall foi o primeiro a se preocupar com a localização das funções mentais no cérebro, uma busca incessante dos neurocientistas, testada a comprovada por equipamentos de neuroimagem, como a tomografia por emissão de pósitrons e a ressonância magnética funcional. Gall tinha uma teoria que defendia a possibilidade de determinação preditiva da personalidade e das faculdades mentais pela cranioscopia, um exame de medidas das saliências cranianas. Posteriormente essa técnica foi chamada de frenologia, que etimologicamente significa "estudo da mente".

Segundo aquele fisiologista e sua teoria, os comportamentos humanos seriam comandados por áreas específicas do cérebro e quanto maior fosse essa determinada região, mais intensa seria a expressão do comportamento comandado por ela. A frenologia foi considerada na época uma pseudociência, porque seus defensores faziam afirmações duvidosas. Através das demonstrações de Pierre Flourens, outro que investigava a localização das funções cerebrais, ficou provado que a frenologia era uma teoria realmente equivocada. Esse fisiologista fez experiências em pombos e encontrou evidências apenas para a localização das funções motoras no cerebelo e das funções vitais na medula, não havendo evidências para as localizações descritas pela frenologia.

No ano de 1848 um trabalhador americano, Phineas Gage, teve um acidente enquanto trabalhava numa construção. Houve uma explosão e uma barra de ferro, de 1,80 metro, atravessou seu crânio e perfurou o cérebro, atingindo grande parte do seu lobo frontal. Apesar da gravidade da lesão, o trabalhador não perdeu a consciência e o jovem médico Dr. John Martyn Harlow cuidou do caso. Meses depois do acidente, Gage tentou voltar a trabalhar, mas não foi contratado para a sua antiga atividade em função da brusca mudança na sua personalidade. Antes do acidente ele era tido como eficiente, capaz, equilibrado e sereno e depois ficou irreverente, indiferente em relação aos outros trabalhadores, impaciente, inquieto e disperso.

Esse caso Phineas Gage é um ícone da neurologia e sempre citado por ser a primeira evidência de que os lobos frontais são responsáveis por aspectos da personalidade e do comportamento social, aquele que controla nossos impulsos. Antes desse caso o lobo frontal tinha pouca importância na regulação do comportamento. Essa experiência vivida pelo trabalhador vem reforçar a teoria localizacionista de quase uma centena de anos passados. António Damásio, um grande neurocientista português, professor da Universidade de Iowa, considera esse o primeiro evento da história em que o comportamento pode ser constatado em bases biológicas.

Depois desse fato, houve grandes descobertas das neurociências. Emil du Bois-Reymond, em 1856, descobriu o potencial de ação que teve seus primeiros indícios com Luigi Galvani; Paul Pierre Broca, anatomista francês, um dos grandes defensores do localizacionismo, desenvolveu a hipótese da dominância do hemisfério esquerdo em relação à linguagem e localizou o centro da fala na porção posterior do giro frontal inferior, hoje chamada de área de Broca. Mas foi com o médico espanhol Santiago Ramón y Cajal, que observou o sistema nervoso e a plasticidade neural, e com Camilo Golgi, o primeiro a conseguir corar algumas células cerebrais, possibilitando a observação com detalhes da estrutura individual dos neurônios, que nasceram as intituladas neurociências modernas. A partir daí, percebeu-se uma rede de células nervosas interligadas e, ainda mais pertinentemente, que não eram fisicamente ligadas, mas que formavam uma rede porque se comunicavam entre si através de ligações especializadas chamadas sinapses.

Em 1900, o neurologista e psicanalista austríaco Sigmund Freud percebeu a existência de pensamentos ocultos à nossa consciência. Sua teoria era que a mente inconsciente dirigia a maior parte do comportamento humano, mesmo que a sociedade reprimisse os impulsos primitivos através da moralidade e da razão. Ele mostrou a distinção entre o conteúdo latente e o manifesto do sonho. O conteúdo manifesto eram os lembrados na narrativa do indivíduo e o latente, os pensamentos e desejos representados nas entrelinhas, baseados nas fantasias e relacionados às experiências emocionais da infância. A partir de Freud passou se a entender um campo comple tamente novo e misterioso até hoje, a inconsciência.

Em 1933, Hans Berger descobriu o eletroencefalograma, representando um marco para a fisiologia do sistema nervoso e do cérebro, o que permitiu um enorme volume de pesquisas para diagnóstico de doenças do cérebro. Em 1974, pesquisadores na área de medicina nuclear e física médica da Universidade da Califórnia desenvolveram o primeiro PET *scan* (tomografia por emissão de pósitrons), técnica que consiste na administração de substância radioativa, chamada de traçadora, que é absorvida pelo cérebro. Perceberam que células mais ativas absorviam mais dessa substância por ter um metabolismo mais acelerado, permitindo serem captadas pelo aparelho e mostrando a atividade mental. Houve uma verdadeira explosão de descobertas a partir daí.

A partir do ano 2000, novos caminhos e descobertas fantásticas tiveram início. Pelas mãos de um cientista brasileiro, Miguel Nicolelis, formado pela USP e professor de Neurobiologia e Engenharia Biomédica da Duke University, apontado como um dos mais importantes cientistas em atividade no mundo, segundo a revista *Scientific American*, surgiram as neuropróteses, no momento em que o cientista e sua equipe criaram a interface entre o pensamento de um primata, não humano, e um braço de um robô, em que o macaco conseguiu mover o braço mecânico com seu pensamento. Uma evolução inimaginada pouco tempo atrás. Junto com essas descobertas, outros campos foram aparecendo a partir da interdisciplinaridade das ciências biológicas e humanas. Surgiram dentro da neurociência o neurodireito, que tenta decifrar os códigos da infração de regras sociais, a neuroeconomia, que busca entender como se dá a tomada de decisão dos seres humanos, e com ela o neuromarketing, que na verdade é um princípio e trata somente da neuropesquisa de mercado, mais especificamente de comportamento do consumidor.

A neurociência tem seu domínio muito bem definido: é o estudo do cérebro e do sistema nervoso. Assim, as subciências ou ciências aplicadas que dela derivam devem sempre partir da neurologia e dos processos neurais que se dão tanto no cérebro, que é parte constitutiva do sistema nervoso central, como nas outras partes do sistema nervoso como um todo. Essa ciência parte do processamento interno do sistema nervoso, sua relação com o ambiente e discute também os processos mentais, mas, como disse, a partir de análises fisiológicas e anatômicas do sistema nervoso. A neurociência é interdisciplinar, ou seja, relaciona-se muito bem com várias outras disciplinas para poder entender a nossa "caixa-preta", as patologias e o comportamento humano.

A pesquisa em neurociência eu divido em "médica" ou pura (neurologia e neuropsiquiatria) que atenta para os problemas anatômicos e fisiológicos estritamente e busca o entendimento e a cura das mazelas ou patologias do sistema nervoso, e a pesquisa "aplicada", que busca entender basicamente o comportamento humano mediante o estudo do sistema nervoso e particularmente do cérebro e as suas funções nervosas ditas superiores.

## 2.2 NEUROCIÊNCIA E COMPORTAMENTO

A ciência neural ou neurociência, como vimos, não é uma curiosidade recente. Filósofos há muito se engajaram em tal tarefa. Mas foi a partir dos trabalhos pioneiros do espanhol Santiago Ramón y Cajal, e seus estudos sobre o sistema nervoso, que se deu impulso fundamental para as neurociências como conhecemos hoje. Essa ciência que busca respostas para uma das mais antigas questões do ser humano, entender seu próprio comportamento, teve seu apogeu com o surgimento das tecnologias de neuroimagem, que permitiram investigar os processos cerebrais não mais apenas por observação, como fizeram os behavioristas, mas por exame não invasivo que passou a mostrar as áreas cerebrais ativadas por excitações ou provocações. A partir de então a fisiologia cerebral começou a ser literalmente vista, com o uso desses equipamentos. De lá para cá, pode-se dizer que as neurociências adquiriram a sua forma característica e conquistaram espaço definitivo nos estudos do comportamento animal, inclusive o humano.

A partir dessa evolução da neurociência, áreas cerebrais, junto com neurotransmissores, começaram a ser identificadas como partes responsáveis por certos comportamentos, uma visão localizacionista a princípio. Foi uma forma de iniciar os estudos e tentar entender a nossa "caixa-preta". Hoje, com o andar das pesquisas, que têm crescido exponencialmente, sabe-se que não é tão simples assim, pois o cérebro é dinâmico e várias áreas participam de inúmeros comportamentos. É certo que elas se ativam ao receber determinados estímulos, o que indica que são provocadas, mas não dá para ser simplista e dizer que uma área é responsável sozinha por um comportamento. Esta é a mesma afirmação que venho fazendo por todo este livro em relação aos genes, aos neurotransmissores e também aos hormônios. Não há simples correlação direta entre uma área cerebral e um comportamento.

A neurociência e seu desenvolvimento têm gerado muitas pesquisas em diversas áreas, como na educação, para entender como se dá o aprendizado; no direito, para buscar respostas do comportamento atípico de pessoas que infringem a lei; na política, para tentar entender a mente do eleitor; nas finanças, para entender o comportamento de agentes econômicos; na economia, para entender não só tais agentes, mas também os consumidores; e também mais recentemente, o que significa de oito anos para cá, no marketing, para entender, além do comportamento de consumo de produtos, serviços e ideias, a reação dos sujeitos consumidores em relação a preços, a pontos de venda e fundamentalmente em relação à comunicação mercadológica.

Isso significa que a neurociência, felizmente, extrapolou suas fronteiras e espalhou-se por todas as áreas de pesquisa que têm relação com a análise do comportamento humano. Ela passou, a meu ver, a ser uma prova mais fidedigna do que motiva os sujeitos a se comportarem de determinada maneira. Uma nova e mais acurada visão dos processos físico-químicos corporais que geram ou motivam o comportamento dos indivíduos, desnudando muitos aspectos comportamentais que se encontravam em segredo ou escondidos e longe dos métodos observação pura usados pela psicologia. É por tudo isso que essa ciência incomoda tanto e gera um alarmismo exacerbado.

Conhecida por outros nomes, como psicologia biológica ou biopsicologia, essa área é originária de aplicações de princípios da biologia e mais especificamente da neurobiologia para poder estudar os processos cerebrais subjacentes ao comportamento humano e de outros animais. A neurociência comportamental tem tentado associar algumas variáveis biológicas, sejam elas anatômicas ou fisiológicas, às variáveis comportamentais. Nós já sabemos que não há uma relação 1 para 1 nessa área, como em todas as outras citadas neste livro, e por isso não dá para ligar diretamente um comportamento à influência de uma área cerebral. O organismo é dinâmico e funciona de maneira integrada e assim é que se deve olhar para os processos subjacentes que motivam ou geram o comportamento. Mas o que fica claro é que não podemos mais evitar esse tipo de pesquisa neurocomportamental, pois somente ela pode nos trazer respostas dos provocadores do comportamento com base em evidências.

Algumas das subáreas que surgem a partir das ligações entre a neurobiologia e as ciências sociais, mais especificamente às que estudam o comportamento, são: neuroantropologia, neuropsicologia, neurociência social, neurociência afetiva. Todos esses novos estudos são necessariamente interdisciplinares, ou seja, trabalham com mais de uma ciência para poder entender o fenômeno. O que faz total sentido, porque não é possível entender algo tão complexo como o comportamento com apenas um viés ou ponto de vista, muito menos sem trazer para a discussão a biologia e a neurologia que são a essência de tal fenômeno.

A neurociência social tenta entender e explicar como os sistemas biológicos se relacionam aos comportamentos sociais e usa conceitos biológicos para incrementar as teorias e as pesquisas sobre o comportamento social. Neste livro eu venho, desde o primeiro capítulo, mostrando pesquisas várias que comprovam que o social é fundamentalmente biológico porque está atrelado à sobrevivência e reprodução. A neuroantropologia é a subárea originada dos estudos das neurociências que procura a relação entre o cérebro e as experiências culturais relacionando a anatomia cerebral à evolução deste órgão em função da adaptação ao ambiente que nos circunda. A neuropsicologia também estuda a relação entre os processos e áreas cerebrais e o comportamento, principalmente como as diferentes lesões causam déficits em diversas áreas da cognição, em assuntos diversos como agressividade e sexualidade, e também pesquisa os sistemas cerebrais que participam na construção da percepção, da ação, da fala e da inteligência. A neurociência afetiva trabalha com o mapeamento dos circuitos neurais dos sistemas emocionais básicos que segundo Jaak Panksepp, cientista que tem feito grandes descobertas nessa área, são oito: *Seeking* (busca), *Fear* (medo), *Rage* (raiva), *Lust* (desejo), *Care* (cuidado), *Panic* (medo), *Play* (brincar) e o *Self*. A premissa desta subárea da neurociência é que precisamos entender as emoções em um nível neural básico, para podermos entender a complexidade das emoções dos seres humanos.

Por esses estudos e novas áreas de pesquisa que citei, que não são todos, é que se pode perceber que, para compreendermos o comportamento humano e particularmente o do consumidor de maneira completa e precisa, não dá mais para evitarmos a influência dos estudos neurológicos que nos trazem, no mínimo, provas físicas e químicas comprobatórias. A mistura ou interdisciplinaridade também é outro fator fundamental para tais estudos, porque o ser humano é muito complexo e não pode ser visto e analisado por apenas um olhar; é preciso enxergar mais holograficamente para entender todos os aspectos do comportamento. É por isso que a intersecção das disciplinas como a sociologia, a antropologia, a psicologia, a primatologia e também a etologia com as neurociências se torna cada vez mais necessária. Os estudos de biologia do comportamento do consumidor, que criei e venho trabalhando há algum tempo, são exatamente o retrato dessa mistura de pontos de vista, em que busco, além das neurociências, respostas na endocrinologia, na genética e na psicologia evolucionista para elucidar esse mistério que é o comportamento do consumidor.

Obviamente que existem exageros e também muitos absurdos nessa área – por ser ela nova, muitos se aventuram e afirmam relações entre comportamento e processamento cerebral ainda não provados. Mesmo porque ainda estamos longe de chegarmos a um final do conhecimento do cérebro e seus processos. É preciso tomar muito cuidado para não fazer suposições absurdas nem para cair na falácia da autoajuda, que clama por soluções fáceis e rápidas, o que não existe nessa área e muito menos nos aspectos ligados ao comportamento do consumidor. Empresários ficam encantados com esses novos estudos e estão sempre me perguntando e querendo uma solução para seus problemas relacionados ao comportamento dos sujeitos e à marca do seu produto, à exibitécnica, à propaganda, distribuição ou até como aumentar as suas vendas usando esses conhecimentos que conquistei ao longo do tempo.

E eu repito sempre que só podemos inferir cientificamente, mas não dar soluções, até porque esses novos estudos de biologia do comportamento do consumidor podem identificar apenas padrões de consumo, e não a ação de cada pessoa.

# Parte II

# 3

# As Informações e o Inconsciente

Se 95% das informações na nossa mente estão no inconsciente, se nós, seres humanos, temos uma tendência a mentir e ao autoengano e quando respondemos a uma pesquisa o fazemos com o córtex frontal, sendo que as nossas "verdades" estão no sistema límbico e no cérebro reptiliano, por que acreditamos que uma pesquisa, feita nos moldes tradicionais, pode trazer respostas críveis? Antes da apresentação de qualquer fato, é preciso esclarecer o que se entende por "verdade". Em concordância com Jean-Pierre Changeux (2002), algo é considerado verdade quando há uma adequação entre o pensamento do indivíduo e o objeto desse pensamento. Para este livro, a verdade é a resposta do indivíduo e o seu real motivo de ação ou comportamento.

Assim, supõe-se que é improvável que alguém, quando pesquisado, dê uma resposta verdadeira, o que põe em dúvida a validade da pesquisa qualitativa, com entrevistas e instrumentos como o questionário e formulários na Internet. Esse tipo de pesquisa, necessariamente, requer a interpretação da informação que está sendo coletada. Já com a pesquisa quantitativa, preparada para uma avaliação com o uso de análises estatísticas, isso não acontece, porque não se põe em dúvida a validade, pois esse tipo de pesquisa é passível de ser contabilizada. Basta que se registre o número de pessoas que compareceram, compraram, ligaram ou de alguma maneira responderam a uma oferta ou até a quantidade comprada.

A pesquisa de marketing pode ser feita em um de três níveis: exploratória, descritiva ou casual. O problema levantado neste livro reside no nível de pesquisa casual, pois esta tem o compromisso com os "porquês". É aqui que o pesquisador irá querer saber "o porquê" da mudança em uma variável provocar mudança em outra variável, com o intuito de entender as causas dos eventos observados e a partir daí prever e controlar esses eventos.

A primeira hipótese que põe em dúvida os métodos tradicionais de pesquisa de mercado é baseada na afirmação de que a grande maioria das informações que estão no cérebro se processa de maneira inconsciente, longe daquilo que as pessoas são capazes de perceber e verbalizar, segundo Gerald Zaltman (2003), professor da Harvard Business School. A psicologia nos mostra que o cérebro humano pode processar 126 informações por segundo, o que significa 7.560 por minuto e quase meio milhão por hora, e a grande maioria dessas informações se processa em níveis não conscientes. De 80% a 95%, ou mais, das nossas atividades cognitivas acontecem abaixo dos níveis conscientes. Assim, o grande problema da pesquisa é trazer à tona o que acontece no inconsciente, para que a pessoa possa responder às questões. Dito de outra maneira e desta vez do ponto de vista da neurologia, é preciso trazer lá do cérebro reptiliano ou primitivo e do sistema límbico o verdadeiro motivo da ação. É nessas áreas do cérebro humano que residem as motivações reais para as atitudes. No córtex, a parte consciente do cérebro, que usamos para responder às pesquisas, não encontramos os sentimentos ou motivações de sobrevivência e reprodução, que no fundo é o que nos move.

Em se tratando do inconsciente, desde o século XVII, o filósofo René Descartes já afirmava que a mente humana é transparente para o próprio indivíduo, o que significa dizer que o indivíduo não consegue enxergar, metaforicamente falando, tudo o que se passa em sua mente. Ele não tem consciência das informações que estão no inconsciente. Para Clotaire Rapaille (2007), no seu livro *O código cultural*, onde nos apresenta uma nova forma de pesquisa de mercado, através do entendimento do código cultural do indivíduo, escutar o que as pessoas dizem é um erro fatal para a investigação mercadológica, pois o tal código ou significado que damos às coisas está no nível do inconsciente e é preciso técnica para poder chegar até ele. As verdadeiras razões estão alojadas no cérebro primitivo e no sistema límbico.

De entre os cinco princípios que esse autor apresenta como metodologia para chegar ao código cultural de um indivíduo, o primeiro deles é não acreditar no que as pessoas dizem, isso porque a maioria delas não entende sua própria motivação para agir. Uma coisa é o que as pessoas dizem, outra é o que realmente querem expressar. Clotaire continua afirmando que mesmo aquelas pessoas que fazem uma autoanálise não entram em contato com o seu inconsciente.

Diz o neurocientista Paul Whelan, da Universidade de Wisconsin, que a maioria das coisas que fazemos a cada minuto de cada dia é inconsciente. E o mesmo cientista continua afirmando que, na verdade, a vida poderia ser um caos se tivéssemos consciência de tudo. Provavelmente não teríamos capacidade para assimilar tudo o que se passa a nossa volta. Outro fato é que há uma dificuldade do indivíduo verbalizar o que está sentindo ou pensando, particularmente quando a comunicação é emocional ao invés de racional. E a maioria de nossas ações é por motivos emocionais e de sobrevivência.

Sempre há uma diferença entre o comportamento exato e o alegado pela pessoa. Explicações racionais têm uma correlação pobre ou pouco correspondente com a real causa do comportamento humano. Esses fatos vêm confirmar que o indivíduo responde racionalmente às pesquisas, usando sua consciência e, anatomicamente falando, o seu córtex pré-frontal não está emitindo a sua verdadeira opinião sobre o que sente ou sentiu, porque há uma dificuldade em verbalizar o emocional. Outra questão é que o que a pessoa alega numa pesquisa de marketing não necessariamente corresponde ao fator detonador ou "gatilho" do seu comportamento. Nem sempre se compra algo pelo motivo que se alega e muitas vezes o que é alegado não corresponde à verdadeira emoção. Os verdadeiros motivos justificadores das ações humanas são de fundo emocional.

O inconsciente é uma parte ou área misteriosa de nossa mente. Para a neurologia, é definido como a ausência de consciência e anatomicamente está situado na área subcortical do cérebro, que aloja as emoções, o sistema límbico. O inconsciente já foi comparado inúmeras vezes a um *iceberg*, que mantém dois terços do seu volume abaixo do nível do mar, isto é, a sua maior parte não pode ser percebida nem compreendida num primeiro momento. Na verdade é algo ainda incompreendido da nossa mente.

Para Renate Jost de Moraes (2000), autora do livro *As chaves do inconsciente*, *"[...] o nosso inconsciente trai a nós mesmos, e nos conduz a muitas atitudes que jamais confirmaríamos conscientemente"*. Este trecho do livro vem corroborar com o raciocínio de que dificilmente as respostas conscientes são as mesmas que as vindas do inconsciente. É difícil que haja uma resposta consciente com a carga emocional e nível de verdade do inconsciente.

Outro aspecto importante é que, conforme o cérebro se desenvolve, a ênfase da atividade mental vai se transferindo do inconsciente para o consciente. Na adolescência, o consciente e o inconsciente atuam meio a meio e, quando chega à fase adulta, o indivíduo diminui ou dispensa cada vez mais as atividades do inconsciente. Isso o torna mais equilibrado, mais consciente das situações e de seus atos. O inconsciente manifesta-se através de atos ou reações quase sempre incompreendidos mesmo pelo sujeito.

Mais uma confirmação do fato de que o indivíduo adulto pesquisado responde às questões conscientemente, pois, por não compreender seu inconsciente, usa muito mais o consciente. A mente inconsciente é que toma a decisão de compra de produtos, serviços ou ideias e não a mente consciente, isso porque, segundo o neurocientista Benjamin Libet (LIBET; FREEMAN; SUTHERLAND, 2000), o cérebro humano decide a ação ou comportamento do indivíduo três décimos de segundo antes de decidirmos agir conscientemente. Não é a mente consciente que decide desempenhar uma ação: a decisão é tomada inconscientemente. Podemos dizer que, no momento que o sujeito está consciente, a decisão de compra já foi tomada inconscientemente. Sabendo disso, como pode a resposta consciente ser efetiva se o real motivo de compra encontra-se no inconsciente? Nem tudo que está no inconsciente está disponível no consciente.

Cada vez mais as empresas que pretendem identificar os reais motivos de compra de um produto ou serviço estão fazendo de maneira natural, aproximando-se desses consumidores e não mediante práticas tradicionais como a aplicação de questionários ou abordagens como *focus group*. Segundo a revista *Exame*, edição 893, em matéria de Silvana Mautone (2007), a tendência é que esse tipo de investigação comportamental se torne uma prática intensa. Diz a matéria que a Unilever coloca suas equipes de pesquisa, que passam dias com as donas de casa, para observar como elas cuidam da casa e dos filhos. Para Laure Castelnau (2007), professora de pesquisa, *"isso permite identificar preferências e necessidades não verbalizadas no método com pergunta e resposta"*. Na mesma matéria jornalística, que trata especificamente de pesquisa de marketing, a socióloga Célia Belém ressalta: *"É essa consumidora, que diz uma coisa e faz outra, que queríamos entender."* Todas essas experiências de empresas com pesquisa de mercado vêm corroborar o pensamento de que os verdadeiros motivos de compra não residem no consciente e provavelmente não podem ser verbalizados, o que inviabiliza alguns tipos de pesquisas até então tidas como críveis.

Segundo Thomas Goschke (2006), cientista cognitivo alemão, numa entrevista concedida à revista *Vida, Mente & Cérebro*, sobre a psicologia do juízo intuitivo: *"Os questionários, por exemplo, não registram todas as hipóteses que passam pela cabeça das pessoas."* E, se de fato acontece, alguma dessas hipóteses que deixaram de ser ditas para o entrevistador, ou nem sequer foram previstas nos questionários, podem ser os reais motivos do comportamento do consumidor entrevistado, tornando esse tipo de pesquisa passível de falhas.

Duas outras teorias psicológicas, a da "inteligência emocional", de Daniel Goleman (1996), e a do "conhecimento de base", de Elizabeth Spelke ( 2005), vêm corroborar a visão de que as informações emocionais importantes para explicação das motivações e atitudes estão contidas no inconsciente nem sempre são reveladas, até mesmo para o próprio indivíduo. Para a primeira teoria, as emoções humanas têm um processamento próprio e são independentes do processamento racional, muitas vezes divergindo e não se revelando a ele. Tomando-se por base essa posição teórica, as escolhas e as atitudes de um ser humano perante a vida são inconscientemente motivadas. Para a segunda teoria, o "conhecimento de base", em um estudo feito através da observação de bebês com o método do "olhar preferencial", percebeu-se que todos os seres humanos nascem com habilidades cognitivas que lhes permitem entender o mundo, organizar e dar sentido a este. Isso quer dizer que as capacidades que temos para lidar com as situações como escolher algo e articular o que falamos são inatas e inconscientes. A teoria nos mostra que operamos com sistemas cognitivos muito complexos e que estes não estão normalmente acessíveis à simples introspecção, isto é, à observação dos próprios pensamentos. Nem mesmo nós temos explicações plausíveis para os nossos comportamentos.

Malcolm Gladwell (2005), no seu livro *Blink*, que trata das vantagens da tomada de decisão baseada no inconsciente adaptável ou a "mente por de trás da porta trancada", nos dá mais um motivo para acreditar que, quando se interpela uma pessoa e se pergunta sobre seus costumes, você não terá a verdade, até porque o próprio indivíduo desconhece essa verdade. Quando se quer descobrir algo sobre ela, é mais conveniente não perguntar diretamente e assim poderão ter-se respostas realmente reveladoras. Essas respostas estão no inconsciente e não vêm à tona de maneira direta e rápida, como vimos anteriormente.

# 4

# A Mentira, o Autoengano e Pesquisa de Mercado

## 4.1 A NATUREZA DO ENGANO

"Consequentemente, os seres humanos modernos são realistas ingênuos que dão por certa a precisão de suas deturpações do mundo social, mas na verdade, interpretam erroneamente tanto a si mesmos quanto aos outros." David Livingstone Smith (2006)

Antes que eu comece a discorrer sobre o assunto, preciso esclarecer que as palavras que aqui uso: "mentira", "engano", "engodo", "logro" têm o mesmo sentido neste livro. Se você analisar, verá que elas têm significados diferentes e me parecem ser nuances e graus de intensidade da mentira. A primeira geralmente é classificada como intencional, um ato deliberado e consciente. O engano, quando se refere a um erro do sujeito praticante e que afeta a ele mesmo, nós dá uma impressão de "foi sem querer", de que o indivíduo não estava atento e mesmo em algumas vezes, quando afeta outras pessoas, não passa maldade. Mas, quando há intencionalidade em enganar, novamente percebemos como um ato a consciente e maldoso. A palavra "engodo" também tem conotação pejorativa, de agir ardilosamente, usar uma isca, algo falso e fazer com que alguém acredite. Mas certo é que a maldade ou não contida nestes atos está diretamente relacionada com a consciência ou não de tal ato. Com a intenção ou não de fazê-lo sabendo de suas consequências. Mas aqui, neste livro especificamente e para seu fim, que é mostrar as facetas biológicas que inviabilizem a pesquisa qualitativa de mercado, trato somente dos fenômenos e atos que ocorrem sem a intenção do sujeito, desvinculados da ação proposital e muitas vezes inconscientes.

Os cientistas diziam que aos quatro anos de idade nós aprendemos a arte do engodo, mas com certeza bem antes disso já sabemos enganar nossas mães, pois tantas vezes choramos para ter o que queremos quando bebês. Especialistas em comportamento descobriram que os bebês logram desde os seis meses. Fazemos isso para nos proteger e aos outros também. Para salvaguardar os sentimentos de alguém e principalmente para conseguirmos o que queremos. Muitos de nós soltamos uma mentirinha a cada quatro conversas que durem mais de dez minutos. As únicas verdades sobre o engano é que todo mundo o faz, indistintamente, pois é parte do nosso dia a dia e influencia quanto tempo permanecemos num trabalho ou a duração de um romance e frequentemente não sabemos como detectá-lo. O engodo está vinculado diretamente à sobrevivência e também à reprodução, que são as bases do nosso comportamento.

O motivo do engano está na ligação entre ele, a sobrevivência e o *herd behavior. A* relação é simples e pode ser explicada pela etologia (estudo do comportamento animal): precisamos andar em bando para nos proteger e também para caçar. A vida em grupo traz vantagens para as possíveis presas, porque os predadores caçam um animal por vez (o bando confunde e assusta) e, por outro lado, traz vantagens para os que estão caçando, porque unem esforços para fazer emboscadas e desferir ataques. Percebe-se então que andar em grupo e ter comportamento e mente de bando é vital para a sobrevivência de qualquer animal, inclusive nós. Agora, para estar em bando, muitas vezes é preciso dissimular suas intenções que são particulares, egoístas que vão proteger o indivíduo, caso contrário o bando expulsa o enganador. Isso porque a popularidade tem um valor imenso de sobrevivência, o que explica a necessidade de aprovação social e o afastamento da crítica, situações em que a mentira se faz necessária. Por isso o engodo é vital para estar em grupo e este necessário para a manutenção da vida.

Em primeiro lugar, é mais seguro estar entre 30 indivíduos da mesma espécie do que ficar sozinho. Em segundo lugar, o grupo tem maior probabilidade de detectar o ataque e escapar ileso. Em terceiro lugar, grupos podem defender-se mais facilmente de predadores. Por fim, grupos de hominídeos podiam caçar animais de grande porte, o que, além de trazer benefícios nutricionais, a posse e distribuição de grandes quantidades de carne, traz poder social para aqueles que participaram e também aumenta as chances de um macho para obter favores sexuais das fêmeas. Em nossa espécie, na área religiosa igrejas são grupos; no social, as amizades; a turma do futebol também o é; na política, congressos e parlamentos são grupos; e na área econômica empresas são grupos. Todos têm predadores que se chamam concorrentes.

Segundo estudos nas áreas de etologia e biologia evolutiva, a tendência para enganar está presente nos animais e em nós, e se juntarmos as pontas, vamos perceber que tal comportamento só pode ser ancestral, porque existe desde antes de nos tornarmos espécies diferentes e foi se perpetuando com o passar do tempo. E se essa faceta manteve-se até os dias de hoje, sinal que é importante para a reprodução e também para a sobrevivência de todos do reino animal, contando aí os seres humanos. A mentira encontra-se em todos os níveis do reino animal, porque muitas vezes a criatura desonesta tem vantagem sobre seus concorrentes na luta pela manutenção da vida e na perpetuação dos genes.

O engano, segundo Paulo Ekman, implica em agir de tal maneira que leva uma pessoa a acreditar em algo que você mesmo não acredita que seja verdade. Portanto, aqui há a intenção de enganar. O que nem sempre é um ato de maldade ou imoral, mas para proteção e garantia de participação social, que ajuda a sobrevivência do indivíduo. Assim como nossos ancestrais, somos seres sociais e não sobrevivemos isolados, pois ficaríamos indefesos diante de predadores, por isso estamos sempre em grupos e subgrupos, e precisamos ser aceitos por eles, o que significa que muitas vezes precisamos mentir. Já o autoengano, diferentemente do engano ou mentira, é algo que você acredita ser verdadeiro, mesmo não sendo. Você se engana e acaba acreditando no fato. De qualquer maneira, todas essas formas de enganar ou mentir para os outros são de cunho biológico e não cultural, porque mente-se em todo o mundo e também os animais o fazem.

Um testemunho falacioso normalmente é mais persuasivo do que um verdadeiro, segundo Bella de Paulo. Isso porque os que mentem costumam contar a estória em ordem cronológica, e, por outro lado, as pessoas que dão depoimentos verdadeiros apresentam os fatos de maneira mais desordenada. Indivíduos que se corrigem espontaneamente ou dizem existir detalhes que não lembram, possivelmente, são mais confiáveis do que aqueles que não têm lapsos de memória. De fato sabemos que a memória não é algo estático e que registra exatamente o que aconteceu, mas uma mistura de vários acontecimentos, o que prova que a descrição da cronologia exata muitas vezes caracteriza a mentira.

Existem muitos exemplos do hábito de mentir verbalmente que foram registrados cientificamente. Mas vamos bem longe e mais profundamente do que falsidade verbal. Como sabemos, mas não nos tocamos, existem formas e formas de enganos e trapaças não verbais, como: usar maquilagem, apliques nos cabelos, cirurgias cosméticas, roupas e várias outras maneiras de engodos para disfarçar nossa aparência, para dissimular os odores de nosso corpo.

Se pararmos para pensar, os produtos e serviços que queremos possuir nos serve como apoio às mentiras do cotidiano. Carros que os homens compram é para mentir sobre sua condição financeira, que na linguagem evolucionista significa a capacidade do sujeito de manter uma prole. A maquiagem é uma mentira ou um engodo, para que a mulher pareça ter lábios mais largos, o que significa um sinal de preparação para a reprodução. O salto alto é também, porque a mulher usa para as panturrilhas ficarem mais alongadas e a postura ereta, o que dá às mulheres um andar mais elegante além do que, em se tratando da ancestralidade, o motivo é que com o salto o bumbum feminino se eleva até 30 graus e os seios se projetam. As macacas andam na ponta dos pés quando estão em fase reprodutiva.

Silicone nos seios é outra grande mentira, um artifício que as mulheres usam e tem feito enorme sucesso até entre os homens. Antes, já nos preceitos da psicologia evolucionista, pensava-se que tal artifício era para mostrar-se mais apta a criar os filhos, mas o tamanho dos seios não tem relação com a lactação, a produção de leite. Peitos pequenos podem produzir bastante. O engodo está na idade da mulher. Isso quem explica é o antropólogo Frank Marlowe, que alega que os seios maiores são mais pesados, obviamente, e cedem mais fácil do que os pequenos, o que torna mais fácil para os sujeitos do sexo masculino julgar a idade da mulher, que está atrelada ao seu valor reprodutivo. Outros psicólogos evolucionistas acreditam numa segunda tese, a de que os seios grandes indicam não a capacidade da amamentação, mas a fertilidade ou capacidade reprodutiva, porque em mulheres com seios grandes e cintura fina é encontrada maior quantidade de dois hormônios sexuais, o estradiol e a progesterona, e isso faz com que os machos procurem os seios mais avantajados. Portanto, percebe-se que peitos grandes e eretos significam que a mulher tem juventude e também é boa reprodutora.

O curioso é que o sexo oposto, os homens, com um cérebro formatado 10.000 anos atrás, não detecta o engodo de que o seio não é resultado de mais estrogênio e progesterona e sim de silicone e portanto o produto se perpetua e vende muito. Para ter-se uma ideia, segundo a Sociedade Brasileira de Cirurgia Plástica, uma pesquisa feita em 2008 detectou que 69% dos procedimentos foram realizados com objetivo puramente estético e apenas 31% eram de cirurgia reparadora em função de retirada de tumor, de acidentes urbanos, de defeitos congênitos, de queimaduras ou acidentes domésticos.

Tinta e produtos para cabelos também são um engodo. Saber se homens preferem as louras sempre foi uma dúvida. Fato é que o cabelo louro é o único que muda drasticamente com a idade, isto é, a maioria de homens e mulheres nasce com cabelos bem claros que com o passar do tempo vão escurecendo. Normalmente as meninas com fios louros claros se transformam em mulheres com cabeleiras castanhas. Como os homens, por razões de saúde reprodutiva, preferem as mulheres mais novas, inconscientemente preferem acasalar com as louras, porque lhes parecem mais jovens e por isso mais saudáveis e consequentemente mais fecundas.

De acordo com as teorias evolutivas, os homens e as mulheres vivem intuitivamente à procura de parceiros que garantam crianças saudáveis, o que, por sua vez, garantiria a sobrevivência dos genes. Isso tudo significa que os padrões de beleza são explicados a partir dessa posição e que muitas vezes para conseguir esses intuitos evolutivos as mulheres e os homens mentem. Mas o engodo aqui vai mais fundo, porque as pessoas que se enganam (todos os seres humanos) não reconhecem tais atos ou comportamentos como resultado da ação do cérebro reptiliano ou cérebro ancestral. As pessoas acham que estão realmente comprando um produto porque lhes é prazeroso ou porque lhes gera economia, quer dizer, estão sempre justificando com uma resposta racional, sendo que sabemos que 70% das nossas compras são irracionais e ligadas à emoção e não à razão.

Dá para concluir que o marketing trabalha com a mentira, em torno ou apoiado nela. Os produtos são dirigidos não somente para o prazer, o hedonismo, mas usados como artifícios para ludibriar alguém sobre alguma coisa. Não estou tratando de maldade ou de algo deliberado, mas sim de uma estratégia biológica, inconsciente e inata. As pessoas, em sua maioria, escolhem, compram e usam bens físicos e serviços para atingir objetivos reprodutivos e de sobrevivência, ou seja, para manterem-se vivas e procriar para a manutenção dos seus genes. O engano está na essência do próprio marketing. Vender, por exemplo, é convencer alguém de que algo ou um objeto o fará melhor do que é atualmente, mais forte, mais desejável, mais poderoso e por aí em diante. Um consultor de vendas que pretenda ganhar dinheiro precisa entender muito bem a mentira e o autoengano. Ninguém compra algo por motivos econômicos racionais, mas puramente emocionais e fundamentalmente primitivos. Se assim o fosse, carros absurdamente caros e gastadores não seriam vendidos e sequer procurados. Não faz sentido, nem que o sujeito tenha muito dinheiro, pois a racionalidade gira em torno da poupança e não do gasto.

Se as pessoas não sabem que estão mentindo, porque se enganam inconscientemente, o que se chama "autoengano", como é que esses sujeitos investidos na condição de consumidores podem responder a uma pesquisa qualitativa que se presta ou tem o intuito de descobrir os sentimentos mais profundos, as raízes do consumo? Essa pergunta me persegue em meus questionamentos como profissional e estudioso de marketing. Se a mentira é algo inerente e inato, não se pode simplesmente desconsiderá-la ao fazer uma pesquisa qualitativa de mercado. E de quem descontasse a mentira no cômputo da pesquisa ou buscasse mecanismos e métodos para neutralizá-la eu nunca soube ou tive notícias, até aparecerem ciências como a economia comportamental, a neuroeconomia e seu descendente natural, o neuromarketing que começaram a usar equipamentos de diagnóstico por imagem para verificar os processos fisiológicos cerebrais, que são involuntários e não mentem.

A questão é que somos péssimos detectores de mentiras quando alguém nos diz algo. Nesses casos, acertamos que alguém está mentindo, no máximo, em 50% das vezes. Mas se estivermos atentos à situação, algo que um entrevistador nem se preocupa em observar. Nenhuma pesquisa de mercado, que eu saiba, tem referências e recomendações expressas para que o entrevistador fique atento às manifestações de que o entrevistado pode estar mentindo. Não há uma instrução para o pesquisador, que é o único que terá contato com o sujeito respondente da pesquisa. Mesmo porque aquele sujeito precisaria entender de condutividade da pele, ritmo cardíaco, sudorese e também microexpressões faciais, tudo impossível de ser percebido ou notado a olho nu. Faz-se necessário o uso de equipamentos para tanto. Num *focus group* também não há especialistas e equipamentos para detectar engodos, mentiras que chamaria de involuntárias, inconscientes e inatas. Questionários via Internet, então, nem se fala. De acordo com Maureen O'Sullivan, apenas uma em mil pessoas tem o talento de ser um excelente detector de mentiras. A cientista de São Francisco alega que esses especialistas, a quem ela chama de *deception wizards* ou magos do engano, têm poderes altamente desenvolvidos de observação e também uma motivação enorme para descoberta de engodos e mentiras. Diferentes de nós e entrevistadores, eles percebem até 80% das mentiras.

Aqui vai a minha pergunta: será que as empresas de pesquisa de mercado recrutam esses indivíduos prodigiosos na detecção da mentira para fazer pesquisas nas ruas? Caso contrário, estão captando no máximo 50% das verdades sobre produtos, serviços ou mesmo ideias numa pesquisa qualitativa. E daí, como ficam as margens de erro? 3% do que foi calculado pela estatística + 50% do que não foi captado pelo entrevistador, de mentiras ditas, repito, inconscientemente, pelo sujeito pesquisado, o que significa 53%! É complicado usar somente estatística e algumas outras medidas das ciências sociais para analisar algo tão complexo como é o comportamento humano. Faltam olhares nessa equação, falta na verdade a visão da natureza humana.

Pois não é à toa que as ciências forenses vêm caminhando a passos largos no sentido de buscar nas ciências biológicas, mais especificamente nas neurociências a resposta para a detecção da mentira. Só o marketing continua se enganado numa visão behaviorista, que só percebe o externo, o visto e não os processos orgânicos que levaram o consumidor a escolher e decidir por um produto específico.

"Eu sempre digo a verdade, mesmo quando minto." Li esta frase num *site* e acho que ela representa muito bem o que estou mostrando aqui. O sujeito pesquisado acredita que está dizendo a verdade em função do autoengano ou o ato de enganar a si mesmo para parecer mais verdadeiro para os outros. Lao Tse também afirmava que em toda verdade existe uma mentira e em toda mentira existe uma verdade. O que mostra novamente que não somos cientes das nossas mentiras e muitas vezes as tornamos verdades para nós.

O curioso e até engraçado é que um dos maiores valores que o ser humano tem é a verdade. As pesquisas de opinião pública, em qualquer parte do mundo, mostram que a honestidade está entre as cinco principais características que queremos em um líder, num amigo e numa parceira ou parceiro. Então, por que contamos mentiras diariamente? Por que só esperamos que ela seja encontrada nos outros? Incoerente, não é?! Porque o engano está em nosso redor, em nossos atos também, desde quando enganamos nossos filhos contando pequenas mentirinhas até no relacionamento e no trabalho. Não gostamos da mentira deliberada, mas sabemos que ela existe e a usamos constantemente. A verdade é que é muito mais fácil acreditar, porque é preciso um grande esforço cognitivo (o que gasta energia do corpo) pensar sobre se alguém está mentindo ou não para nós. Parece loucura, mas são comportamentos não racionais, comportamentos humanos que têm suas bases na ancestralidade.

Já que estou tocando nos pontos nevrálgicos da pesquisa tradicional de mercado, vou agora alertar para as falhas dos instrumentos de coleta de dados como a entrevista, o questionário e o *focus group*. Não posso me furtar de salientar que a linguagem é o nosso grande e melhor instrumento de engano, apesar de não ser o único. A função básica da linguagem é comunicar e provavelmente enganar os outros em favor próprio. A teoria da comunicação versa sobre a manipulação, a persuasão e a influência de um emissor sobre um receptor. E posso dizer que as três formas são níveis de engodo. Manipular alguém é levar o sujeito ao erro, persuadir é uma forma mais branda, mas também é convencer alguém de algo, e por fim a influência seria a maneira mais suave de todas de um sujeito impor sua ideia sobre outrem, o que, para o bem ou para o mal, leva ao engodo.

Os tais instrumentos que citei acima usam a linguagem como matéria-prima e como forma única e definitiva de informação. Posso dessa maneira dizer que, se o pilar de sustentação dos métodos e instrumentos da pesquisa qualitativa de comportamento do consumidor é a linguagem escrita ou oral, então já se começa o trabalho de investigação de maneira duvidosa, que provavelmente não chegará à verdade intrínseca, real, mas a uma verdade parcial ou desfocada, levando em conta que há sempre a mentira branca e o autoengano nas respostas. E aí vem minha questão: será que as empresas querem a meias verdades no estilo "me engana que eu gosto"? Será que realmente é só para se enganar achando que tem em seu poder a informação? Um autoengano corporativo! Talvez sim! A corporação é feita por humanos. Mas daí vou ter que presumir que a pesquisa de comportamento do consumidor é o mercado da farsa, onde as empresas ofertantes dos estudos acham que coletam informações precisas e verdadeiras e as corporações demandantes pagam por elas por ação do fator autoengano corporativo. Estranho! Muito estranho!

Nietzsche indagou sobre a capacidade do homem de adquirir e também produzir conhecimento. Para ele, a mente humana é capaz de criar e obter conhecimento, mas não um conhecimento de fato, e sim uma espécie de imperfeição. Algo desenvolvido pelo ser humano de modo a compensar sua fragilidade diante da natureza. Para o filósofo, a principal ação do intelecto é o engano, o disfarce. O disfarce é uma capacidade que os humanos mais fracos adquirem para poderem sobreviver, isto é, para continuarem existindo. O mais interessante é que Nietzsche diz que isso acontece em função de não sermos dotados de garras ou chifres para lutar pela sobrevivência. Um ponto de vista interessante, mas é preciso deixar claro que mesmo os animais que têm garras também usam a mentira, o engano. Talvez, por causa da maneira como desenvolvemos a linguagem, utilizamos de maneira mais aperfeiçoada.

Não vou partir aqui para discussão filosófica do engano e da linguagem, mesmo porque não é esse o foco do livro. Apenas quis dar um aparte para mostrar que é uma discussão antiga, que envolve várias áreas e mais visões sobre o fenômeno. A minha visão para essa discussão continua sendo estritamente biológica.

A verdade é que mentir pode ser um ato tanto consciente como também inconsciente, algo que vou tratar ainda nos próximos capítulos. Pode ser também verbal ou não verbal, declarado ou não. E a pesquisa de mercado tradicional ainda não está preparada para esses truques da mente humana. É preciso buscar instrumentos que verifiquem a veracidade da informação que o sujeito pesquisado ou consumidor está passando. Portanto, não basta fazer perguntas e armar um questionário que tente cercar o engodo, é impossível no formato tradicional, encadeando as questões ou fazendo uma entrevista disfarçada. Acredito até que nem a metáfora, usada em algumas pesquisas de neuromarketing, possa ajudar a revelar o que está escondido até do próprio indivíduo respondente. Vamos precisar de alguns instrumentos biométricos e também de diagnóstico por imagem para tentar chegar perto da verdade.

O tipo de mentira que incide nas pesquisas de mercado são as mentiras brancas, ou seja, aquelas pequenas mentiras, não intencionais do dia a dia, sem que se tenha a intenção de prejudicar alguém. Mas que vão fazer uma diferença enorme nas análises e nos resultados das investigações do comportamento de consumo. "O engano é perdoável na guerra, mas não na ciência", diz David Livingstone Smith, autor do livro *Por que mentimos*, e eu concordo com ele. Concluo então que não dá para admitir o engano na pesquisa sobre comportamento do consumidor.

Pode parecer paradoxal, mas nós temos um sistema capaz de ler a intenção dos outros sujeitos, o que nos capacita para a identificação da intenção dos outros, e provavelmente podemos "enxergar" a mentira num sujeito. Esse sistema é composto de neurônios-espelhos. É um intricado de células nervosas.

## 4.2   O AUTOENGANO

**"Os seres humanos não apenas enganam, mas enganam a si mesmos e aos outros sobre o fato de que eles enganam, acreditando que eles não enganam."** Esta frase de Mario F. Heilmann, da Universidade da Califórnia em Los Angeles, Estados Unidos, traduz muito bem o que são o engano e o autoengano, mostrando que nós não temos consciência das mentiras que contamos – não as vemos como mentiras porque acreditamos nelas. Sob certas circunstâncias, o engano e a evolução para detecção de engano criaram o autoengano, um mecanismo para esconder melhor e mais eficientemente dos outros que os estamos enganando. Isto é poder enganar a um custo cognitivo baixo, sem muito esforço e gasto de energia cerebral. Portanto, como diz David Livingstone Smith no seu livro *Por que mentimos*: "O autoentendimento não é algo natural para os seres humanos", o que significa dizer que não sabemos tudo o que se passa em nosso organismo e por isso não podemos ser culpados ou responsabilizados pela falta com a verdade.

Autoengano é ludibriar a si próprio para parecer crível para os outros. Mais um mecanismo de defesa do corpo, organizado pelo cérebro de maneira automática e sem consciência por parte do sujeito. Tal faceta do comportamento humano existe porque é muito mais difícil capturar uma mentira, via microexpressões faciais ou qualquer outra técnica que biométrica como suor nas mãos ou até pela fala, quando não fazemos o esforço consciente para mentir. Na mentira planejada ou intencional a atividade no córtex pré-frontal é evidente, possível de ser detectada por alguns equipamentos, mas quando não temos consciência da mentira, porque acreditamos nela, fica impossível descobrir a verdade, porque o próprio sujeito desconhece que há um ruído ou um engodo. E, portanto, para ele não é uma mentira. É o que chamamos de "erro honesto". É vantajoso evolutivamente enganar a si porque torna a pessoa menos vulnerável ao desmascaramento e, se acontecer, não é moralmente condenado como é a mentira deliberada. É simplesmente um engano! Sabe-se até que pessoas com baixo nível de autoengano levam desvantagem na vida social, o que aumenta os níveis de ansiedade.

O autoengano tem a função de ocultar a informações da mente consciente. É como se houvesse um sistema de filtros cognitivos que separa o que vai permanecer consciente e o que vai ficar guardado no inconsciente, mesmo porque não temos capacidade de ter consciência de tudo o que se passa ao nosso redor. Figurativamente falando, a consciência é uma janela, ela mostra informações ao invés de gerá-las. Existem, como repito, processos não conscientes que chamamos de automáticos e que não são percebidos pelo próprio sujeito. Mas a tal janela não está inteiramente aberta para a pesquisa de comportamento do consumidor numa entrevista ou mediante uso de questionário. Para olharmos lá dentro, precisamos usar outros métodos que não os tradicionais, que sempre insistem em ver através janela e sua pequena ou minúscula abertura, correndo o risco de enxergar um reflexo do ambiente externo e não o que verdadeiramente se passa no ambiente interno, onde tudo acontece, onde se dão os processamentos mentais.

Preciso deixar claro que trato de processos fisiológicos e anatômicos e não de uma visão cartesiana em que a mente é uma entidade à parte ou separada do cérebro. Não mesmo. A mente é nada mais, nada menos do que processos cerebrais físicos (impulsos elétricos) e químicos (neurotransmissores). Dito isso, peço licença para figurativamente falar que a consciência é uma janela, ela mostra informações ao invés de gerá-las. Existem, como repito, processos não conscientes que chamamos de automáticos e não são percebidos pelo próprio sujeito.

Vale repetir que a mentira ou engano é uma característica muito arraigada na natureza. Para onde quer que você olhe ao seu redor, verá que vírus enganam seu sistema imunológico, bactérias também, e são sistemas que chamaria de primitivos e unicelulares. O engodo faz parte do arsenal desses seres e do nosso também. O autoengano é uma forma de arsenal humano e creio eu que até hoje só detectado nos humanos pela sua capacidade cognitiva.

Os principais equívocos psicológicos cometidos por agentes econômicos em seus julgamentos, já comprovados pelas finanças comportamentais e que balizam os estudos dessas ciências aplicadas, são, para mim, sinais evidentes do autoengano. O primeiro deles chama-se *"overconfidence"* ou excesso de confiança e otimismo. Este ocorre quando os investidores se classificam como sendo acima da média e superestimam a sua habilidade de prever eventos futuros. Um autoengano evidente, pois na prática a maioria de tais profissionais não está acima da média. O segundo equívoco chama-se *"anchoring"*, que significa ancoragem em português. Neste, um número dado antes de uma atividade pode influenciar a resposta, embora não tenham correlação alguma. Por exemplo, um número qualquer, visto por um sujeito numa pesquisa de mercado, pode afetar sua opinião sobre preço de um produto que venha numa pergunta posterior. Autoengano pura e simplesmente. *"Mental accounting"* é outro equívoco que com certeza está ligado ao fenômeno que estou descrevendo. Na contabilidade mental, acontecem fatos incrivelmente irracionais e sem lógica em que as pessoas acabam se enganando e se fazem parecer racionais. Os exemplos são de pessoas que percebem a restituição do imposto de renda como um prêmio e, por isso, ao invés de pagar as dívidas com ele, não o fazem e guardam para uma situação "especial". Completamente incoerente e claramente um autoengano. Outras financiam o saldo do cartão de crédito, mas não tiram o dinheiro da poupança das férias, mesmo pagando juros altos. Outro erro é o *"confirmation bias"* ou viés da confirmação, em que é mais provável que o investidor busque informações que confirmem sua ideia inicial ao invés de fatos que contradizem sua opinião. Enganando a si, obviamente. Todos esses equívocos psicológicos, cometidos por profissionais do mais alto gabarito e que deveriam ser extremamente racionais, provam que o autoengano está no dia a dia das atividades humanas.

A verdade é que nós raramente vemos o mundo ao nosso redor exatamente como ele é. Nossa percepção dos fatos é tendenciosa, nossas lembranças nos traem e as verdadeiras motivações para os comportamentos que temos podem permanecer escondidas. São distorções naturais ou inatas e inconscientes. E que fique claro que não há, em minha concepção, no autoengano uma intenção de esconder algo de alguém, pois ela não é proposital ou intencional. É uma faceta da natureza animal e portanto humana. Ninguém se autoengana deliberadamente e consciente desse ato. Estamos sempre nos convencendo de coisas que não são verdadeiras, vamos nos iludindo sobre quem somos e o que está ao nosso redor, para não ficarmos indefesos e vulneráveis. São filtros que criamos para tornar a vida mais fácil. O autoengano existe porque mentir para si ajuda a aceitar esse comportamento fraudulento.

Não veja o autoengano como algo errado, porque, no fundo, é um sinal de equilíbrio psicológico, de ajuste de percepção e não uma perturbação mental e emocional. Ao nos enganarmos estamos protegendo o corpo, a vida social, a reprodução e todos os motivos básicos da nossa sobrevivência e perpetuação dos genes em gerações futuras. Para esconder ou camuflar de si as verdades sobre você mesmo, foi preciso desenvolver uma mente inconsciente, que guardasse informações que não estariam disponíveis e fáceis de serem acessadas pelos outros e também por você. Pode dar a impressão de que estou falando de duas unidades (você e o seu cérebro), mas não é isso, mesmo porque você é seu cérebro e seu cérebro é você. Mas "você", aqui, significa seu organismo como um todo e não somente sua mente e sua consciência. As teorias sociais têm a mania de colocar a mente humana como algo sublime, acima da natureza, separada do corpo e com uma capacidade fenomenal de consciência de tudo. Não é assim! Processos automáticos acontecem constantemente sem que "você", ser consciente, perceba ou tenha ciência. O autoengano é, assim, um processo automático, de que nem sempre temos ciência.

As pessoas não sabem que estão mentindo e não se preocupam com o fato, porque não há nada a ser descoberto ou revelado. Sabendo dessa artimanha inata dos indivíduos, me volto mais uma vez para o marketing, e especificamente para a pesquisa de mercado qualitativa e faço a mesma pergunta que você verá muitas vezes neste livro: como é que as pesquisas de mercado podem detectar o autoengano para saber a verdade sobre o consumo? Os sujeitos se autoenganam na escolha, na tomada de decisão e no consumo, compram em função da sobrevivência e da reprodução, e também o fazem na resposta do "por que" consomem e que vai mascarar os resultados.

## 4.3 A FILOGENIA DA MENTIRA

O cérebro humano, sua arquitetura e funcionamento evoluíram, assim como todos os outros órgãos e sistemas do organismo, por um mesmo motivo: para que ajudassem no sucesso reprodutivo e na manutenção da vida de seus portadores. A natureza teve o trabalho de selecionar, durante milhares de anos, as formas e capacidades orgânicas, inclusive o processamento cerebral, que mantinham vivos e garantiam vantagem na reprodução dos indivíduos, diferentemente das que eram inúteis e por isso foram sumindo com o tempo. O engano e o autoengano são algumas das características que trouxeram benefícios e, portanto, se perpetuaram.

O logro é uma característica ancestral. O que prova esta afirmativa é a capacidade dos animais de também mentirem para poderem sobreviver. E se essa característica está presente em todos os níveis animais, inclusive nós, certamente é um traço hereditário e comum, que vem de longe. Quando as espécies foram tomando caminhos diferentes, essa faceta comportamental continuou a existir em todos os ramos dos seres vivos, inclusive em plantas. Desde que se vive em grupo, é preciso ter habilidades sociais e muitas vezes contar uma "vantagem" para sobreviver. Nós que somos animais sociais que interagimos, então, nem se fala. Isso porque o comportamento enganoso possui uma longa história na evolução, e conforme os animais se tornam mais sofisticados, com sistemas nervosos mais desenvolvidos, inclusive e principalmente o cérebro, ao que parece mais lugar-comum se tornam as trapaças e mais elaborados são os seus contornos. Muitos indícios sugerem que nós humanos, com um córtex cerebral densamente enrugado, mentimos um para outro de forma crônica e com calma.

Em um estudo comparativo do comportamento de primatas, Richard Byrne e Nadia Corp, ambos da Universidade de St. Andrews, que fica na Escócia, descobriram uma relação direta entre a dissimulação e o tamanho do cérebro. A relação existente é que, quanto maior o volume médio do neocórtex (região nova do cérebro evolutivamente) da espécie, maior a chance de o símio usar de artifícios para enganar outros. Um exemplo é de um jovem babuíno que estava sendo perseguido por sua mãe enfurecida e de repente parou, levantou-se e começou a olhar o horizonte com atenção, o que significa, para os babuínos, que está vendo invasores. Um método muito inteligente de engodo. Outro exemplo muito visto é de jovens chimpanzés que estão cortejando fêmeas: quando o macho alfa chega, eles colocam suas mãos sobre o membro ereto para disfarçar sua intenção reprodutiva.

O mundo natural está cheio de farsas. Os etólogos, estudiosos do comportamento animal, diferenciam os casos de mentira inata ou automática e o engano tático, que é a utilização de um comportamento falacioso com o propósito expresso de enganar o observador. Este último tipo de mentira, chamada de tática, requer uma considerável flexibilidade comportamental, e por isso que é mais frequente em animais mais espertos. Esse é o caso de uma fêmea de golfinho do Instituto de Estudos de Mamíferos Marinhos do Mississípi que, assim como os outros cetáceos da mesma espécie, aprendeu com os treinadores a limpar a piscina, tirando o lixo e recebendo peixes como recompensa a cada material que trouxesse. Ela, em particular, escondia o lixo debaixo de uma pedra no fundo da piscina e levava para o treinador um pedaço pequeno de cada vez.

Se olharmos para as plantas e animais, encontraremos espécies que evoluíram para manipular a favor da sua vida. Se notarmos, existem insetos que desenvolveram uma gama de truques para enganar seus predadores imitando objetos ou o predador do seu predador e até imitando seu próprio predador, fazendo com que ele pense que a presa é um membro da sua espécie, e por aí em diante.

A verdade é que a natureza recompensa os enganadores que obtêm sucesso, permitindo-lhes sobreviver tempo suficiente para acasalar e reproduzir. O logro serve para salvar a própria pele, para manter-se no grupo e para obter coisas e favores que não se poderia ter por outros meios. Pássaros fingem ter asas quebradas para afastar o predador do ninho, outros colocam seus ovos em ninhos de outras espécies para que sejam chocados e criados por outras aves. E a intenção de enganar vai tão longe que os ovos dos cucos, por exemplo, assemelham-se ao padrão das espécies que eles parasitam. E mais, com 12 dias os filhotes nascem e expulsam do ninho os filhotes ou os ovos do seu hospedeiro. Crustáceos mentem blefando os adversários mais fortes para dissuadi-los da luta, insetos enganam com camuflagem para enganar predadores, bactérias mentem para enganar o sistema imunológico de seus hospedeiros. Não seria diferente na espécie humana.

Existe uma suspeita de que, quanto mais elaborada a linguagem, mais elaborada a mentira também. É com a sofisticação daquela que o engano floresce e, por conclusão, nós seríamos os maiores enganadores do reino animal. Pois é essa relação que nos faz pensar, mais uma vez, na falha da pesquisa qualitativa de mercado. Se somos a criatura viva que mais desenvolveu a linguagem oral e escrita, temos mais meios e facilidade de enganar os outros respondendo a uma entrevista, a uma pesquisa com formulário e mesmo num *focus group*.

## 4.4 A FISIOLOGIA DA MENTIRA

Toda mentira é acompanhada de um processo fisiológico. Um artigo intitulado "See lie inside the brain", no *site* da ABC World News, tem uma frase diz: "ache a mentira, acompanhe o sangue no cérebro". Quando alguém conta uma mentira, o cérebro prepara-se para gerá-la. Ele trabalha bastante diante do engodo e por esse motivo o fluxo sanguíneo se dirige para partes específicas do órgão. Isso porque sempre que uma área do cérebro está em uso ela usa mais energia, mais oxigênio e sangue. A mentira se distingue da verdade no cérebro pelas áreas que são ativadas naquela, que são o córtex pré-frontal e o córtex parietal.

Mas o aumento do fluxo sanguíneo se dá quando uma mentira é planejada, daí há um trabalho do cérebro para formulá-la. Agora, quando há o autoengano, quando nem o sujeito sabe que está mentido, porque mente antes para si, não acontece esse aumento de fluxo de sangue em partes específicas, porque na verdade não existe o esforço cognitivo para contar uma inverdade. Para o sujeito respondente de uma pesquisa de mercado, o que ele diz é uma verdade. Isso significa que possivelmente não há como detectar ao autoengano.

## 4.5 A DETECÇÃO DA MENTIRA

Uma das grandes questões para mim é a seguinte: os pesquisadores, ou melhor, os entrevistadores, profissionais que vão a campo tomar depoimentos ou os psicólogos que são mediadores em pesquisas de *focus group*, estão preparados e são treinados para perceber quando um consumidor está mentindo? Eles reconhecem o engodo e eliminam aquelas respostas dadas pelos sujeitos pesquisados? Os instrumentos de pesquisa contêm armadilhas para as mentiras brancas do dia a dia ou para perceber e evitar o autoengano? E a resposta é: certamente que não.

A teoria evolutiva prevê o "egoísmo orgânico" inerente ao indivíduo, a proteção do corpo é a tarefa número um dos sujeitos. Com isso, não seria de se esperar que a comunicação seja um meio de informar os outros sobre a verdade, beneficiando o receptor à custa do emissor. Como acontece com os outros animais, a comunicação é um meio de "manipular" os outros a favor de si e não só informar-lhes. Toda emissão de mensagem tem uma intencionalidade. Em outras palavras, a maioria do tempo que nos comunicamos é com o propósito de influência social ao nosso favor. E se é inerente e inato, fica difícil perceber quando alguém está mentindo numa conversa. Portanto, se a linguagem se presta ao engano intencional, é mais do que óbvio que a pesquisa comportamental deve analisar os sinais não verbais.

Manter inconscientemente os seus próprios motivos é certamente um benefício, caso contrário não permaneceria como uma vantagem na sobrevivência e reprodução. Mas a corrida armamentista, processo pelo qual um sujeito se "arma" com intuito de proteger-se contra o outro, também equipa os "predadores" de características identificadoras de mentiras. Ou seja, a propensão de enganar promove o surgimento e aperfeiçoamento de mecanismo de antiengano. Se o mundo está cheio de logradores, é vantajoso possuir um detector de enganos. Um indivíduo capaz de perceber a desonestidade na fala ou nas expressões de outros sujeitos tem maiores chances na vida porque tem menor probabilidade de ser enganado. Mas a detecção de engano não é tão simples quanto parece e quando acontece é de maneira inconsciente, involuntária, o que dificulta ter um resultado crível numa pesquisa de comportamento do consumidor, sem uso de equipamentos para reconhecimento de microexpressões faciais ou outras técnicas.

A mentira proposital tem uma fisiologia própria e fornece pistas que podem ser verificadas mediante uso de técnicas que avaliem o que está acontecendo no organismo das pessoas. Uma das únicas formas de pegar a mentira é nas manifestações automáticas do organismo: sudorese, elevação dos batimentos cardíacos, o índice de condutibilidade elétrica da pele sobe e no cérebro especificamente a circulação sanguínea aumenta nas regiões do lobo frontal. São pistas interiores e exteriores que aparecem nos sistemas orgânicos, mas não na fala, que é o alvo da pesquisa tradicional. Ao dissimular, o que é proposital, a pessoa desencadeia uma espécie de curto-circuito interno. Ela usa o córtex pré-frontal para elaborar um discurso falso. Só que, ao mesmo tempo, o cérebro também produz uma resposta emocional, ativando o sistema límbico. A contradição entre esses impulsos acaba por provocar ansiedade, que, por sua vez, promove alterações dos sinais vitais. Há aumento da pressão sanguínea, dos batimentos cardíacos, da transpiração e da salivação.

Veja bem, se é extremamente difícil identificar a mentira proposital, para isso se faz necessário o uso de equipamentos que não são usados na pesquisa de marketing. Uma investigação, então, que se propõe entender o âmago do comportamento de consumo não vai detectar o autoengano, que nem é percebido pelo próprio indivíduo. A conclusão a que posso chegar é que não sabemos nada do comportamento do consumidor, e a maior parte dos resultados são inferências e não constatações.

## 4.6 MÉTODOS PARA DETECÇÃO DA MENTIRA NA PESQUISA DE COMPORTAMENTO DO CONSUMIDOR

Nossa cegueira para as mentiras sugere que há um desejo humano inconsciente de ser enganado, uma preferência pela fábula floreada sobre a verdade nua. E isso pode significar que os entrevistadores das pesquisas de comportamento do consumidor tenham essa característica e que os profissionais de marketing e os publicitários e até os empresários que pagam pela pesquisa também. Se isso for verdade, essas pesquisas são feitas para trazer um mundo encantado para o mercado. Isso significa que o "querer se enganar" é mais real e biológico do que imaginamos e quem tem o preciosismo da verdade, como nós estudiosos, pesquisadores e cientistas, não consegue convencer o mundo dos negócios. Ele não quer ouvir o que a gente quer falar.

O cérebro age muito diferentemente quando falamos a verdade e quando contamos uma mentira deliberadamente. Áreas diferentes são ativadas mais intensamente. Num estudo feito pelo Dr. Scott Faro, diretor do Functional Brain Imaging Center na Universidade de Medicina Temple, na Filadélfia, com uso da ressonância magnética funcional, equipamento mais usado nas pesquisas de neuromarketing, descobriu-se que exige-se mais do cérebro quando se está mentindo e que as diferenças de ativação cerebral eram muito claras entre o indivíduo voluntário mentiroso e o que estava dizendo a verdade. No primeiro caso, da mentira, maior atividade foi percebida nas áreas inferior medial e pré-central, assim como no hipocampo e as áreas límbicas, que estão envolvidas nas respostas emocionais. Já durante a resposta verdadeira, as áreas ativadas foram o lobo frontal, o lobo temporal e o giro do cíngulo. Segundo o professor Marco Iacoboni, neurocientista da UCLA, para quem enviei um *e-mail* perguntando sobre ao assunto, a ressonância magnética não é um bom equipamento para verificar ou detectar mentiras. Ele acha mesmo que nunca será.

Outro pesquisador que tem muita cautela com o uso da ressonância magnética funcional como detector de mentira é o Dr. Marcus Raichle, neurocientista da escola de medicina da Universidade de Washington. Ele alega ser um grande perigo adotar a fMRI como meio para desmascarar mentiras antes que tenha sido cientificamente analisado e comprovado que serve para esse uso específico. A mesma opinião de Emlio Bizzi, neurocientista do Instituto de Tecnologia de Massachusetts, MIT I, que alega ter-se pouca base para usar essas máquinas com tal fim.

Existe uma possibilidade de detecção da mentira que é o EMG facial, mas trata-se da mentira proposital, porque o engano pode ser facilmente verificado através das técnicas de neuromarketing como a própria ressonância magnética funcional, a tomografia por emissão de pósitrons, o eletroencefalograma, o *eyetracking* e outros equipamentos que mostram as áreas cerebrais que se ativam quando o sujeito vê uma marca, um produto, um anúncio ou mesmo quando assiste a uma propaganda de TV ou rádio. O que ele diz pode não ser percebido pelas entrevistas, *focus groups*, questionários nem métodos behavioristas de observação, mas pode muito bem ser verificado a partir do uso de equipamentos que detectem os sinais cerebrais. O cérebro não esconde sentimentos, a fala e a escrita sim.

# 5

## Os Vieses Cognitivos e a Pesquisa Qualitativa de Comportamento do Consumidor

### 5.1 OS VIESES COGNITIVOS

Vieses cognitivos são tendências psicológicas que nos fazem tirar conclusões incorretas e gerar comportamentos distorcidos ou não racionais e nem lógicos, a princípio, mas que têm uma explicação biológica evolutiva. São atalhos cognitivos estudados pela ciência cognitiva, pela psicologia social, pela neurociência e são também objetos de novas ciências como a economia comportamental, finanças comportamentais e neuromarketing. Nestas últimas o objetivo é demonstrar, mediante experiências, como os julgamentos e decisões se distanciam da teoria racional da escolha.

Para este livro, os vieses psicológicos são materiais fundamentais na demonstração dos pontos fracos da pesquisa qualitativa de comportamento do consumidor, que tradicionalmente não leva em consideração estes *outputs* não lógicos, produzidos pelo cérebro humano e também por outros sistemas orgânicos, o que faz os profissionais incorrer no erro ou engano de interpretação do comportamento de consumo. Portanto, apresentarei alguns deles que estão diretamente ligados à pesquisa de marketing.

O comportamento humano é cheio de vieses psicológicos que nos fazem agir de maneira não racional em situações diversas do cotidiano. Essas facetas ou incoerências comportamentais foram observadas, estudadas e classificadas por vários psicólogos desde a década de 1950. Elas são base para as pesquisas da economia comportamental, uma ciência aplicada que foi alavancada na última década e que trata da irracionalidade no comportamento econômico, inclusive e fundamentalmente o de consumo. A finança comportamental, que é outra dessas novas ciências aplicadas, que por sua vez estuda o comportamento dos agentes econômicos, também se apoia nessas facetas do comportamento humano para mostrar o quanto somos irracionais em nossos atos, mesmo que supostamente pensados e planejados.

Neste capítulo, veremos todos os vieses que dirigem o comportamento humano e que influenciam as respostas dadas numa pesquisa de mercado, seja ela uma entrevista, um questionário aplicado ou até um *focus group*. Até mesmo a pesquisa etnográfica, que é de observação, pode conter viés mental, mas não do sujeito pesquisado, a quem, muitas vezes, não é perguntado nada, mas do observador que também é um ser humano e distorce não intencionalmente a realidade ao relatar o que observou. Todos os seres humanos são passíveis de vieses cognitivos, portanto podem acontecer em qualquer fase da pesquisa. Essas facetas cognitivas tornam quase que impossível obter a exata verdade sobre os motivos de influência, escolha, tomada de decisão e consumo de bens, serviços e ideias.

Os vieses cognitivos são padrões de julgamento pobres, enfraquecidos, que se dão em situações específicas diversas. Caracterizados por desvio no julgamento que um sujeito faz sobre situações que vive, esses vieses acontecem quando há a prevalecência dos modelos mentais desse indivíduo, que são formados ao longo da sua vida e também adquiridos evolutivamente via sua arquitetura cerebral "primitiva". A pobreza dos julgamentos em situações em que existem dúvidas se dá em detrimento da busca de informação. A pessoa age segundo seus pré-conceitos e não em função da análise acurada da ocasião. Isso acontece no trânsito, causando acidentes, no comportamento de uso de substâncias que prejudicam sua vida, debilitando e matando as pessoas, e também na escolha e tomada de decisão no comportamento de consumo.

Quero fazer um aparte e deixar claro que os objetivos básicos da vida, aos olhos das ciências biológicas, são sobrevivência e reprodução e o organismo faz de tudo para que elas sejam priorizadas e mantidas, mas como nosso cérebro não foi construído para esta vida, ou seja, para as situações que hoje se apresentam, nós cometemos os erros de julgamento não por vontade consciente, não queremos nos matar fumando, dirigindo imprudentemente ou usando drogas e álcool. Cometemos tais erros constantemente, por vieses inconscientes. Nosso cérebro tem uma arquitetura de 10 mil anos e de lá para cá pouco mudou em suas reações automáticas, pois isso levaria de 200 a 80 mil anos para acontecer. Pois é através desse órgão que temos que lidar com as surpresas do dia a dia, cheio de tecnologias e regras que não havia na savana onde ele foi preparado para a sobrevivência.

Vieses da cognição humana, assim como vários de nossos comportamentos, são diretamente influenciados pela evolução, o que significa dizer pela pressão da seleção natural e da seleção reprodutiva. Tais facetas são mecanismos adaptativos e presumem-se benéficas no momento em que permitem decisões rápidas e estas, por sua vez, são fundamentais e de grande valor para a sobrevivência e sucesso reprodutivo.

Portanto, vieses cognitivos em termos gerais é uma terminologia usada para descrever as várias distorções da realidade, que são provocadas pela mente humana, difíceis de eliminar, mesmo porque, como disse anteriormente, são inconscientes e automáticas, como uma ordem interna, um ato instintivo e que causam julgamentos não acurados, por uma interpretação ilógica da situação que se apresenta, mas que têm uma razão biológica ancestral. Existe uma máxima que explica muito bem a reação de um organismo aos desafios ambientais, que os pesquisadores chamam de lei de Harvard: "Sob as condições mais rigorosamente controladas de pressão, temperatura, volume, umidade e outras variáveis, o organismo fará o que bem entender" (MAUBOUSSIN, p. 212).

Pessoas de todas as idades, gêneros, raças, culturas, cometem erros de julgamento, o que acarreta um comportamento enviesado não consciente, e que vai gerar uma explicação também distorcida. Inclusive aqueles indivíduos pensados e ditos mais inteligentes e mais racionais, que as finanças comportamentais estudam. Os agentes econômicos e os próprios investidores que atuam nas bolsas de valores pelo mundo todo. Mas não é porque pretendem que assim seja, até porque ninguém sai de casa pensando em fazer um julgamento falho ou tomar uma decisão errada. Nossos cérebros criam padrões para lidar mais facilmente com o ambiente externo, isso porque esse órgão gasta muita energia (é o que mais exige do organismo), e se padronizarmos situações e as consequências delas advindas haverá um esforço de processamento muito menor do que se avaliarmos todas as possibilidades. Para tomar decisões sábias e precisas, necessitamos pensar mais de uma vez no problema que se apresenta para nós e isso é algo que naturalmente nossa caixa-preta não quer fazer, ou melhor, prefere não fazer, para economizar energia e também para tomar decisões rápidas que facilitarão a sobrevivência. A ilusão de ótica é um exemplo clássico dessa forma de perceber o mundo.

Mauboussin, no seu livro *Think twice*, relata que existem dois tipos de visão, que influenciam nossa maneira de pensar e agir. Uma interna e outra externa. A interna lida com um determinado problema enfocando a tarefa especificamente e utilizando informações que estejam disponíveis para fazer previsões de acontecimentos com base em um número limitado de dados que podem conter percepções enganosas. É a decisão mais "econômica" biologicamente, em se tratando do gasto de energia corporal. É uma atitude natural, segundo o autor, mas quase sempre de um ponto de vista excessivamente otimista. Já a visão externa busca situações semelhantes que podem servir de base para a tomada de decisão. Esta trabalha de forma estatística com todas as probabilidades possíveis, se outras pessoas enfrentaram o mesmo problema e como foi resolvido. Essa é uma visão não natural de pensar e tomar decisões porque exige que o sujeito deixe de lado todos os seus preceitos anteriores, formados por suas experiências próprias. O uso constante da visão interna é que gera vieses comportamentais.

Daniel Kahneman, economista comportamental que ganhou o Nobel em 2002, considera que temos dois sistemas do processo de tomada de decisão. O sistema 1, que é rápido, intuitivo, automático, simples, associativo e difícil de controlar ou mesmo de modificar, é chamado de experimental. Este usa a percepção e a informação para gerar impressões de objetos ou problemas e essas impressões são involuntárias e o sujeito não é capaz de explicá-las. O sistema 2, chamado pelo autor de analítico, é mais lento, serial, trabalhoso e deliberadamente controlado. Ele está presente em todos os tipos de juízos, mesmo que a decisão seja tomada de forma inconsciente. A intuição, nesta visão, é um juízo que reflete determinada impressão.

A pesquisa qualitativa de comportamento do consumidor tem como intenção primária e única buscar entender os motivos que levaram o consumidor a agir de certa maneira, mas o problema aparece quando a ação do consumidor teve como base apenas as informações internas, instintivas e naturais, sendo que provavelmente o sujeito pesquisado não saiba exatamente "o porquê" de tal comportamento e, numa entrevista ou questionário a ser respondido, tentará expressar o motivo mais óbvio ou mais condizente com a lógica e não o verdadeiro. Decisões são tomadas, na grande maioria das vezes, usando a visão interna, portanto é lá que a pesquisa qualitativa deveria ir, mas não através de respostas conscientes, que são disfarçadas e encobertas, mas de reações orgânicas que trazem os verdadeiros motivos, os inatos, inerentes e próprios do organismo. O que significa avaliar os motivos internos descontando as incoerências. Aqui aparece a lei de Harvard citada anteriormente, que mostra a vontade própria do organismo que fará o que bem entender, mesmo em condições controladas. Pois então é a ele que devemos recorrer também quando queremos a verdade ou chegar mais perto dela.

As pessoas tendem a seguir as suas visões internas por causa dos vieses cognitivos, que os mantêm otimistas a maior parte do tempo, o que é um imperativo biológico, pois precisamos acreditar que vamos sobreviver por muito tempo para passar nossos genes para novas gerações. Crer que tudo dará certo sempre, nada de errado acontecerá e que somos melhores que os outros é mecanismo biológico de sobrevivência adquirido durante a evolução da nossa espécie até os dias de hoje.

Verificadas empiricamente em experimentos psicológicos e de economia comportamental, os vieses podem ser metodologicamente separados em grupos, a saber: sociais – que envolvem as relações com outras pessoas e a interação em um grupo –; de memória – que envolvem informações internalizadas ou modelos mentais –; de tomada de decisão – que envolvem as tomadas de decisões de risco na presença da incerteza, nas ações do cotidiano como na compra e consumo de bens e serviços –; de probabilidade – que envolvem decisões econômicas e pesquisas experimentais –;

de julgamento e ligação – que envolvem a forma como julgamos os outros e esperamos ser julgados por eles.

Todas essas categorias, que podem ter divisões metodológicas diferentes das que aqui apresentei, compreendem vieses que afetam direta e indiretamente o comportamento humano em geral, inclusive o de consumo. E consequentemente farão com que as pesquisas destinadas a investigar o comportamento do consumidor, na sua concepção tradicional, sejam falíveis ou incompletas em função dos seus métodos de coleta e análise.

## 5.2 VIÉS DA ANCORAGEM

A ancoragem é um desses vieses cognitivos que vão influenciar diretamente o método de coleta de dados usado na pesquisa qualitativa para identificar um comportamento do consumidor. Ela se dá nas escolhas e tomadas de decisões e descreve a tendência humana de se apoiar fortemente em uma informação anterior que se apresenta no momento de decidir sobre um produto, um serviço ou qualquer outra ação de caráter econômico. Durante as ações, o consumidor se apoia numa peça específica de informação que vai governar todo o processamento mental e, nesse momento, haverá um ajustamento entre a nova informação e a que está ancorada. E é esta última que vai governar o seu ato de escolha e decisão de consumo. Também chamado de ajustamento, esse viés mental é uma heurística psicológica que influencia a maneira como as pessoas acessam as probabilidades. Elas começam com um ponto de referência implícito ou sugerido (a âncora) e fazem ajustamentos entre o novo *input* e o velho preceito. É importante deixar claro que a ancoragem se dá quando a pessoa tem que tomar uma decisão sob a incerteza.

As informações ancoradas nem sempre, ou melhor, quase nunca estão "à mostra" ou podem ser identificadas pelos pesquisadores, pois os sujeitos pesquisados não têm consciência dela e o pesquisador, por sua vez, registra tudo o que se apresenta na fala do indivíduo e que lhe é consciente e não na informação que está por trás da decisão, escamoteada e na verdade dirigindo todo o processo. Para que a pesquisa qualitativa chegue mais perto do real motivo do comportamento, deve ter em seu escopo a busca pela âncora que realmente influenciou o sujeito. Caso contrário, poder-se-á identificar o comportamento, mas não o motivo que o gerou.

A pesquisa qualitativa sobre preço é uma que sofre os efeitos da ancoragem de maneira incisiva. Porque as pessoas valoram um produto pelo preço que têm em mente e não pelo real valor dele. O modelo tradicional de perguntar o quanto o sujeito estaria disposto a pagar por um novo produto é falho, pois ele vai ajustar a sua resposta talvez a um concorrente ou a algo aleatório. Ainda pior se o produto for pioneiro, situação em que mais se usa esse tipo de pergunta. O indivíduo vai sugerir um preço a ser pago em função de um concorrente indireto que nem sequer tem as mesmas características ou benefícios do novo produto. Isso porque ele não tem referência e vai usar uma âncora, a mais próxima.

Quando ao consumidor é apresentada uma oferta, o elemento-chave para ele aceitar ou rejeitar é lhe parecer um acordo justo ou não. Sabe-se que existe a dor do pagamento no cérebro, que os centros da dor como a ínsula são ativados quando se tem a impressão de perder na troca e isso acontece sempre que preço pareça alto para o consumidor. Quando falo de preço alto não é a questão de ser caro ou barato, mas muito diverso dos outros produtos da mesma categoria. Mas como essa impressão de caro ou barato funciona? É por ancoragem. Nós ajustamos o preço para diferentes produtos e daí usamos para julgar o valor relativo. O problema é que frequentemente os preços âncoras não são relacionados com as características ou benefícios do produto em si, mas com motivos aleatórios, como disse. Dan Ariely apresentou um exemplo clássico sobre esse fato quando fez pesquisas com estudantes primeiro pedindo que eles anotassem os dois últimos números do próprio seguro social e depois perguntando a eles quanto estariam dispostos a pagar por certa marca de vinho. As respostas tinham correlação com os números dos seguros sociais: quanto mais altos eles eram, maior a oferta do aluno, que por sua vez não tinha relação alguma com o preço justo ou ideal para vinho.

Outra pesquisa, feita por Simonsohn e Loewenstein e descrita no livro *Previsivelmente irracional*, de Ariely (2008), deixa evidentes as incoerências relacionadas ao comportamento das pessoas de ancoragem no que tange ao preço de produtos e serviços. O resultado de tal investigação apontou que as pessoas que se mudam e querem comprar uma nova casa tendem a gastar o mesmo montante que usaram para comprar a anterior, não levando em consideração se a nova residência é maior ou menor que a antiga. Elas têm um preço ajustado em sua mente e essa é sua referência.

Na verdade, como nos mostram e demonstram os autores, quando vamos comprar algo que não conhecemos, como um novo produto ou mesmo uma marca ainda não conhecida, nos concentramos na vantagem relativa que existe entre um produto e outro ou uma marca e outra e então calculamos o quanto vale. Assim, o preço é relativo e não algo calculado racionalmente levando em conta características e benefícios.

Vários estudos já demonstraram que quando um sujeito precisa responder a uma questão ele ancora e vincula a sua resposta em números diversos e implausíveis, especialmente se esses números lhe forem fornecidos de antemão por outra pessoa. Isso acontece muito na pesquisa de comportamento quando se quer saber o quanto alguém pagaria por um produto ainda não disponível no mercado. Os entrevistadores dão intervalos de preços (entre "x" e "y", entre "a" e "f" ou ainda entre "g" e "h"), o que já funciona como âncora quando o sujeito não tem outra referência próxima.

Acontece que esse número pode não representar exatamente a intenção de valor de desembolso do pesquisado e por esse mesmo motivo o que algumas pesquisas apontam não corresponde à situação real.

Mas as âncoras não estão associadas somente à sugestão de preço, mas também à música, por exemplo. Num estudo comportamental de consumo, pesquisadores ingleses buscavam entender se a música influenciava as decisões de escolha de vinho. Eles instalaram um aparelho de som numa das prateleiras da seção e colocaram vinhos alemães e franceses muito parecidos nos preços e paladar, logo abaixo na gôndola. Em dias alternados, quando tocava música alemã, vendiam-se mais vinhos alemães (22 garrafas de vinho alemão contra 12 francesas) e o contrário também acontecia. Nos dias de músicas francesas, os vinhos que tinham esta origem saíam mais (40 garrafas de franceses e 8 alemãs). Isto é, não só aumentava a venda de um tipo como diminuía a venda de outro. Esse é um caso clássico de música ancorando a tomada de decisão na compra. Atenção! Por análises feitas anteriormente, sabia-se que os clientes de tal ponto de venda preferiam originalmente vinhos franceses e que, quando perguntadas, 86% das pessoas pesquisadas negaram que tivessem sido influenciadas pela música na escolha do vinho.

Esse fenômeno, que é chamado de *priming* ou pré-ativação, acontece quando o que absorvemos por nossos sentidos nos influencia na tomada de decisão, mesmo se nos pareça lógica e racionalmente irrelevante. E veja bem, o *priming* não acontece somente com a música. Outros exemplos dados por Michael Mauboussin mostram isso em algumas conclusões de pesquisas: (a) uma, feita por Bargh, Chen e Burrows, mostrou que quando as pessoas são expostas a palavras associadas com idosos elas passam a caminhar de forma mais lenta do que se ouviram palavras neutras; (b) outra, realizada por Holland, Hendriks e Aarts, demonstrou que se expostas ao cheiro de um produto de limpeza, multiúso por exemplo, elas mantêm o ambiente mais limpo; e (c) uma terceira, feita por Mandel e Johnson, mostrou que, quando expostas a um fundo de nuvens num *site* que vendia sofás pela Internet, as pessoas escolhiam os mais confortáveis e quando o fundo era de moedas elas escolhiam os sofás mais baratos.

Se um estudo de comportamento do consumidor fosse realizado somente no dia da música alemã, poder-se-ia inferir que os clientes gostam mais dos vinhos germânicos, o que não chega nem perto da verdade. Agora, quantas situações de pesquisa estão sob influência da ancoragem e os estudos nem se dão conta desse fato?

## 5.3 VIÉS DA CONFORMIDADE COM O GRUPO E EFEITO *BANDWAGON*

*O efeito bandwagon* é outro dos vieses cognitivos que podem induzir a resultados equivocados em pesquisa com o consumidor. Literalmente, *bandwagon* quer dizer o "vagão da banda", aquele que carrega a banda numa parada americana. Esse termo dá significado ao viés, que acontece quando as pessoas têm uma tendência de seguir as ações ou ideias preconcebidas de outras sem sobre elas refletir ou mesmo sem saber se é bom ou não para si. Na biologia, esse viés tem nome de comportamento de bando ou de manada, em que um age em função do grupo a que pertence ou quer pertencer, e isso acontece porque nosso cérebro ancestral registrou desde a savana africana que é caro para o indivíduo viver sozinho e que esse ato pode levá-lo à morte. Assim, não pensamos no ato ou no que devemos acreditar, somente agimos conforme o bando, como faz uma zebra que não sabe de onde vem o leão, só sabe que deve correr com o bando.

Quando um sujeito faz escolhas baseadas na informação de outras pessoas, isso significa que está ignorando suas próprias informações. Em política, mais especificamente em eleições, esse fenômeno cognitivo gera comportamentos dos mais inexplicáveis, como alguém votar em um candidato que não é de sua preferência nem do seu partido predileto, só porque se espalhou que ele irá ganhar. Algo que não faz sentido à luz das ciências sociais, mas é perfeitamente cabível e lógico nas ciências biológicas.

Na economia, o efeito *bandwagon* se dá quando a preferência das pessoas por um produto ou serviço cresce quando cresce o número de pessoas comprando. Se todo mundo está adquirindo tal bem ou serviço, só pode ser bom. Mas não é isso que as pessoas alegam quando são abordadas e a elas é perguntado o motivo de compra. Em alguns casos, como os modismos, é fácil perceber, mas em outros fica mais difícil e vai alterar a pesquisa qualitativa que se faz com o consumidor. Isso afeta os resultados da teoria de oferta e demanda, que parte do princípio de que as decisões são tomadas somente com base no preço ou na preferência pessoal.

Esse viés não é desconhecido pelas empresas, marcas nem pelos pesquisadores, mas muitas vezes se esquece que o fenômeno e sua explicação são mais profundos e vêm antes do que entender o bando, que é algo simples de fazer ao se observar o comportamento. É preciso ir ao cerne do que faz o sujeito agir com o bando, que não é a marca em si, mas o que ela provoca no cérebro do indivíduo e que está ligado à sobrevivência e à reprodução basicamente. Tem-se que buscar "o gatilho" e não "o disparo". Quando o sujeito agiu em bando já se vê que foi certa marca, mas não se sabe o que exatamente essa tal marca provocou no cérebro e no organismo do indivíduo.

Estudos foram feitos sobre a conformidade sob pressão do grupo desde 1940 com Solomon Asch, que juntou oito pessoas que, com sete delas, combinou emitir opiniões errôneas propositadamente para ver como reagiria o oitavo sujeito que não sabia sobre a condição dos outros no estudo. O pesquisador pediu para que as pessoas completassem tarefas simples, básicas e triviais. A primeira tarefa foi realizada de maneira correta, mas depois dela os sujeitos que estavam combinados com Asch começaram a cometer erros para saber qual seria a resposta do oitavo indivíduo e a hipótese se confirmou em outras ocasiões também, pois cerca de um terço dos pesquisados se rendia às escolhas incorretas do grupo. Isso mostra o quanto a decisão do grupo influencia e altera a decisão original do indivíduo.

Asch, a partir de vários estudos, criou três categorias para descrever o tipo de comportamento de conformidade: (1) *distorção de juízo* – são situações em que os sujeitos concluem que suas percepções são erradas e que as do grupo são certas –; (2) *distorção da ação* – quando os sujeitos suprimem seu conhecimento para acompanhar a maioria –; e (3) *distorção da percepção* – situação em que as pessoas não estão cientes que o julgamento da maioria distorce as suas avaliações. Nas duas primeiras categorias as pessoas sabem e têm consciência da influência do grupo em sua opinião, mas não acham que estão erradas ao mudá-la e não revelam o que realmente sentem. Na terceira categoria, que é a distorção da percepção, os indivíduos não têm consciência de que o juízo emitido pelos outros componentes do grupo distorce o seu julgamento da situação. De qualquer maneira, em nenhuma delas há uma consciência da existência do "erro" ou "engano" na emissão da opinião.

Percebe-se então que esse viés de conformidade de opinião é fatal para a pesquisa de *focus group*, feita com um grupo de pessoas que nem sempre sabe qual é o objeto e o objetivo do estudo. As pessoas respondem com o grupo e inviabilizam a análise qualitativa individual. Se o grupo errar, o sujeito o faz também. Mas quando esses mesmos indivíduos, que se conformaram com o grupo, forem às compras e tiverem que escolher e decidir por um produto, a situação poderá não corresponder à pesquisa realizada. E a empresa ofertante nem sequer saberá o que aconteceu. Isso porque a conformidade com o bando não foi prevista e levada em conta como uma variável do estudo.

Décadas depois dessa primeira experiência, Gregory Berns fez uma variação, mas desta vez com o apoio da tecnologia que hoje é usada nas pesquisas de neuromarketing, a ressonância magnética funcional (fMRI), que identifica áreas ativadas no cérebro pela mudança e aumento do fluxo sanguíneo. A intenção de Berns era identificar o que acontece no cérebro das pessoas que se conformam à opinião do grupo. Com o equipamento, o estudioso investigou física e quimicamente as três categorias criadas por Asch.

Esta última pesquisa citada revelou que nas pessoas não seguidoras da opinião do grupo verificou-se uma forte atividade na amígdala (área cerebral que age rapidamente e em função da sobrevivência do organismo perante situações de perigo e medo), e isso significa que manter uma opinião própria diferente da do bando é uma situação desagradável. O medo da exclusão faz isso, porque estar fora do grupo é um perigo para o sujeito, e o medo de ter menos informação que alguém também provoca a amígdala, pois informação é algo valioso para sobrevivência desde quando habitávamos a savana africana, segundo psicólogos evolucionistas.

Berns descobriu que a pessoa que se conforma com o grupo erra em tarefas 90% das vezes. Imagine o quanto esse fato influencia num painel de opiniões se não for considerado o viés! E outros pesquisadores que fizeram a experiência criada por Asch, em vinte países diferentes, com culturas diversas, notaram que a conformidade com o grupo aparece em vários deles, mostrando que é algo inerente à nossa espécie, quem vem de muito tempo e faz parte do *modus operandi* de um cérebro "primitivo" que age muitas vezes abaixo dos níveis de consciência. Pois então é lá, no fundo do cérebro, que a pesquisa poderá buscar respostas para o comportamento de consumo.

"Confabulação" é um termo científico que se aplica ao fenômeno no qual as pessoas vão "maquiar" suas razões para explicar o seu comportamento de maneira mais racional possível, e tem relação com a divisão de tarefas dos hemisférios cerebrais.

No ano de 1960, Joe Bogen, cirurgião, começou a cortar os cérebros das pessoas ao meio, na tentativa de ajudar as vítimas de crises epilépticas, parando a propagação dos ataques de um lado do cérebro para o outro. Esse mesmo cirurgião quis saber quais eram os efeitos secundários dessa operação e para isso convocou o psicólogo Michael Gazzaniga para investigar se essa cirurgia, que a princípio parecia ser bem-sucedida, tinha algum efeito secundário. Gazzaniga mostrou aos pacientes imagens diferentes para cada lado do cérebro e, em seguida, pediu-lhes para ligar as imagens em conjunto com base no que tinham acabado de ver. Por exemplo, ele mostrou para o lado esquerdo do cérebro (através do olho direito) de um paciente uma garra de frango e para lado direito (olho esquerdo) uma cena de neve. Ao mesmo sujeito foi então apresentada uma série de fotos e pediu-se para apontar o que lhe tinha sido mostrado. Usando o hemisfério direito, o paciente apontou para uma galinha e sua mão esquerda apontou para uma pá. Quando lhe foi pedido para explicar suas respostas, o paciente não conseguia se expressar verbalmente sobre a cena de neve, porque essa imagem foi enviada para o hemisfério direito do cérebro, que não controla a fala.

Nessa experiência feita por Gazzaniga, o paciente, para justificar por que tinha apontado uma pá, inventou uma história plausível que não tinha nada a ver com a neve. Na verdade, ele "confabulava" quando disse ao pesquisador que a garra do frango faz parte do frango, faz parte do corpo dele e que precisa-se de uma pá para limpar o galinheiro. Apesar de o experimento feito por Gazzaniga aplicar-se a uma anormalidade, o cérebro dividido ao meio, é um curioso indicador do processamento cerebral e de como as pessoas confabulam para justificar seu comportamento de forma racional. O sujeito da pesquisa achou uma ligação plausível para justificar a pá. Esse fato só vem confirmar que perguntar às pessoas por que elas preferem um produto, serviço ou ideia em detrimento de outro é uma perda de tempo. E se o entrevistador da pesquisa de mercado pressionar o entrevistado para fundamentar ou dar uma razão para a sua decisão, mais ele vai confabular. Portanto, não se pode tomar a voz do cliente com uma verdade absoluta.

Apesar de ser fenômeno ligado à memória, confabulação não pode ser confundida com falsa memória, porque aquela é o processo de justificativa de adaptação da resposta para que ela se apresente de maneira plausível.

Acontece que a emoção é mais antiga evolutivamente do que a razão. A primeira é processada no sistema límbico e a segunda, no córtex pré-frontal. A emoção funciona de maneira mais poderosa do que a razão e esta tenta justificar a primeira.

O viés da racionalização pós-compra, a confabulação aplicada ao consumo, é a tendência cognitiva de tentar persuadir a si mesmo, com argumentos racionais, de que fez a melhor escolha e compra. Ocorre normalmente quando a pessoa investiu tempo, dinheiro e um grande esforço no processo de compra. Tal decisão é, em sua maior parte, emocional, mas há uma racionalização retrospectiva com a intenção de justificar o ato. Na pesquisa de comportamento de consumo, o efeito pode ser prejudicial porque os verdadeiros motivos de escolha e compra são processados nas áreas ligadas à emoção, o sistema límbico, e não nas áreas ligadas ao juízo racional, que são as que o pesquisado acessa para dar repostas para o entrevistador ou para responder ao questionário. Portanto, uma resposta racional e justificadora não contém a verdade do comportamento, mas somente uma justificativa do ato.

Vários são os vieses psicológicos. Neste capítulo do livro, em alguns me detive mais e outros vou apenas citar com o objetivo primordial de alertar empresários, profissionais de marketing e pesquisa do comportamento do consumidor para a existência dessas facetas que, se não devidamente consideradas, podem vir a prejudicar uma pesquisa que se propõe entender o comportamento do consumidor. Muitos dos vieses cognitivos são referentes à memória e como se dá a estocagem de informações pelo cérebro, e por isso comentarei sobre ela no Capítulo 7 do livro.

*Source confusion* é afirmar de maneira errada que viu um evento pessoalmente quando na verdade o assistiu pela TV. Isso pode causa falhas na pesquisa que tenha o objetivo de saber se o consumidor teve contato com o produto ou serviço.

## 5.4 VIESES QUE ATINGEM OS PESQUISADORES

Existem também vieses que incidem na cognição do pesquisador, que é um ser humano igual aos sujeitos pesquisados cheios de falhas cognitivas e não alguém livre dessas facetas como normalmente se imagina, por ser um especialista. São eles: efeito do exagero na expectativa, quando o pesquisador espera um resultado e inconscientemente manipula a experiência ou a interpreta de maneira enviesada para encontrar a sua hipótese; correlação ilusória, quando o profissional inapropriadamente supõe uma relação entre causa e efeito que não existe; e o viés confirmatório.

Temos uma tendência, que nos é natural e inata, de procurar somente por fatos que corroboram nossa hipótese, o que se chama de viés confirmatório. Isso acontece com os pesquisadores que após fazerem as pesquisas secundárias já têm eleitos alguns fatores que causam um comportamento, o que vai dirigir a pesquisa primária, mesmo porque eles vão criar as questões em função desses fatores para descobrir se eles existem ou não. São as tais das hipóteses na pesquisa tradicional. Elas são formuladas não de maneira isenta, mas sob domínio de credos anteriores.

O viés da confirmação torna a pesquisa vulnerável a possíveis erros, pois na não confirmação é mais provável encontrar a verdade. O neuromarketing pode anular esse efeito na medida em que põe em confronto o questionário com as imagens do cérebro. É um método que não elimina aquela ferramenta de pesquisa, mas promove um choque entre ela e os processos fisiológicos do pesquisado podendo revelar os vieses confirmatórios que possam estar atuando. Algumas pesquisas de neuromarketing, quando não há viés em jogo, confirmam o que foi dito pelo consumidor, mas, quando existe, ela revela essa distorção, porque o cérebro não engana, não mente.

O neuromarketing, a bem da verdade, busca as instâncias falsificadoras e não as confirmatórias e por isso é um método que deve ser acrescentado nas pesquisas qualitativas de comportamento do consumidor. Teremos melhores resultados com esses novos métodos, porque a corroboração para a criação de padrões que nos façam sentido está enraizada em nossos hábitos diários de ação, no pensamento e fundamentalmente em nosso discurso. São marcas do nosso passado e aprendizado filogenético que deixou marcas ou padrões de ações antigos, preparados para um mundo na savana, bem diferente do que vivemos hoje.

Esses vieses também são não propositais e inconscientes na medida em que nosso cérebro, sem nossa ciência, busca padrões para entender o mundo. Existe uma característica inerente ao viés: quanto maior o seu impacto, mais facilmente ele se esconde da nossa percepção.

# 6

## Os Vieses Biológicos e a Pesquisa de Mercado

Os vieses psicológicos que vimos no capítulo anterior têm como pano de fundo as reações orgânicas, e não poderia ser diferente porque é o cérebro, mediante reações físico-químicas, que produz pensamentos e gera comportamentos. Os vieses psicológicos não podem existir por si, não é algo fora do corpo ou dele desligado. Mas neste capítulo tratarei de outros vieses que são biológicos puros, que se dão não no nível cerebral somente, mas também no genético e no endócrino, também influenciando na pesquisa qualitativa de mercado, que deve buscar a verdade ou chegar bem próximo dela.

A diferença hormonal e cerebral dos gêneros é algo que influencia diretamente os processos cognitivos e consequentemente o comportamento. A relação entre os níveis hormonais, o ciclo circadiano e os níveis de neurotransmissores também. Se as empresas que fazem pesquisa com o consumidor querem um resultado o mais fiel possível, devem necessariamente considerar tais vieses. O que proponho e sempre defendi em todos os meus livros (*Neuromarketing: decodificando a mente do consumidor, Comportamento do consumidor: a biologia, anatomia e fisiologia do consumo* e *Se estiver ovulando não vá ao shopping*), inclusive este, é que se deve, nos estudos de comportamento do consumidor, considerar variáveis biológicas. As pessoas que compram não são máquinas ou seres inanimados, mas seres vivos de natureza biológica. Isso é básico e irrefutável!

Pois é isso que farei a partir de agora, neste capítulo. Vou ressaltar todas as facetas biológicas que vão influenciar direta e indiretamente no comportamento humano de consumo e tratá-las como variáveis a serem consideradas.

## 6.1 A PÍLULA ANTICONCEPCIONAL

O primeiro desses vieses que podem prejudicar a pesquisa de mercado se não for levado em conta é o uso, pela mulher, da pílula anticoncepcional. As mulheres que tomam contraceptivos hormonais, como pílulas anticoncepcionais, são melhores em lembrar a ideia principal de um evento emocional, enquanto as mulheres que não usam contraceptivos são melhores em detalhes de fixação. É o que mostra estudo da Universidade da Califórnia. Aqui vai a minha pergunta: na sua pesquisa de comportamento do consumidor, as empresas separam as mulheres que tomam pílula das que não tomam na sua amostragem? Têm essa questão no questionário ou é aventada numa entrevista pessoal assim como no *focus group*? A diferença no resultado pode ser significativa porque, se não forem separadas por amostras, haverá dissonância no que elas lembram ou não. As primeiras, que tomam pílulas, têm um padrão de lembranças muito parecido com o gênero masculino, que se lembra do evento principal e não muito dos detalhes.

Essa descoberta vem de um estudo feito com um grupo de mulheres americanas, umas que tomavam pílulas anticoncepcionais e outras que não faziam uso dessa forma de prevenção e tinham seus ciclos normais. Elas foram convidadas a ver fotos de uma mãe, seu filho e um acidente de carro. A todas elas foram contadas histórias com essas fotos ilustrando o ocorrido, mas para algumas participantes de cada um dos grupos as histórias eram um pouco diferentes. Uma semana após essa primeira fase do estudo, os pesquisadores aplicaram um teste surpresa para que as mulheres de ambos os grupos lembrassem o ocorrido. As voluntárias que tomaram contraceptivos por um mês rememoraram os fatos principais do evento traumático, já as que não tomaram pílula lembraram-se de mais detalhes da história.

Pois esse é um fato importante para a pesquisa de mercado, mais especificamente para a do comportamento do consumidor, que originou-se de um estudo da Universidade da Califórnia comprovando que há uma mudança no tipo de informação que cada uma das mulheres lembra. Shawn Nielsen, autor do estudo, diz que tal diferença faz sentido ao constatar que os contraceptivos suprimem os hormônios sexuais como a progesterona e também o estrogênio para prevenir contra a gravidez. E esses hormônios estão ligados à memória das mulheres. Pauline Maki, da Universidade de Illinois em Chicago, especialista em memória, também alerta dizendo que o fato da mulher que toma pílulas anticoncepcionais se lembrar de diferentes elementos da história nos mostra a influência do estrogênio em como o gênero feminino se lembra de eventos emocionais.

## 6.2 O CICLO MENSTRUAL

Outro viés é quanto ao ciclo menstrual. Na fase de ovulação, por exemplo, o nível de testosterona aumenta no organismo da mulher, o que a faz ficar atrevida, propensa a arriscar mais. Imagine então uma entrevista, ou a aplicação de um questionário ou ainda uma pesquisa usando o método de *focus group*, com mulheres nessa fase do ciclo e com as mesmas em outra fase. Quando uma mulher está ovulando, seu comportamento se modifica de várias maneiras, desde o andar, a fala, os lábios, os olhos até como ela se veste. Ela está disposta a comprar produtos que não compraria se não estivesse nessa fase do ciclo. E não se tem notícia de pesquisa qualitativa de compra e consumo que trate esse fato como uma variante do estudo. As mulheres não são separadas ou segmentadas por fase do ciclo menstrual, algo que é imprescindível para uma pesquisa que queira qualificar o comportamento.

## 6.3 O VIÉS HORMONAL E O TATO

Diferentemente de outros animais, as mulheres não demonstram seu período fértil, mas se comportam de maneira bem característica. Diana Derval, pesquisadora da influência dos hormônios no comportamento de consumo da mulher, alega que essas químicas cerebrais dirigem o gosto da mulher em relação à textura dos tecidos. Mulheres com níveis altos de estrogênio preferem tecidos como pele, couro e, ao contrário, as que têm altos níveis de testosterona têm preferência por produtos de origem vegetal como algodão, por exemplo. É a ligação dos hormônios com a percepção sensorial como a tátil.

O estudo que comprova esse fato foi realizado pela Derval Research entre abril de 2007 e fevereiro de 2011, com 3.500 mulheres de diferentes países e etnias, o que comprova a influência biológica e a não incidência cultural. Se o resultado se repete em países diferentes com culturas diversas, não pode ser influência social, mas ação hormonal pura. Portanto, nota-se que mulheres com níveis de hormônios diferentes devem também ser separadas em grupos de pesquisa diversos. E sabemos que isso não acontece. No máximo, separam-se as mulheres, para uma pesquisa qualitativa de comportamento de consumo, por classe social, nível escolar, idade, ou seja, uma segmentação demográfica, comportamental, psicográfica e geográfica, o que pode gerar um resultado totalmente enviesado, pois falta a segmentação biológica.

A preferência por sensações táteis diferentes sofre grande influências hormonais pré-natais. Quer dizer, é formada ainda no útero materno, antes até que o sujeito saiba o que é o tecido, do que é feito e a sensação que vai lhe causar. Algo que não dá para saber o motivo só com perguntas ou observação, mas com ajuda inegável de análises biológicas, sob pena de cometer erros que irão mascarar os resultados da pesquisa qualitativa.

## 6.4 OS VIESES POR GÊNERO

Em relação à diferença entre gêneros, também existem variações não culturais ou sociais que devem ser levadas em consideração para ter-se uma pesquisa qualitativa de comportamento de consumo eficaz. Um exemplo disso é quantidade de cores que os homens e as mulheres veem. Acontece que o cromossomo X determina a quantidade e a diversidade das células fotorreceptoras, as responsáveis pelo processamento das cores. Como as mulheres carregam dois cromossomos X e os homens apenas um, é natural que elas tenham mais facilidade para diferenciar cores. E aqui novamente cabe a pergunta: as pesquisas que tenham a cor como variante levam em consideração a diferença orgânica entre as percepções de cores entre homens e mulheres?

As cores também enviesam respostas sobre outras áreas, acabando por gerar comportamentos bem esquisitos e fora de propósito a princípio. A cor de um comprimido pode afetar a percepção da sua potência. Em experimentos notou-se que cápsulas pretas e vermelhas são identificadas como mais fortes do que as brancas, por exemplo. Isso vai alterar a cura através do efeito placebo, em que a pessoa acredita que funciona melhor, e também a pesquisa sobre eficácia de medicamentos. O que as pessoas veem é a expectativa de um resultado gerado pela associação e não o resultado em si.

Os vieses que nos fazem agir estranhamente têm uma lógica biológica. Todos nós temos inclinações não explicadas na maneira como vemos, percebemos e aprendemos as situações ao nosso redor. Esses fatos ocorrem em sua maioria além da nossa compreensão e abaixo dos níveis de consciência. São os vieses cognitivos e biológicos que, numa pesquisa qualitativa, mascaram a relação entre uma ação e a reação, entre o comportamento e o motivo que o gerou. O nosso organismo e o cérebro ligam pontos que nem sequer sabemos que estão ligados entre si.

O mecanismo que nos auxilia a perceber o mundo e tudo o que está a nossa volta está profundamente embutido dentro do nosso organismo e atua quase sempre de forma automática. É por isso mesmo que as pesquisas qualitativas de comportamento do consumidor não podem estar atreladas somente às demandas sociais e culturais, como aconteceu até o surgimento do neuromarketing e dos exames biométricos. Tais estudos eram e ainda são prioritariamente behavioristas, acreditando no que o sujeito pesquisado diz ou no que se observa em seu agir, sem considerar os processos automáticos, instintivos e inconscientes e os atos enviesados tão típicos da nossa espécie.

A etologia humana talvez seja a ciência que irá unir todos esses pontos de vista numa tentativa de enxergar o ser humano como um ente biológico.

Os vieses, tanto os cognitivos sobre os quais você leu no capítulo anterior como os biológicos que acabei de mostrar, são consequências de atividades cerebrais pura e simplesmente, portanto resultado da arquitetura do cérebro e do seu funcionamento, englobando aqui toda a química e a física que fazem os neurônios ter potencial de ação e transmitir mensagens uns para os outros.

As pesquisas neurobiológicas, como em psicobiologia, neurociência comportamental e aquelas feitas pelas novas ciências aplicadas como a economia comportamental, o neuromarketing e as finanças comportamentais, estão descobrindo muitas razões para as nossas enganosas percepções do mundo que afetam a pesquisa de comportamento do consumidor. Essas percepções, que causam comportamentos enviesados, são de fundo biológico, erros de processamentos cerebrais. Um exemplo básico e muito estudado que comprova como o cérebro percebe o mundo ao redor e que não necessariamente corresponde à realidade é a percepção dos membros fantasmas, partes do corpo que foram amputadas e que ainda causam sensações nas pessoas que as perderam.

Ramachandran, um dos mais brilhantes neurocientistas da atualidade, que estuda e tem livros e artigos sobre o assunto, nos dá exemplos de pacientes que não têm um braço e mesmo assim seus neurônios-espelhos se ativam quando outra pessoa coça o próprio braço. Quer dizer, um *input* visual e não cutâneo gera uma sensação na pele que não existe. Imagine então o quanto de viés nossa "caixa-preta" pode gerar e como os bem intencionados pesquisadores do comportamento do consumidor podem enganar-se.

A única verdade existente é que as nossas percepções do mundo que nos rodeia dependem de estruturas neurais que estão interligadas dentro do cérebro. São 100.000.000.000 (cem bilhões) de neurônios, cada um deles possui um axônio que tem potencial de ação interno para poder enviar informações para outros neurônios, as chamadas sinapses, via dezenas de milhares de ramificações denominadas dendritos que recebem essas informações. Um pedaço do cérebro do tamanho de um grão de areia tem aproximadamente 100.000 (cem mil) neurônios, 2.000.000 (dois milhões) de axônios e 1.000.000.000 (um bilhão) de sinapses. Com tantas conexões e um cérebro que pouco mudou anatômica e fisiologicamente em milhares de anos, a nossa percepção da realidade muitas e muitas vezes é diferente do real acontecido.

Entender o cérebro e como ele trabalha é essencial para compreender por que as pessoas reagem a provocações ambientais (comunicação, incentivos, cheiros, sons, imagens, sabores) e tomam decisões da maneira que o fazem. Os estímulos que ele recebe constantemente vão criando padrões de caminhos sinápticos que ficam gravados e, se repetidas, essas conexões tornam-se fortes. Para economizar energia, o cérebro tenta encaixar sempre um novo estímulo em um padrão prévio já existente. Essa é uma resposta chamada automática e uma causa dos vieses cognitivos. Essas trilhas padrão previamente formadas, nas quais o cérebro tenta encaixar toda nova situação, são criadas ontogenicamente (durante a vida do indivíduo, desde o útero materno) e também filogeneticamente (por toda a evolução da espécie), o que significa termos padrões cerebrais muito antigos para interpretar um mundo novo e cheio de novidades. Essa é outra causa dos vieses psicológicos.

Temos evidências da busca do cérebro humano por padrões, e elas estão nos neurotransmissores também. Percebeu-se mediante pesquisas que a percepção de padrões aumenta conforme a concentração de dopamina em nossa caixa-preta. Essa substância que age no sistema de recompensa cerebral e regula também o humor da pessoa; quando em alta concentração, diminui o ceticismo, fazendo-nos ficar mais suscetíveis a criar padrões. O exemplo e a prova estão nos sujeitos que têm mal de Parkinson, pois eles tomam injeções de levodopa, o que aumenta a crença do sujeito, tornando-o mais propenso a acreditar em loterias, cartas e outros tipos de superstições. Alguns pacientes que tomam tal substância, que por sua vez aumenta os níveis de dopamina, mudam até sua personalidade e passam a virar jogadores compulsivos em cassinos, porque eles passam a ver padrões em números aleatórios. Os que apostam em loteria também vem padrões onde não existe.

A evolução da espécie humana nos legou uma série de vieses cognitivos que são inatos, fenômenos com os quais nascemos e que nos acompanham e geram o comportamento dito irracional. E a verificação dos processamentos cerebrais onde e por quem esses vieses são produzidos facilita saber se os indivíduos cujo comportamento de compra e uso de produtos e serviços queremos entender estão sob seu efeito ou não. Por isso as novas metodologias de pesquisa em neuromarketing e biometria são tão importantes.

# 7

# Os Vieses da Memória e a Pesquisa Qualitativa de Comportamento do Consumidor

## 7.1 A FALSA MEMÓRIA

A memória, no viés neurológico, uma visão físico-químico, consiste de associação entre um grupo de neurônios, na qual, quando um dispara, todos eles disparam, criando, assim, um padrão específico. Nesse disparo, quanto mais rápido, maior é a carga elétrica que atira para fora e maior é a probabilidade de deflagrar seu vizinho. Uma vez que o vizinho tiver sido incitado a disparar, ocorre alteração química na sua superfície que o deixa mais sensível à estimulação pelo mesmo vizinho. Tal processo é denominado potencialização em longo prazo. Se a célula vizinha não for estimulada novamente, irá permanecer em estado de prontidão, mas se a primeira célula voltar a disparar durante um determinado período, o vizinho poderá responder. O segundo disparo torna-a ainda mais receptiva, e assim por diante. Finalmente, a disparada sincrônica repetida une os neurônios de tal maneira que a atividade mínima em um fará com que todos aqueles associados a ele também disparem. É assim que se forma uma memória. Quando adquirimos uma nova informação, ocorrem mudanças químicas complexas nas conexões entre as células nervosas, que são as chamadas sinapses. Estas ligam os neurônios entre si.

Etimologicamente, o termo "memória" tem sua origem no latim e significa a faculdade de reter e/ou readquirir ideias, imagens, expressões e conhecimentos, reportando-se às lembranças. Se não houvesse armazenamento de representações mentais do passado e resgate dessas representações, seria impossível obtermos benefício da experiência. A memória abrange o arquivo e a recuperação de experiências. Por isso, está intimamente associada à aprendizagem, que é a habilidade de modificarmos nosso comportamento por meio das experiências que foram armazenadas na memória. Os processos que geram a memória são ainda pouco conhecidos das neurociências, mas, do que se sabe, há uma prova evidente que obviamente prejudica a forma tradicional de fazer pesquisa de comportamento de consumo.

Uma das provas de que a pesquisa tradicional de comportamento do consumidor não traz as respostas esperadas pelas empresas que pagam por elas é a existência da falsa memória ou a recordação de um fato ou uma experiência que nunca aconteceu. A falsa memória é um fenômeno psíquico e mostra-nos que a nossa lembrança do passado não é uma reconstrução do acontecido, não é uma foto ou um vídeo literal do fato passado. Ela, a bem da verdade, confirma que existe muito de nossas expectativas e crenças nas lembranças distorcendo o processo de codificação, de armazenamento e recuperação de informações que criam recordações distorcidas. Estes três últimos processos são operações que não ocorrem ordenadamente e em sequência, mas de maneira interdependente e com influência recíproca. A codificação é o processo de transformação de uma entrada sensorial em uma representação na memória, o armazenamento é o processo que se refere à manutenção desse registro, e a terceira é a recuperação, a operação que dá acesso àquela informação que entrou e foi arquivada. Várias falsas memórias envolvem fragmentos misturados ou confusos de eventos, que podem ter acontecido em tempos diferentes, mas que são lembrados como se tivessem acontecido juntos. As memórias são frequentemente misturadas, algumas partes são precisas e reais e outras não, e é difícil diferenciar entre falsas memórias e as verdadeiras.

Nos anos de 1930, Frederic Barlett já fazia pesquisas referentes ao fenômeno da falsa memória que intensifica ou distorce as experiências vividas por um determinado sujeito. Na sua experiência, pediu a algumas pessoas para lerem a lenda *"A guerra dos fantasmas"*, um mito indígena norte-americano, para depois contá-la. O pesquisador descobriu que os sujeitos recontavam a história de acordo com o contexto de experiências prévias, adulterando os trechos esquisitos para que fizessem sentido. O trabalho de pesquisadores diversos vem comprovando o fato de que a recuperação de uma lembrança não é literal e fidedigna. É uma edição do fato ocorrido, influenciada pelas experiências prévias do sujeito. Nós, seres humanos, não recuperamos somente e puramente os fatos quando nos lembramos de algo ou de alguma situação, mas também fazemos ajustes para tornar essa lembrança coerente com o modelo internalizado de expectativas sobre nós mesmos e sobre o mundo. Esse processo de ajuste ocorre através da seleção do que lembramos, do que esquecemos e da adição de novas informações. A memória não é uma reconstrução, mas essencialmente uma construção para ser coerente com as crenças preexistentes. Por ser um fenômeno de reconstrução, a memória pode ser fortemente influenciada por expectativas pessoais e até sociais, por emoções, interpretações inapropriadas dos fatos ou mesmo por desejos do sujeito.

Esse fenômeno a que aqui estou me referindo como falsa memória não pode ser confundido com mentira, porque é somente uma interpretação diferente dos fatos, não é intencional e nem um engodo inconsciente. A memória, como disse, é um processo de interpretação e síntese das informações sensoriais e não uma gravação fiel do mundo externo. Nesse processo, nosso cérebro lança mão de diversas estratégias cognitivas para gerar uma recordação coerente, excluindo os elementos díspares, adicionando os que faltam, construindo suposições e acreditando nelas, tornando-as reais para o sujeito que acredita.

A falsa memória não é algo facilmente distinguível, não é perceptível, pois o sujeito acredita no que está dizendo, tem a sua fala como um relato da verdade, do que realmente sentiu no momento da compra ou da escolha de uma marca. No seu discurso sobre a situação de compra, quando inquirido pelo pesquisador, simplesmente não é possível saber se a pessoa está relatando algo que realmente ocorreu ou uma falsa memória, pois, como disse, a pessoa não está mentindo, ela acredita que realmente vivenciou a experiência e a tem como verdadeira, como de fato tenha acontecido. Quanto mais distante no tempo, mais sujeita à distorção. Memórias são mais facilmente modificáveis quando a passagem do tempo permite à memória original falhar. Isso significa que uma pesquisa tradicional, feita com sujeitos, perguntando a estes o que sentiram ou o motivo de escolherem determinada marca num dia lá atrás, provavelmente terá falhas ou não corresponderá à verdade.

Vivências que têm um ajuste pessoal, quando lembradas, como a falsa memória, têm maior probabilidade de ser criadas na vida cotidiana quanto maior for a presença de três condições externas ao indivíduo: (1) demandas sociais que incentivam as pessoas a lembrar de algo; (2) encorajamento explícito para imaginar eventos; e (3) estímulo para as pessoas não pensarem se suas construções são reais. Numa pesquisa, o entrevistado é incentivado a lembrar-se de fatos e comportamentos de compra ou escolha de produtos ou serviços, é também encorajado a imaginar como o evento aconteceu para relatar como se sentia naquele determinado momento, a reviver a cena e, por fim, nunca é incentivado ou sequer questionado se seus construtos verbais são reais ou irreais. Isso quer dizer que as três condições que proporcionam a falsa memória estão frequentemente presentes nas entrevistas das pesquisas tradicionais de comportamento do consumidor.

Lembrar de fatos do passado é mais do que simples ativação de imagem na mente. Envolve interação muito mais complexa entre o ambiente atual, o que se espera recordar e o que ficou guardado do passado. Sabe-se então que não é tão simples como se imagina obter respostas críveis do consumidor em relação às suas experiências de compra. A forma de fazer pesquisa de comportamento do consumidor, de entrevista e de análise é muito simplista para uma atividade cerebral tão complexa. Esse problema também se dá em relação às pesquisas de lembrança de comerciais veiculados, pois, de acordo com Miltner (2002), só conseguimos lembrar-nos bem das coisas quando nos interessam e prestamos a elas a atenção necessária e, a partir daí, ficam gravadas por muito tempo. Isso significa que as falhas de memória se devem muitas vezes à falta de atenção e de concentração. As informações captadas pelas pessoas de maneira fragmentada, como acontece quando estamos diante da televisão, com mil distrações em volta e um controle remoto nas mãos, tornam-se difíceis de serem recordadas posteriormente, inviabilizando uma pesquisa de lembrança de propaganda veiculada. O mesmo se dá no trânsito, quando devemos estar atentos a várias informações visuais e auditivas como a direção em que estamos indo, o movimento dos outros carros, os sons, o pedestre, o sinal e tudo o mais que acontece na rua, além da poluição visual. Fica quase que impossível lembrar de uma propaganda veiculada num *outdoor*, por exemplo.

Outra confusão que não pode ocorrer é que as falsas memórias estão ancoradas no funcionamento saudável do cérebro e não em uma expressão patológica. Isso significa que fazem parte do dia a dia de todas as pessoas, a não ser daquelas que têm uma síndrome denominada de hipermemória, em que a pessoa lembra-se de tudo o que acontece, todos os dias da sua vida, em cada detalhe. Esta sim é uma patologia da memória. O padrão dito normal é ter falsas memórias.

As FM podem ocorrer em consequência de uma distorção interna, gerada por parte do próprio organismo, chamada de endógena ou mais especificamente de espontânea, o que significa ser autossugerida, ou pode ser uma informação falsa sugerida pelo ambiente ou externa que é denominada falsa memória sugerida. O meu interesse é analisar a falsa memória endógena, ou seja, aquela que não teve influência externa direta, porque é a partir dela que vou questionar as pesquisas de marketing qualitativas. Quero mostrar que, independentemente de influência externa, o organismo pode produzir memórias equivocadas, que vão gerar respostas enviesadas nas pesquisas tradicionais de marketing.

Quando as pessoas respondem a uma pesquisa de mercado, seja através de instrumentos como os questionários, entrevistas pessoais ou mesmo *focus group*, elas não mentem deliberadamente ou de maneira intencional, mas podem se enganar inconscientemente por causa das falsas memórias. Essas FMs são processadas abaixo dos níveis de consciência. Os sujeitos pesquisados não têm ideia de que o que descrevem naquele momento não existiu ou pode até ter acontecido em outra ocasião, não na que é objeto da pesquisa. Não há intenção de enganar o pesquisador e por isso mesmo fica difícil de detectar essa faceta da mente humana. Dificilmente também poder-se-á identificar a falsa memória por meio de microexpressões faciais ou qualquer outra expressão corporal não verbal. Se a FM é tomada como verdadeira pelo próprio indivíduo pesquisado, como pode o pesquisador detectá-la? A minha hipótese é que somente com uso de equipamentos de diagnóstico por imagem (fMRI, PET ou ainda MEG) com identificação de ativação de áreas cerebrais específicas é que se pode perceber se a memória é falsa ou verdadeira. Ou ainda se é uma falsa memória ou uma mentira, que são processadas em áreas diversas. Existem algumas técnicas de entrevistas que podem minimizar as falsas memórias, como a entrevista cognitiva, mas, a princípio, não podem identificar exatamente quando ocorreu a FM.

O limite entre a memória real, verdadeira, e a falsa memória é o cerne das pesquisas de falsas memórias, portanto estas deveriam ser parte integrante de qualquer pesquisa de marketing. Antes de qualquer coisa, tem-se que saber se, dentre as respostas dadas pelo sujeito pesquisado, existem aquelas resultantes de memórias imprecisas e falsas, por que, caso contrário, já se tem uma falsa verdade ou no mínimo uma meia verdade, o que não ajuda em nada a pesquisa de mercado que se propõe a ser a mais precisa possível. Quando se trata de pesquisa qualitativa, onde se pretende descobrir os "porquês", a importância da veracidade da resposta, que depende da memória real, é fundamental, é necessária.

Apesar de a memória humana poder ser distorcida, por processos internos ou externos, há uma gama de lembranças que realmente ocorreram, mas a questão é que nem tudo o que lembramos aconteceu da maneira como lembramos, porque conforme o tempo passa as memórias vão se misturando com outras e sendo lembradas imprecisamente.

As pesquisas para investigação da memória e suas possíveis distorções devem ser grandes aliadas e direcionar as pesquisas de mercado, que por sua vez devem tomá-las como base na sua formulação. Aquelas são divididas em três etapas: (1) a fase de estudo, onde são apresentados os materiais-alvos; (2) a etapa chamada de intervalo de retenção, em que são apresentados distratores; e, por fim, (3) a fase de teste, em que busca-se a recuperação da memória verdadeira e da memória falsa. A pesquisa de mercado deve seguir esses procedimentos e ter um controle sobre a quantidade de varáveis em todas as etapas, para que, em aparecendo uma FM, ela possa ser identificada. Veja bem, na minha opinião, até as pesquisas ou entrevistas que antecedem os exames de ressonância magnética funcional, usadas em neuromarketing, não devem prescindir desse modelo de pesquisa, para não incorrer no risco de esbarrar em FM.

Estudando as falsas memórias, percebe-se claramente que as pesquisas ortodoxas de marketing carecem de controles e um dos motivos é não saber como a informação foi adquirida, para fazer parte da memória. Como o material-alvo foi apresentado ao sujeito? Somente de forma verbal? De forma não verbal? Visual? Auditiva? Ou visual e auditiva? Isso tudo influencia o aparecimento de falsas memórias em maior ou menor intensidade, o que vai impactar na veracidade da pesquisa. Ainda quanto ao material-alvo, a complexidade das imagens influencia na FM. Isto é, quanto maior a quantidade de elementos interligados com a imagem que se apresentam para os indivíduos, mais falsamente algum detalhe da imagem será recuperado. Imagine então uma pesquisa que pretenda saber o "porquê" da escolha e compra de um determinado produto, em que o entrevistador deve pedir para o pesquisado lembrar-se da situação no ponto de venda, com tantos outros estímulos competindo (a infinidade de produtos na gôndola e suas profundidades de embalagens; a comunicação como *stopers*, *oblers*; as pessoas transitando; a iluminação; a música, enfim, uma imensidão de provocadores sensoriais). Tudo isso aumenta a complexidade do material-alvo e, portanto, aumenta também as chances de apresentar falsas memórias.

Ainda em se tratando de material-alvo, na primeira etapa, chamada fase de estudo, em que o sujeito pesquisado deve entrar em contato com a situação que deverá ser recordada, existem muitos aspectos comprovados por estudos que não são considerados nas pesquisas tradicionais de marketing e que vão fazer uma enorme diferença e provocar vícios irreparáveis. A seguir, vou mostrar alguns deles e fazer as devidas considerações:

1. Quando a apresentação do material-alvo é apresentada na modalidade auditiva, o sujeito tende a produzir mais falsas memórias que a apresentação visual do mesmo material. Aqui percebemos que a pesquisa de rádio, que tem o propósito de descobrir se os consumidores ouviram determinada propaganda, pode ser inviabilizada por essa faceta da memória humana.

2. Algumas pesquisas mostram que a combinação de estímulos verbais e não verbais no mesmo material-alvo pode levar a um aumento na produção de falsas memórias, isso porque ele se aproxima das pesquisas naturalísticas e se assemelha à experiência das pessoas. Portanto, nota-se que uma pesquisa sobre uma propaganda qualquer no meio TV, que combina as duas modalidades, poderá trazer à tona uma gama de FM. Podemos até presumir que pesquisas unicamente verbais, visuais e auditivas ou puramente não verbais podem ser menos passíveis de colecionar falsas memórias. Na verdade, a FM aparece já numa etapa anterior, isto é, quando pergunta-se aos consumidores onde é que eles viram a propaganda. Todos respondem inicialmente e quase sempre que foi na TV, mesmo que ela não tenha sido veiculada nesse meio. Aprendi muito cedo isso e por experiência própria: um cliente meu, uma joalheria, nunca tinha feito campanha de TV, mas veiculava muito em jornal e *outdoor*, e uma pesquisa feita por uma universidade apontava tal joalheria como detentora das propagandas de TV mais lembradas de Ribeirão Preto. Não era a pesquisa que estava errada ou

mal feita, como inicialmente pensou-se, mas sim os truques da memória atuando.

3. O tempo de exposição do material-alvo afeta a codificação da informação. E nesse caso a pesquisa de mercado não pode e não tem como saber quanto tempo o sujeito ficou exposto ao material-alvo (quantas inserções em meios de comunicação ou quantos contatos com o produto no PDV, nem mesmo quanto tempo olhando para o produto). Imagine então o tempo de um *lettering* numa propaganda, o quanto pode proporcionar de falsas memórias!

4. A quantidade de informação no material-alvo pode criar memórias falsas. Quanto mais informação no material, maior a produção de FM. E, se a apresentação é não verbal, quanto mais imagens de uma mesma categoria, também mais FM surgirão. E daí percebe-se que as campanhas promocionais com muitas informações aumentam certamente a probabilidade de falsas memórias. Quem lembra onde é que assistiu (canal de TV) e de quem era a oferta (a loja), numa determinada promoção apresentada no final de semana? Eu sou um exemplo vivo dessa situação, vou a um magazine falando da oferta de máquina de lavar apresentada por outro, sempre.

5. Quando a atenção está dividida na apresentação do material-alvo, ou seja, sempre que o sujeito deve prestar a atenção em duas atividades simultâneas, as falsas memórias têm mais probabilidade de serem produzidas, na ocasião da retomada da informação, na pesquisa. Voltamos então no ponto de venda, em que os estímulos visuais competem fervorosamente, em que a informação de marcas e profundidades delas brigam pela atenção do consumidor, isso sem contar outras atividades (empurrar o carrinho, topar com promotoras, cartazes). E, na comunicação visual, em propagandas *outdoor* ou fora dos pontos de vendas. Daí então nem se fala, porque temos estímulos de várias formas de propaganda (*busdoor*, placas de rua, *outdoor*, *megalight*, fachadas de empresas) e também de outras formas que não propaganda (construções, sinais de trânsito, árvores). Quer dizer, não dá para uma pesquisa de mercado, seja ela em função de lembrança de marca, de decisão de compra ou ainda de lembrança de comunicação, pressupor nem afirmar que o sujeito saiba exatamente o que está respondendo e que ele não produziu falsas memórias.

Quero mostrar que, dependendo da forma de apresentação do material-alvo, seja verbal ou mesmo não verbal, ele impacta de maneira completamente diversa o desempenho da memória. Mas as outras fases da pesquisa de memória também trazem sinais de alerta para a pesquisa de mercado tradicional.

A segunda etapa, chamada de intervalo de retenção, também não é controlada na pesquisa de marketing. Os distratores existem, como na pesquisa de FM; são as atividades do dia a dia do indivíduo, que não têm relação com o objeto de estudo: um produto, uma marca ou uma propaganda. Mas o problema que surge aqui é o tempo decorrido entre a primeira etapa de apresentação do material – quando o sujeito esteve no ponto de venda e entrou em contato com o produto, quando leu o jornal, ou quando assistiu ao comercial ou ainda ouviu a propaganda no rádio – e a terceira etapa, que é a fase de teste. Se o tempo decorrido entre elas, chamado de intervalo de retenção, for muito grande, podem-se produzir mais falsas memórias.

Na última etapa, a chamada fase de teste, onde busca-se recuperar a MV do sujeito, também existem variações, as quais devem ser levadas em consideração para ter-se a certeza de que a recuperação da informação é exata ou pelo menos próxima disso. Mas veja só o que acontece: se o teste for de recordação (em que o participante relata todas as informações que consegue lembrar sobre o material-alvo), livre (recordação sem auxílio) ou com pistas (recordação com auxílio), o teste oral tende a produzir mais falsas memórias do que o teste escrito. Imagina-se então que uma entrevista de *focus group*, técnica muito usada nas pesquisas de marketing, possa, ao contrário do que se pensa, promover mais falsas memórias, lembranças errôneas, assim como a entrevista com o consumidor e, diferentemente disso, um questionário para o mesmo preencher, possa produzir menos FM. Já no teste de reconhecimento (em que os itens são apresentados ao participante que decide quais estavam no material-alvo) simples ou de múltipla escolha, os testes escritos tendem a produzir mais falsas memórias. Quer dizer, cuidados que deveriam ser tomados pelos pesquisadores em marketing e comunicação de marketing. Mas, mesmo sabendo de tudo isso e tomando esses cuidados, ainda persiste o problema do não controle da primeira etapa (fase de estudo) e todas as suas variáveis e da segunda etapa (intervalo de retenção).

Nessa terceira etapa, também é preciso atentar-se para um tipo de resposta que não é falsa, mas enviesada. É chamada apropriadamente de resposta de viés. Isso acontece quando as respostas não têm base mnemônica (relativa a memória), e esse tipo de recuperação tem ligação com a falta de interesse ou motivação em responder à pesquisa ou mesmo porque o sujeito pesquisado não entendeu o teste.

O desempenho da memória pode e deve ser avaliado segundo o grau de certeza que o participante tem de suas respostas, que inclui, sempre após uma pergunta respondida, um gradiente entre "nenhuma certeza" e "absoluta certeza", o que também não é costumeiro nas pesquisas da área de marketing. Não se investiga o grau de certeza do sujeito a cada questionamento. Portanto, não se chega nem perto de descortinar a memória do indivíduo em relação a um produto ou marca escolhida, a um local preferido ou mesmo a uma campanha veiculada. Apenas pergunta-se e acredita-se no que foi dito em primeira instância. Veja bem, o pior de tudo isso é que as FM são recuperadas com altos índices de certeza. Portanto, certamente o sujeito dará a resposta com toda a segurança e o entrevistador levará essa ação como certeza da resposta correta e verdadeira. A FM pode ser bem convincente. As falsas memórias ricas podem ser bem difíceis de distinguir das memórias reais.

O interessante é que a psiquiatria e a área jurídica já têm como premissa o uso das descobertas em FM para tentar minimizar os possíveis erros, mas o marketing ignora essas pesquisas, incorrendo em sério engano em suas afirmações.

A pesquisa de marketing não tem controle sobre a primeira etapa, passa pela segunda, às vezes demoradamente, e vai direto para a terceira etapa, a fase de teste, em que os pesquisados devem tentar recuperar todas as lembranças do ato de compra ou da propaganda que viram, ouviram ou assistiram. Uma falta geral de controle das variáveis que surgem em cada uma dessas etapas. A pesquisa de mercado é sobre a memória humana, apoia-se integralmente nela, com exceção de quando é observacional. É nessa fase final que o pesquisador deve controlar a qualidade da memória recuperada, se verdadeira ou falsa. Mas devido aos vícios de planejamento e execução da pesquisa, por desconhecimento dos métodos que têm como objeto a memória do indivíduo, ele não o consegue fazer. Não pode e não consegue diferenciar uma memória verdadeira de uma falsa. Não tem subsídios para tanto e parte do pressuposto de que tudo o que o sujeito disse é verdadeiro. É um enorme engano.

Em cada uma dessas etapas existe, como disse anteriormente, variáveis importantes, levadas em conta nos estudos da memória, mas ignoradas pelas pesquisas de mercado. Na fase de estudo tem-se que levar em conta: (a) a natureza da informação (verbal/não verbal) e a apresentação do material-alvo (modalidade de apresentação/tempo de exposição da informação/quantidade de informação apresentada); (b) o intervalo de retenção (a não ligação das tarefas com o material-alvo); e (c) a fase de teste (os tipos de testes de memória – reconhecimento ou recordação/modalidade de apresentação do teste/momento de testagem/repetição de testagem/as medidas do teste de memória – avaliação do teste/tempo de reação/grau de concordância/vividez). Todas e cada uma dessas variáveis são fundamentais para as pesquisas de memória e muitas ou a maioria delas não faz parte da metodologia da pesquisa de marketing.

As recordações são preciosas, nos dão identidade, nos ligam ao passado e parecem fixas, mas não são. A maleabilidade da memória é evidente. Lembranças são alteradas constantemente, até mesmo criamos novas situações que não existiram, e esse fato comprova que a pesquisa mercadológica não pode confiar somente na memória de um sujeito consumidor. Isso leva-nos ao questionamento sobre a validade de tais pesquisas e as ações tomadas pelas empresas a partir do resultado delas, que quando dizem ser qualitativas são baseadas em grande parte no depoimento das pessoas.

As novas descobertas e a compreensão científica da memória devem ser usadas pelas empresas de pesquisa sob pena de apresentarem um resultado, no mínimo, duvidoso da investigação. E, para isso, devem ter como balizamento as pesquisas de FM, sua estrutura, premissas e variáveis e controles.

Mas as evidências de que as pesquisas de mercado qualitativas com entrevistas não são fidedignas aumentam dia a dia. Pesquisadores das universidades de Bremen, de Colônia, Ottawa e de Duisburg-Essen, Gerald Echterhoff, Isabel Lindner, Patrick Davidson e Mathias Brand, descobriram que as falsas memórias podem ser criadas também por observação de alguém fazendo algo. Isto é, a imagem de alguém, num vídeo, praticando uma ação, chacoalhando uma garrafa, embaralhando cartas, por exemplo, pode fazer o observador pensar que foi ele quem agiu. Os pesquisadores fizeram uma série de experimentos e em cada um deles os participantes realizaram diversas ações simples. Em seguida, os mesmos sujeitos assistiam a vídeos com pessoas fazendo ações também simples, algumas das quais o pesquisado já tinha realizado e outras que não havia feito. Duas semanas depois, foi perguntado aos pesquisados quais ações eles tinham feito e eles se lembravam que haviam feito algumas das ações, mas, na verdade, somente as pessoas do vídeo é que tinham realizado tal ação. Os autores acreditam que haja alguma relação com a simulação interna do que outras pessoas estão fazendo enquanto estamos observando.

Tudo isso tem uma implicação muito séria nas metodologias de pesquisa de mercado. Imagine uma pesquisa ortodoxa, com entrevista, perguntando a um sujeito se ele já comprou ou se já usou um determinado produto e ele responde que sim, mas na verdade esta resposta pode ser totalmente equivocada porque se dá o fenômeno da falsa memória. Esse indivíduo pode ter sido influenciado pelo comercial de TV que "implantou" uma memória de um ato que nunca existiu. O texto publicado tem um título interessante e que cabe muito bem no que estou dizendo: "*Observation inflation: your actions become mine*". Suas ações se tornam minhas, eu me lembro delas, tomo como verdadeiras, respondo para você, mas não as pratiquei. E lá vão os dados para tabulação e análise e depois contribuir para engrossar ainda mais as estatísticas completamente equivocadas. Pode a propaganda do produto, vista pelo consumidor, se colocar na memória deste e mais uma vez o instrumento de pesquisa fica viciado. É preciso contar com a irracionalidade do sujeito numa pesquisa de mercado. A natureza humana não contempla um indivíduo racional 100% o tempo todo.

## 7.2  A TRANSITORIEDADE

Schacter (2003) diz na introdução do seu livro *Os sete pecados da memória* que "Todos somos capazes de distorcer o passado" e isso se justifica quando ele nos mostra as falhas da memória que ocorrem com frequência no cotidiano. Assim, percebe-se que a memória, fundamental no processo de pesquisa do comportamento do consumidor que deve lembrar não só dos produtos e serviços pesquisados, mas fundamentalmente de suas atitudes no momento da escolha e da compra, é falível e consequentemente prejudica, de maneira direta e incisiva, a busca pelo real motivo de comportamento do sujeito em determinado momento.

A transitoriedade é uma dessas falhas, é o esquecimento que surge com o passar do tempo de forma contínua e que desaloja informações anteriores com a ocorrência de novas experiências. Os detalhes são esquecidos mais facilmente do que o sentido geral do acontecimento. Isso significa que a escolha e a compra de produtos e serviços são lembradas de forma geral, mas sem detalhes específicos, o que inclui o motivo da compra de determinado item, algo específico de que o sujeito não se detém para pensar no que estava sentindo ao fazer a compra. O preço do produto, sua embalagem são atividades cognitivas conscientes, mas o motivo certamente é automático, talvez uma habituação, e provavelmente se processa abaixo dos níveis de consciência e por isso é difícil de ser lembrado e passível do pecado da transitoriedade.

Em curto tempo a memória guarda recordações detalhadas que permitem o seu resgate de forma precisa, mas com o passar do tempo os detalhes vão se apagando e surgem as oportunidades de inferências, dedução pelo raciocínio lógico, que são geradas por experiências parecidas que aconteceram posteriormente. A inferência é uma forma de generalização das experiências, mas nós não compramos algo pelo mesmo motivo todas as vezes e nem temos motivos lógicos nesse momento. Os motivos são muito mais emocionais, movidos pelo "calor do momento" e isso é difícil de ser lembrado porque são processados longe da nossa consciência, que é ativada na hora de responder a uma pesquisa qualquer. Na verdade, quando somos forçados a relembrar uma atividade como a compra ou a escolha, recordamos a essência, a parte principal do fato ou acontecimento e os detalhes são reconstruídos por dedução ou adivinhação. A transitoriedade é a troca gradual da reprodução de detalhes específicos de uma ação pela reconstituição e descrição geral do acontecido. Quer dizer, se a pesquisa não for feita logo em seguida (em horas), muito será perdido e a resposta será generalizada, não trazendo os detalhes tão necessários para entendimento do comportamento humano. A transitoriedade pode agravar-se pelos acontecimentos que vierem depois da experiência já registrada. As experiências posteriores, parecidas com aquelas que queremos lembrar na hora de responder a uma pesquisa, interferem na memória. As experiências diferentes, por outro lado, criam pouca ou nenhuma interferência na memória. Se o sujeito vai costumeiramente ao supermercado ou usa determinado serviço com frequência, que é o que realmente acontece, é possível que a experiência de compra que ele queira lembrar no momento da pesquisa sofra interferência grande de compras passadas.

Se a pesquisa for realizada com o uso das técnicas de imagem cerebral, o que vai aparecer não é uma resposta vaga, generalizada, deduções racionais, como na verbalização, mas sim uma resposta emocional, mesmo que muito tempo tenha passado. O sujeito ao ser interpelado vai responder "fisiologicamente" ou "organicamente", se assim posso dizer, e nesse caso vamos detectar o local que acenderá no cérebro e, mediante essa imagem, saber qual o possível sentimento da compra. Com o uso da ressonância magnética funcional já se descobriu o que acontece no cérebro, mais especificamente na região frontal e do para-hipocampo, que determinam, em parte, se uma experiência será lembrada pelo resto da vida ou seguirá o caminho do esquecimento. Quer dizer, com pesquisa feita por tecnologias de neuroimagem é possível localizar o processamento da memória e dar respostas mais efetivas do que é lembrado ou não pelo sujeito consumidor.

É preciso deixar claro que a transitoriedade não é algo que acontece somente com pessoas de idade avançada. Nelas a falha aumenta, mas os problemas com recordações de fatos começam, no mais tardar, como ressalta Schacter (2003, p. 35), entre o princípio e o meio da casa dos 40, isto é, na população economicamente ativa que interessa diretamente às pesquisas de consumo. Outro ponto a ser observado é que a transitoriedade é universal e não particular de alguma cultura ou sociedade, ou segmento específico, o que prova que todos nós a temos, independentemente de qualquer particularidade.

## 7.3  A DISTRAÇÃO

Diferente da transitoriedade, a distração é a não codificação adequada da informação. Na distração não houve codificação ou esta não foi feita de maneira adequada, tornando-se indisponível na memória. Essa falha de memória também inviabiliza uma pesquisa qualitativa, porque se uma ação não foi memorizada corretamente, ela não poderá ser resgatada posteriormente.

Os distratores mentais são externos e grandes colaboradores nesse processo. São várias informações, vindas do ambiente, que dividem a atenção quando um sujeito está adquirindo uma informação, não prejudicando a familiaridade mas atrapalhando a recordação, que são coisas diferentes. A familiaridade, que não é afetada pela divisão da atenção, envolve um sentido mais primitivo de conhecimento de que algo aconteceu, mas sem o resgate de detalhes; já a recordação é trazer de volta, quando solicitados, detalhes específicos de uma atividade passada. Esta última é afetada em cheio pela divisão da atenção. Algumas pesquisas de comportamento do consumidor podem querer apenas identificar a familiaridade, mas as pesquisas qualitativas devem buscar a recordação com todos os detalhes, inclusive dos motivos íntimos de compra de certa marca. Se não há recordação, não pode haver uma qualificação da atividade de compra.

O nosso cérebro tem mais de 100 bilhões de neurônios e cada um deles envia sinais para outros 5 a 10 mil neurônios e recebe sinais de outros 5 a 10 mil neurônios. Essa complexa rede recebe, registra e recupera as informações. Como estamos cada vez mais expostos a um volume enorme de informações sensoriais de todos os tipos, pelos mais diversos meios, tentamos buscar e absorver o máximo dessa informação no menor tempo possível, mas, em geral, não conseguimos organizar de forma adequada a aquisição desse excesso de informação. Se não nos organizarmos nos momentos de busca e apreensão das informações, esse processo fica caótico e falho, pois é fisiologicamente impossível.

A atenção do ser humano é limitada e focalizada, isso significa que é impossível ter concentração em vários pontos ao mesmo tempo. A percepção é multifatorial, mas a retenção da informação não o é. As pessoas identificam variados e simultâneos estímulos externos, mas isso não significa que conseguem assimilá-los. Podemos até ter a ilusão de que estamos registrando as informações vindas de duas fontes, mas certamente vamos esquecer uma delas ou mesmo as duas. E uma atenção ineficiente vai significar uma dificuldade de memorização. Quando a pessoa busca na memória uma determinada informação, o seu cérebro tenta repetir o processo estruturado durante o recebimento e o registro dessa informação e, se houve confusão durante a formação desse circuito, na hora de resgatar a informação também haverá uma confusão semelhante. Dividir a atenção durante a codificação traz consequências para a recordação de determinadas experiências, pois não analisamos os detalhes, apenas informações rudimentares que farão sentido para a familiaridade, no máximo.

Ao se dividir a atenção, com a incidência dos distratores, em abundância num ponto de venda, que em média tem de 40 a 60 mil itens e mais sinalização, sonorização ambiente, cartazes promocionais e por aí em diante, ocorre a redução da quantidade de recursos cognitivos que alimentam a codificação, que, por sua vez, poderiam ser canalizados para as novas informações a serem assimiladas, ou mesmo para a sedimentação da informação que se estão adquirindo. Essa redução de recursos cognitivos atrapalha a codificação que vai influir na memória e no resgate da informação e vai afetar as respostas dadas ao pesquisador, diminuindo muito a possibilidade de uma resposta exata.

Os lapsos de atenção que provocam o esquecimento por distração são mais prováveis durante atividades rotineiras que não exigem uma codificação elaborada, como uma ida ao supermercado ou outras atividades de consumo feitas diariamente, pois não precisamos prestar atenção a elas. As pesquisas de FM usam os distratores como instrumentos de sua pesquisa, na etapa chamada intervalo de retenção, mas o fazem com controle total e com métodos próprios.

Para Steven Pinker (2004), qualquer processador de informações tem acesso limitado às informações, pois estas não trazem somente benefícios, mas também custos. Um dos custos é o espaço e, portanto, o cérebro comporta uma certa quantidade de informações, sejam elas quais forem. A partir daí começam-se a sobrepor padrões, e com isso obtêm-se quimeras e combinações inúteis. O segundo custo da informação é o tempo, até porque a própria computação leva tempo. E o terceiro custo são os recursos, pois o processamento de informação requer energia. São os recursos cognitivos que citei anteriormente. Assim, para Pinker, qualquer agente inteligente, trabalhando em tempo real e sujeito às leis da termodinâmica, deve sofrer restrições quanto ao acesso a informações e as que são sempre irrelevantes devem ser permanentemente isoladas dele. As que às vezes são relevantes e às vezes irrelevantes devem ser acessíveis a uma computação somente quando forem relevantes. Quer dizer, além de tudo, a informação que a pesquisa precisa obter deve ser relevante para aquele sujeito pesquisado, caso contrário não é acessível e portanto não pode ser verbalizada. Provavelmente muitas respostas que dependem da memória são realmente "chutes" ou idealizações e não refletem a realidade, o exato comportamento.

Sabe-se que acontecimentos que têm uma carga emocional grande, tanto positiva quanto negativa, são mais fáceis de serem lembrados do que os eventos que não despertam emoções, que são triviais e automáticos. O efeito da emoção inicia-se no instante em que a memória é criada, isto é, quando a atenção e a codificação determinam se uma certa experiência poderá ser lembrada ou não. As informações carregadas de emoção normalmente atraem a atenção de forma automática, como um ímã, no meio de outras informações distratoras. Chamada pelos psicólogos de "focalização na arma", em referência a casos de assalto em que a arma atrai toda a atenção, pois tomada pelo medo a pessoa focaliza instantaneamente a arma esquecendo-se do resto, o objeto que provoca emoção atrai a atenção automaticamente, não sobrando quase recursos cognitivos para os outros objetos da cena ou do local. Uma ida ao supermercado não é comumente recheada de emoções, mas uma atividade simples e corriqueira de busca e escolha de um produto de conveniência e por isso, talvez, não desperte muita atenção e, portanto, o ato não seja registrado na memória de maneira enfática. Diferentemente de um produto de compra comparada que exige uma pesquisa maior e uma atenção grande do comprador. A compra de um carro ou um imóvel pode ser recheada de emoções, até mesmo uma roupa de grife, se for algo inédito e não costumeiro.

Fica aqui um alerta para que profissionais e empresas de marketing, pesquisa de mercado e de comunicação mercadológica, para que fiquem atentos aos aspectos biológicos do comportamento do consumidor. São processos internos que influenciam o comportamento de consumo e têm fundamental importância para as pesquisas de marketing. Diferentemente da orientação behaviorista, que predomina na pesquisa de marketing e que avalia o comportamento por observação apenas, a visão da biologia do comportamento do consumidor leva em conta os influenciadores endógenos do comportamento de consumo. Dentre eles estão os fatores neurológicos, as áreas e processos cerebrais, assim como os neurotransmissores; os fatores hormonais e também os fatores genéticos. Não dá mais para ignorar e prescindir da biologia e todos os seus vieses nas pesquisas de mercado. O neuromarketing veio para ficar, mas alerto que é apenas a ponta do *iceberg*.

# 8

# Os Vieses do Comportamento Econômico

Finanças comportamentais é o campo de estudo que questiona a racionalidade no comportamento dos agentes econômicos, em contraste com as teorias financeiras ortodoxas que surgiram da abordagem da microeconomia neoclássica, que tem como paradigma principal a racionalidade desses agentes. Essa nova teoria questiona desde a década de 1990 o pressuposto de que tais sujeitos são capazes de se atualizar ao receber cada nova informação e tomar decisões conscientes, sem que haja interferência de pré-conceitos ou vieses cognitivos.

As finanças comportamentais surgem como uma alternativa de explicação para os desvios psicológicos que causam as distorções no agir dos agentes, que são seres humanos e têm um cérebro antigo para lidar com situações novas e inéditas, cometendo assim erros sistemáticos e, segundo estudiosos, também previsíveis. Shleifer e Summers (1990) foram os pioneiros a trazer a psicologia para a abordagem das finanças comportamentais, que é a ciência pela qual podemos entender os desvios da racionalidade esperada, e hoje em dia há também a fundamental ajuda da neurociência. Esta ciência faz nada mais nada menos do que levar em conta e considerar a natureza humana no comportamento dos agentes, que não são máquinas, mas organismos vivos e cheios de imperfeições comportamentais, porque a lógica é biológica e não econômica racional.

Os vieses dessa ciência aplicada nos interessam na medida em que apresentam as facetas do agir humano em relação à busca de informação para compra e venda de ações, o que é uma tomada de decisão econômica assim como a compra de bens e serviços pelo consumidor. Portanto, quando se pretende tentar explicar e também chegar perto da verdade do real comportamento do consumidor, é preciso levar em conta as distorções que se apresentam nos atos nem sempre racionais dos agentes econômicos, de quem na verdade se espera uma retidão racional e uma frieza descomunal por sua especialização e característica inerente relacionada à aptidão de quem trabalha nessa área. São pessoas e profissionais que a princípio têm e usam toda a gama de informação do mercado para tomar suas decisões. Assim como se supõe que deva ser o consumidor, com menos especialização, mas racional, maximizador e que age em função de todas as informações disponíveis para comprar um bem ou um serviço.

Com relação aos vieses relacionados a finanças comportamentais são eles: o excesso de confiança, o otimismo, o conservadorismo, a perseverança, a ancoragem com ajustamento insuficiente e aqueles que vêm das heurísticas da disponibilidade e da representatividade.

A economia comportamental também é outra ciência que estuda as tomadas de decisões econômicas por anomalias comportamentais advindas de vieses psicológicos. Mas esta ciência, ao contrário das finanças comportamentais, busca entender o agir econômico das pessoas comuns em seu dia a dia, por falta da também presumida racionalidade humana nas atividades que envolvem compra e venda de produtos, serviços e ideias. Como diz Ariely (2010, p. 5) no seu livro *Positivamente irracional*, na economia comportamental não se pressupõe que as pessoas sejam totalmente sensatas e usa a expressão "como máquinas de calcular ambulantes". Não existe para essa área o "*Homo economicus*" mas sim um "*Homo sapiens*" com todas as suas incertezas e imperfeições cognitivas que lhe são inerentes e naturais.

Não vou me estender aqui nas explicações sobre essas áreas, que serão descritas com mais detalhes em capítulo adiante.

Coerência arbitrária é um viés que surge de outro que tratei no capítulo dos vieses cognitivos, que é a ancoragem. Este último nos faz sempre apoiar as decisões de quanto pagar por uma marca desconhecida em outra com a qual temos familiaridade. A ideia fundamental da coerência arbitrária é que um preço definido inicialmente de forma arbitrária, que pode ser influenciado por fatos diversos da proposição tradicional de oferta e procura depois que são fixados em nossa mente, não somente define os preços atuais como também preços futuros. Define o quanto estamos dispostos a pagar por algum bem ou serviço e o quanto estamos também dispostos a pagar por produtos a ele relacionados. Isso acontece para tentarmos ser coerentes com nosso comportamento.

Em nome da tal coerência é que também respondemos às pesquisas de preços que nos fazem como consumidor. E se uma pesquisa quiser se aproximar do real sentimento do sujeito, deve identificar com o que estamos tentamos ser coerentes na ocasião. Quero dizer que terão que existir questões anteriores a serem respondidas pelas pessoas que descubram a conexão entre um ponto e outro.

Esse comportamento, de outra forma que não econômica, é encontrado nos gansos que nascem e assim que saem do ovo se apegam à primeira coisa que se move (que em geral é a mãe gansa). Quem descobriu isso foi Conrad Lorenz, um etologista ou estudioso do comportamento animal que fez uma experiência com filhotes de gansos que lhe seguiram até atingirem a adolescência. A descoberta de Lorenz nos faz pensar que, como essas aves, tomamos decisões iniciais pegando como referência e base o que está disponível no ambiente naquele momento e que nos apegamos à decisão que foi tomada por um longo prazo. Isso, provavelmente, é uma economia de energia cerebral, que é o órgão mais dispendioso para o corpo. Em experiências que me pareçam similares, eu tomo decisões parecidas porque já tenho um caminho prévio pavimentado.

Nossas primeiras decisões se tornam hábitos de longo prazo, isso porque por economia de energia somos criaturas de hábitos. O cérebro não pode partir do zero a cada nova situação. Mas será que a economia comportamental e seus preceitos chegaram até a elaboração dos questionários e entrevistas na pesquisa de comportamento do consumidor? Será que dá para descobrir numa pesquisa sobre preço ou marca o que aconteceu há muito tempo que fez o consumidor agir de certa maneira? São questões como estas e muitas outras que ficam em aberto na pesquisa qualitativa de comportamento de consumo das pessoas.

Uma relação que também precisa ser considerada neste ponto, em que tratamos dos vieses cognitivos ligados à vida econômica, é que a dor da perda é maior que o prazer do ganho. Isto é, temos mais medo de perder dinheiro do que de ganhá-lo. E a perda é processada no circuito da dor no cérebro enquanto o ganho está ligado ao circuito do prazer. Mas, ao mesmo tempo em que isso acontece com frequência, nós humanos não ativamos o circuito da dor nas apostas lotéricas, o que prova a incoerência aparente. O segredo é que na aposta ativamos os centros do prazer, só de imaginar o que podemos ganhar o nosso cérebro se inunda de dopamina e não pensamos na perda que possivelmente se concretizará.

A verdade é que as pessoas não só são irracionais ao comprar comida, roupas, carros, casas e toda sorte de bens e serviços, como também não têm a menor ideia de como um preço é formado e quanto é o valor ideal para produtos ou serviços. Não usam o preceito econômico da utilidade para obter um bem. Essas facetas do comportamento humano, que acontecem por motivo de vieses cognitivos e biológicos, nos fazem imaginar como é complicado, em uma pesquisa de comportamento do consumidor, descobrir os reais fatores que incentivam ou motivam alguém a agir se nem mesmo o sujeito sabe ao certo, pois são processos endógenos causados por fatores exógenos e também endógenos que se processam abaixo dos níveis de consciência do consumidor.

A pesquisa qualitativa trabalha com o pressuposto de que as pessoas sabem o que estão dizendo e que estão cientes de processos automáticos do organismo e dos truques da mente e por isso perguntam direta ou indiretamente para elas como se sentem em relação a um produto, seu preço e o valor que esse algo tem para elas. Mas o que o sujeito vai responder é algo que se encaixe na situação, algo que justifique e torne plausível seu comportamento, o que é um viés em si. A verdade é que os métodos de pesquisa de comportamento do consumidor usados pelo marketing, apoiados nas ciências sociais, não têm ferramentas para medir os fatores internos, que se dão a partir de processamentos físico-químicos inconscientes e instintivos.

Se as pessoas as quais pesquiso têm vieses cognitivos sociais, econômicos, de memória, de autoengano e também vieses biológicos que não mentais, mas que acarretam consequências comportamentais, como resultado terei também viés no *output* da pesquisa qualitativa, não revelando então a verdade.

Viés é um erro sistemático que mostra um efeito positivo ou mesmo negativo do fenômeno mental, como as balanças de farmácias, analogia que Nassim Taleb faz no seu livro *The black swan*, que exibem o peso das pessoas com uns quilos a mais ou a menos que o real, situação em que não ficamos sabendo do erro e acreditamos no que nos é mostrado pelo equipamento. Isso não quer dizer que o viés não possa ser detectado, basta que se tenha em mente que é um fenômeno comum e que incide nas questões de tomada de decisão.

O viés é endêmico, sistemático e silencioso e por isso difícil de ser detectado a olho nu, sem ajuda de técnicas que possam fazê-lo revelar-se. Técnicas tradicionais de pesquisa qualitativa não conseguem captar e considerar o viés como uma variável.

As pesquisas de neuromarketing contrastadas com entrevistas, que estão em sua metodologia, é que permitem a possibilidade de detecção do viés. O que o sujeito diz sentir será confrontado com a imagem do seu processamento cerebral, que não mente e não falseia a resposta como acontece frequentemente com a fala e a escrita numa pesquisa tradicional de comportamento do consumidor.

# Parte III

# 9

# Neurociência e Localizacionismo na Pesquisa de Comportamento Econômico

## 9.1 A NEUROCIÊNCIA

Ao final do século passado e no início deste século XXI, a ciência vem se tornando cada vez mais neurocêntrica, e ainda mais cerebrocêntrica, o que significa dizer que o sistema nervoso é a bola da vez e o cérebro é o centro das atenções das mais variadas pesquisas no mundo todo. O movimento da ciência, em direção à busca do conhecimento e principalmente da verdade, tem levado o ser humano a pesquisar e mapear os processos cerebrais, tanto com o objetivo de buscar a cura para doenças neurológicas como para tentar entender os porquês do comportamento humano. Desse movimento rumo ao desconhecido, intrincado e admirável mundo novo do cérebro, surgiram várias áreas de estudos e cada uma delas com suas ramificações. O curioso é que ao sistema nervoso como um todo, o que inclui o cérebro, não é dirigida tamanha preocupação e ocupação. Não, pelo menos, nos livros para leigos, donde surge, dia após dia, uma infinidade de títulos sobre o funcionamento do cérebro e o comportamento humano. O sistema nervoso é uma preocupação da academia, dos cientistas, mas não é uma estrela editorial, que desponta entre os livros mais lidos, como são os livros que tratam do cérebro, a sua anatomia e fisiologia.

O cérebro é a "caixa-preta" da ciência moderna, é a parte do organismo humano que mais intriga os pesquisadores deste século. Lá estão todos os segredos das mais variadas ações humanas, pelo menos é nisso que se acredita. É lá que nós, seres humanos, procuramos as mais variadas respostas para uma infinidade de dúvidas que temos. É no cérebro que se descobriu acontecerem coisas que antes se acreditavam serem etéreas, isto é, da alma, do espírito, se creditavam ao imaterial, ao não físico. Eu mesmo me ressenti e espantei quando fui descobrindo que aspectos dos meus sentimentos que atribuía ao espírito, na verdade, eram processos mentais, que ocorrem no cérebro. Processos químicos e físicos que desencadeavam reações e me apareciam em forma de sentimentos.

Antigamente, o coração era o centro das preocupações, como afirmava Aristóteles, considerado o pai da anatomia comparada. Não só ele, mas vários outros filósofos declaravam ser o coração o órgão mais importante do corpo humano e que além do mais era o responsável pelas funções mentais, a sede das funções intelectuais, perceptivas e do pensamento e que o cérebro somente regulava o calor do coração, como um radiador de um automóvel. Até o fim da Idade Média, acreditava-se que as funções psíquicas do ser humano estavam no coração. Nesse sentido, Raul Marino Júnior, no seu livro *A religião do cérebro*, diz:

> "Nesse estudo do racional, do lógico, das emoções, da afetividade, do intelecto, do aprendizado da memória e das demais faculdades psíquicas, podemos verificar que, no que tange ao amor, sentimentos e paixões, o coração é apenas um símbolo herdado das priscas eras. Hoje sabemos que o amor começa mesmo é no cérebro, com o qual amamos e odiamos. Com o cérebro desenvolvemos nosso sentimentos religiosos, nossas crenças, nossa fé, nossa ética e nossa moral" (MARINO, 2005, p. 122).

Acredito que a razão de os filósofos pensarem no coração como o órgão mais importante do corpo humano, e que até bem pouco tempo atrás ainda era a estrela do organismo, se deva ao fato de que, quando sentimos algo provocado por uma excitação externa, a aceleração cardíaca é o primeiro sintoma que identificamos, ou melhor, que percebemos. Isso acontece quando nos assustamos, acontece quando esperamos ansiosamente por uma notícia importante, quando estamos apaixonados, quando nos surpreendemos com algo ou até mesmo quando temos medo. Mas o acionador de todos esses sintomas é o nosso cérebro. Ele é quem provoca todas essas modificações e manifestações corporais, para que possamos reagir às situações de maneira apropriada e em tempo hábil, mantendo assim a nossa sobrevivência.

Até hoje, os cientistas estudam os animais, abrem seus cérebros para analisar as reações químicas e físicas, que se processam no interior craniano, analisam a anatomia e a fisiologia e por inferência e analogia nos imputam os comportamentos. Desde o surgimento da imagiologia, uma das áreas da tecnologia médica que mais evoluíram, vem sendo possível estudar o cérebro humano sem ser por inferência como anteriormente ou por falecimento do organismo, o que garantia apenas o entendimento da anatomia e muito pouco ou quase nada da fisiologia, pois não se via o órgão em funcionamento. Mas, com o avanço tecnológico que criou equipamentos que leem o fluxo sanguíneo e a oxigenação no cérebro e os transmitem para um monitor, que por sua vez mostra as imagens a cada segundo da ativação cerebral, os cientistas podem ter uma informação mais precisa das atividades cerebrais, como e onde elas se processam.

A neurociência tem como função básica estudar tudo o que se relaciona ao sistema nervoso animal e humano. Ela engloba várias áreas de estudos: a anatomia do sistema nervoso ou neuroanatomia, a fisiologia do sistema nervoso ou neurofisiologia, as doenças neurológicas ou neuropatologias e suas consequências, a neuropsicologia, a ciência cognitiva e as novas subciências como a neuroeconomia, o neurodireito, a neuroarquitetura, a neuroeducação e também o neuromarketing, que é o tema deste livro.

Os neurocientistas estudam a estrutura do sistema nervoso, em nível microscópico e macroscópico. Dissecam o cérebro, a medula espinhal e os nervos periféricos, para entender cada parte do sistema nervoso. Pesquisam também a neurofisiologia, que estuda as funções do sistema nervoso por observação, através das imagens feitas por aparelhos de PET (tomografia de emissão de pósitrons) ou fMRI (imagem de ressonância magnética funcional) com o objetivo de identificar as regiões do cérebro ativadas por uma determinada tarefa.

A neuropsicologia é a relação existente entre as funções neurais e psicológicas. O principal estudo neste caso é o comportamento ou mudanças cognitivas que acompanham lesões em partes do cérebro. Mas os estudos com indivíduos normais também são comuns como na neuroeconomia e no neuromarketing, em que se pesquisa o comportamento de risco em investimentos e comportamentos de compra em sujeitos normais.

A neurociência reúne algumas disciplinas biológicas que estudam o sistema nervoso, em especial a anatomia e a fisiologia deste, dando destaque ao cérebro humano. O interessante é notar que a neurociência é uma prática interdisciplinar, isto é, resultado da interação de diversas áreas que são citadas pela mesma: neurobiologia, neurofisiologia, neuropsicologia, neurofarmacologia, estendendo-se essa aplicação às distintas especialidades médicas como, por exemplo: neuropsiquiatria, neuroendocrinologia, neuroepidemiologia, psiconeuroimunoendocrinologia, entre outras. A interdisciplinaridade deve existir em função da complexidade do sistema nervoso, que exige essa interface entre as ciências.

A escala global do esforço de pesquisa que atualmente vigora nas neurociências – sobretudo nos Estados Unidos, mas seguido de perto pela Europa e pelo Japão – transforma-as das clássicas "pequenas ciências" em uma indústria importantíssima, que contrata grandes equipes de pesquisas, envolvendo bilhões de dólares do governo – incluindo a área militar – e da indústria farmacêutica. A consequência disso é que o que antes constituía campos díspares – anatomia, fisiologia, biologia molecular, genética e comportamento – está agora compreendido pela "neurobiologia". No entanto, a ambição foi ainda mais longe e chegou até o terreno historicamente disputado por biologia, psicologia e filosofia. Daí o termo mais abrangente: "as neurociências" (ROSE, 2006, p. 11).

A chamada "neurociência" tem uma elasticidade muito grande, hoje ela alcança os mais distantes e diversos campos de estudo, como da economia e do comportamento de consumo, que tem seus fundamentos também no marketing. O estudo do cérebro vem oxigenando a ciência em geral, primeiro e mais importante, porque tem trazido à luz respostas que buscamos desde 4000 a. C., por conta do desenvolvimento da tecnologia usada em diagnósticos por imagem; vem criando pontes entre diversos campos epistemológicos e, com isso, gerando novas áreas de pesquisa; por sua característica de permitir a interdisciplinaridade, tem gerado a aproximação de cientistas de formações diferentes, mas que buscam respostas para as mesmas dúvidas. Se antes se dizia que um autor não falava com outro, que uma ciência não se relacionava com outra, que não poderia haver um relação dialógica entre determinadas áreas de pesquisas, depois do advento ou da explosão das neurociências, o "purismo científico", as "cercas epistemológicas", as dificuldades de encontrar caminhos comuns vão acabar e sem destruir a diversidade, muito pelo contrário. Percebe-se, de maneira clara, que é a ciência que vem para acabar com os preconceitos e os paradigmas científicos. A convergência científica, assim como no mundo tecnológico, vem aumentando com o crescimento e pelas mãos das neurociências. Provavelmente teremos muitos laboratórios interdisciplinares e também pesquisas que nos darão uma visão, não mais fragmentada, mas holográfica dos fenômenos humanos.

A neurociência, com suas diversas ramificações e entrelaçamentos com outras ciências, busca compreender, a partir do sujeito cerebral, o sujeito social, o sujeito econômico, o sujeito jurídico e assim por diante. É uma nova contribuição para o movimento em busca de uma compreensão melhor do ser humano, diga-se de passagem, um movimento mundial, que se baseia no estudo do cérebro em todas as suas dimensões, desde a molecular até a social, começando nos neurônios e células guia, passando pelas sinapses, pelas redes neuronais, os neurotransmissores e a ligação de cada um desses com o comportamento observável para a compreensão das ações humanas nas mais diversas áreas do saber, inclusive as áreas tecnológicas, a ciência da computação e a robótica, que procuram sistematizar os processos cognitivos do sistema nervoso humano, para tentar criar uma máquina inteligente.

Uma das contribuições mais significativas, no meu ponto de vista, resultantes da neurociência e o seu entrelaçamento com outros conhecimentos é a nascente, neuroeducação, que aproxima a educação do desenvolvimento neurocognitivo da pessoa. Dessa ciência híbrida, futuramente, mas nem tão longe assim, nascerá um novo profissional, com uma visão biológica do educando, além das perspectivas antropológicas, sociológicas, filosóficas e psicológicas. São os "neuroeducadores", por um lado docentes interessados pela pesquisa em neurociência e com os neurocientistas focados nos processos de ensino e aprendizagem. Isso implica num maior conhecimento de como se dá a relação professor-aluno, o grau de retenção de informação, procedimentos de avaliação e muitas outras questões que ficam muitas vezes no ar. Daqui sairão profissionais que terão um verdadeiro diagnóstico do aprendizado humano.

O que você encontra neste livro é uma incursão na neurociência e se concentra em apenas uma das infinitas possibilidades de estudo na área. Faz, portanto, um recorte para o neuromarketing, uma área da neuroeconomia, e dentro dele analisa somente a influência da neurologia, suas descobertas e seus métodos de pesquisa, na pesquisa de comportamento do consumidor. É verdadeiramente um grão de areia num mar de possibilidades que se abrem a partir das neurociências. Trata-se do questionamento sobre os métodos de pesquisa tradicionais que são confrontados com as formas de pesquisa do sistema nervoso humano. Para tanto deverei fazer incursões na neurociência social, um campo também interdisciplinar, que considera as implicações mútuas entre a neurociência e a ciência social, berço da comunicação de marketing; na neuropsicologia, que relaciona a neurociência com a psicologia, esta última que tem se responsabilizado em buscar respostas para o comportamento humano; e na relação entre a neurociência e a antropologia, que também tem colaborado com novos métodos de pesquisa para análise do comportamento de indivíduos, mais especificamente dos consumidores. É um processo de investigação multinível para poder compreender os mecanismos que dão base para o comportamento.

## 9.2  O LOCALIZACIONISMO EM NEUROCIÊNCIA

As neurociências têm um objetivo muito ambicioso, que é entender o cérebro humano. Uma das características mais marcantes dessa ciência, hoje, são os avanços tecnológicos em imageologia ou neuroimagem que permitiram uma investigação mais profunda revivendo o localizacionismo. A curiosidade maior é saber onde os mais variados comportamentos humanos se processam e qual a parte cerebral que controla cada um deles. Desde Aristóteles e talvez muito antes dele, o ser humano tem curiosidade pelo sistema nervoso, mais especificamente pelas funções superiores e a localização. Os equipamentos têm sido criados e aperfeiçoados em função do mapeamento cerebral. Na tentativa de explicar nossos mais diversos comportamentos, queremos descobrir a arquitetura cerebral. Talvez acreditando que na identificação dos locais de processamento se gerem os comportamentos dos seres humanos, possamos entender e até prever estes últimos.

A neurociência cognitiva, que reúne várias áreas do conhecimento voltadas para o estudo do processamento da informação e consequentemente um melhor conhecimento da mente humana, explora as bases cerebrais dos processos mentais, mediante o estudo de animais, de pacientes com lesões cerebrais em determinadas áreas do cérebro e também as imagens cerebrais. É um esforço para a compreensão do diálogo ou da relação cérebro/mente.

Os cientistas pesquisadores, com os estudos das neurociências cognitivas, têm tido grandes oportunidades em examinar a correlação entre o comportamento humano e a neurologia. Esse campo de pesquisa combina a psicologia com os aspectos funcionais e anatômicos da neurologia, abordando temas como a memória, a linguagem, a motivação, a atenção, a consciência e a inconsciência e até as emoções dos animais e seres humanos.

O localizacionismo é a crença de que um determinado comportamento possa residir em localizações ou áreas específicas do cérebro. Se não isso, que se possa identificar o "caminho" das atividades cerebrais que geram certo comportamento, isto é, que áreas específicas são acionadas e em que ordem. Howard Gardner (2003), em *A nova ciência da mente*, expressa muito bem esse fascínio do homem e dos neurocientistas em particular:

> "Afinal de contas, um dos principais encantos da neurociência é a esperança de que a base neural específica do comportamento particular possa ser encontrada – e que prêmio seria melhor do que a descoberta do foco neural de um ato, pensamentos ou sequência de comportamento particular?" (GARDNER, 2003, p. 276).

O localizacionismo, pode-se dizer, é também o foco e a preocupação dessas novas subciências como a neuroeconomia, que pretende entender o *Homo economicus*; do neurodireito, que busca as razões para os comportamentos humanos que desafiam a vida em sociedade, discutir a moral e o que gera comportamentos brutais contra a vida de outrem; a neuroarquitetura, que quer entender a influência do ambiente no comportamento humano para gerar maior qualidade de vida; e também o neuromarketing, que particularmente busca entender todas as outras para que se possam gerar mais vendas de produtos que satisfaçam necessidades, desejos e demandas dos seres humanos, com preços adequados, onde quer que os consumidores queiram encontrá--los e com uma comunicação mais eficiente e mais certeira.

Há 30 anos pensou-se que o cérebro funcionava como uma máquina, mais especificamente como um computador, que tinha circuitos fixos: bastava entendê-los e tudo estaria resolvido. Mas depois se percebeu que não, pois muita coisa poderia ser aprendida e novos circuitos poderiam surgir, além de que se descobriu que o cérebro poderia ganhar novos neurônios ao longo da vida do indivíduo, processo chamado de neurogênese. Numa época anterior, o localizacionismo fazia todo sentido, porque bastava descobrir a área responsável e tudo estaria esclarecido e, a partir daí, se entenderia por completo o funcionamento do cérebro, cada área responsável e consequentemente os geradores dos comportamentos específicos.

Hoje, o localizacionismo puro esbarra na plasticidade neural, que é a capacidade das áreas cerebrais se refazerem para compensar danos em outras áreas. Ou seja, o cérebro compensa danos em várias partes com aumento de atividades neurais em outras áreas não afetadas. Isso significa que não se encontrará apenas uma área responsável por determinado comportamento, mas várias delas. Pode sim haver um centro responsável, mas ele não é o único para a função específica. Partindo dessa premissa, deve-se pensar no comportamento como consequência de um processo que envolve várias áreas e não de um ato que acontece em apenas uma determinada região. É preciso descobrir quais são as regiões cerebrais que são ativadas em determinada situações. Sabe-se também que a química (os neurotransmissores) é uma grande responsável por muito do nosso comportamento.

Com os novos exames e o desenvolvimento da imagiologia, é possível descobrir que áreas ou regiões cerebrais são ativadas em determinadas situações, mas não se pode afirmar que sejam as únicas responsáveis por um comportamento expresso. Assim, as neurociências vêm colaborar e muito com o marketing, mas ainda não se pode afirmar com exatidão que certo estímulo atingirá determinada região cerebral que gerará um comportamento qualquer. Mas, mesmo assim, as neurociências, ou melhor, a subciência do neuromarketing, está mais próxima da "verdade" comportamental humana do que a pesquisa qualitativa feita de maneira tradicional, que está muito aquém de nos dar respostas reais. Talvez não possamos determinar ao certo as áreas responsáveis por comportamentos, mas, com o desenvolvimento tecnológico e novas descobertas nas neurociências, já podemos entender o processamento e como a informação caminha no sistema nervoso e mais especificamente no cérebro humano.

# 10

## Neuroeconomia, Economia e Finanças Comportamentais

### 10.1 AS NOVAS VISÕES DA ECONOMIA

Foram os neoclássicos que formalizaram a matemática para entendimento dos modelos econômicos que perduram até hoje. Marshall, Pareto e Walras são alguns dos que consolidaram, durante o século XIX, a base da ciência econômica que hoje se estuda nas universidades de todo o mundo e que supõe que há nos seres humanos uma racionalidade maximizadora de benefícios e minimizadora de custos bastante forte. Sempre que se tem que tomar uma decisão econômica, leva-se em conta que as necessidades são infinitas e os recursos para satisfazer essas necessidades são finitos.

Os neoclássicos propuseram esse modelo, o de racionalidade em função da certeza de que os homens e os animais pensantes por excelência enfrentam sempre o dilema das necessidades infinitas e recursos escassos, que os faz estarem comportando-se sempre no sentido de maximizar a utilidade e os benefícios que podem retirar dos escassos recursos, buscando dessa forma obter, em toda situação de caráter econômico, o máximo de benefício com o mínimo de custo. Eles formalizaram matematicamente todo o pensamento econômico, o que permitiu que a economia fosse tratada como ciência, pois vigorava o rigoroso paradigma positivista que reinava e ainda domina todo o mundo científico. Isto é, tudo o que era verificado através da matemática seria considerado "válido" e teria rigor científico. No marketing, por exemplo, vem crescendo a tendência de torná-lo cada vez mais contábil, mais exato.

Por detrás do pensamento racionalista-positivista da economia havia a ideia de que os indivíduos, assim como as empresas, são sempre maximizadores quanto às suas decisões de índole econômica, racionalizando-as ao máximo. Mas esses postulados foram feitos nos tempos em que as neurociências não apresentavam os avanços e as técnicas que hoje estão disponíveis. Com o surgimento de uma maior compreensão do comportamento humano, nasceu o que alguns teóricos chamam de neuroeconomia, uma ramo da ciência econômica, interdisciplinar, que busca explicações às tomadas de decisões em função do estudo do cérebro humano, que tem provado a existência de um alto componente emocional nas decisões diárias, inclusive as econômicas.

Essas descobertas, propiciadas pelas neurociências, mexem no conceito, até há pouco tempo arraigado, de que as decisões econômicas são sempre racionais. Quer dizer que nos dias de hoje está cada vez mais claro, a partir da ajuda dos neurocientistas, que o ser humano nem sempre maximiza benefícios e minimiza os custos em suas decisões econômicas, portanto o embasamento fundamental com o qual se constroem todos os modelos econômicos deve ser relativizado e revisado para poder evoluir em sentido de buscar a verdade.

A neuroeconomia, ao contrário do que se possa pensar, não descende diretamente das neurociências, é uma extensão natural da bioeconomia, programa de pesquisa que usa a biologia evolutiva para construir modelos de previsão do comportamento humano, e da economia comportamental, o campo que usa as descobertas da psicologia cognitiva para entender o processo de tomada de decisão dos seres humanos.

## 10.2  A ECONOMIA COMPORTAMENTAL

A palavra "bioeconomia" é usada em vários sentidos: (a) como gestão eficiente dos recursos biológicos; (b) explicação e demonstração de doutrinas econômicas usando a biologia como modelo, isto é, fazendo analogia com os princípios biológicos; e, por fim, (c) estudo da influência do comportamento econômico dos condicionantes biológicos, que é o reconhecimento do indivíduo como um ser primariamente biológico. Esta é a visão a que me refiro o tempo todo neste livro. É fazer, por exemplo, uma análise do comportamento do consumidor com um olhar biológico, levando em consideração a natureza humana e as condições do organismo e não somente o comportamento observável. Nesse caso, importa a análise, biológica como um todo, o que significa fazer análise neural, metabólica, psicológica e por aí em diante.

O termo "bioeconomia" refere-se a uma área da ciência econômica que aplica os conceitos da psicologia evolutiva, ou antiga sociobiologia, para explicar o comportamento humano nos sistemas econômicos, integrando os elementos e processos biológicos (evolução, homeostase, processos neurais, entre outros) com os da socioeconomia (produção, consumo, suprimento, demanda, tomada de decisão, risco etc.). As premissas têm como base as estratégias e táticas que um organismo vivo ou um grupo destes utiliza para satisfazer suas necessidades biológicas. A lógica bioeconômica, pode-se dizer, é de uma terceira via, o que significa não ser somente uma lógica da biologia nem também somente a lógica econômica, mas uma alternativa, que resulta da conciliação das duas anteriores. Essa teoria foi desenvolvida por Gary Becker em 1930. A economia comportamental, que também contribuiu para o surgimento da neuroeconomia, baseia-se na premissa de que a economia é a ciência que estuda como os recursos são alocados por indivíduos ou por instituições coletivas como as empresas e os mercados; assim, a psicologia do comportamento individual deve ser a base, isto é, deve ser informante da economia, colaborar com esta ciência. Da mesma maneira que a arqueologia traz informação e dá base para o estudo da antropologia e para a biologia evolutiva ou a neurociência traz informação e dá base para a construção da teoria da psicologia cognitiva.

Tradicionalmente, a economia tem um conceito de mundo ocupado por seres maximizadores de benefícios e minimizadores de custos, calculistas e sem emoções, que têm sido apelidados de *Homo economicus*. Com a intenção de modificar essa visão e agregar valor à teoria econômica, a economia comportamental combina os princípios da psicologia e da economia para investigar o que acontece nos mercados nos quais alguns dos agentes demonstram limitações e complicações inerentes ao ser humano. Aqui, novamente percebemos a aproximação da biologia com a economia, pois a economia comportamental é uma abordagem que busca associar a natureza humana ao comportamento do indivíduo ou do grupo de indivíduos.

A economia comportamental segue sete princípios básicos: (1) o comportamento do outro nos interessa, isto é, as pessoas observam e copiam as outras e são encorajadas a fazer as coisas quando sentem que os outros aprovam seu comportamento; (2) os hábitos são importantes, ou seja, as pessoas fazem muitas coisas ou tomam muitas atitudes sem ter consciência delas; (3) as pessoas são motivadas a fazer a "coisa certa", nem sempre o dinheiro é fator motivador, muitas vezes o valor está no reconhecimento e não na recompensa; (4) as crenças próprias e expectativas influenciam o comportamento das pessoas, pois elas querem sempre alinhar suas ações com seus valores e comprometimentos; (5) as pessoas têm aversão às perdas e se apegam, seguram o que consideram delas. Este fato é confirmado pela pesquisa feita por psicólogos da Universidade da Califórnia em que demonstraram como o grau de aversão ao risco se reflete no padrão de atividade cerebral revelado pela ressonância magnética funcional (fMRI). Pessoas com baixa aversão ao risco tinham aumentado a atividade nos circuitos cerebrais ligados à recompensa como o *nucleos accunbens* e os indivíduos mais intolerantes aos riscos apresentavam mais atividade cerebral nos centros do medo como a amígdala; (6) são ruins em computação quando tomam suas decisões, dão peso grande ou valor a eventos recentes e pouco valor aos futuros ou distantes, não calculam bem as probabilidades, preocupam-se demais com acontecimentos improváveis e são fortemente influenciadas por como o problema ou a informação lhes são apresentados;

(7) as pessoas precisam sentir-se envolvidas para operar mudanças, isto é, somente fornecer incentivos e informações não é suficiente para gerar uma atitude, uma ação.

Esses princípios mostram que não dá para levar em consideração somente aquele ser maximizador de benefícios e minimizador de custos da economia tradicional, é preciso analisar o sujeito com sua natureza humana própria. Decisões econômicas não são tomadas friamente e, muitas vezes, nem mesmo conscientemente como pensamos, mas com envolvimento emocional, cultural e social, por influência dos pares.

A economia comportamental ou economia psicológica, como também é chamada, e a neuroeconomia não são as únicas vertentes desse novo movimento da teoria econômica que busca entender o comportamento dos agentes econômicos. Junto com elas, outras disciplinas têm trazido enormes e importantes contribuições.

A finança comportamental, que estuda o comportamento de agentes no mercado financeiro, também abalou certos pressupostos da economia clássica, mas não a negou por completo, mantendo alguns postulados do antigo pensamento econômico. O que essa disciplina ou ciência aplicada fez foi trazer um pouco da psicologia para a área de finanças e poder com isso explicar algumas coisas que a economia clássica não conseguia. Ela surgiu para tentar explicar por que as pessoas tomam decisões não racionais e a princípio, fora da lógica econômica, quando agem investindo, poupando, comprando e até emprestando dinheiro para outros agentes e empresas.

Socioeconomia é outra das novas disciplinas aplicadas, que surgiu no final da década de 1980 e começo da década de 1990, e também busca a compreensão da atuação dos agentes econômicos. Essa disciplina apoia-se na certeza de que a economia não é um sistema autossuficiente, apartado dos aspectos sociais, culturais e políticos da vida. Que não há como fazer análises sem considerar esses outros pontos. Os pensadores dessa disciplina acreditam que o contexto em geral, o vínculo social e inclusive os aspectos individuais são necessários para a compreensão do comportamento econômico dos indivíduos.

Surge também, na esteira desse movimento em direção ao comportamento do agente econômico, a chamada economia experimental, que se opõe à economia tradicional, a partir do momento que usa experiências em laboratórios para realização de pesquisas econômicas. Estas, que procuram entender a natureza humana, não compreendem como a economia clássica poderia tentar entender o comportamento dos agentes econômicos com modelos matemáticos e estatísticos pura e simplesmente, sem ajuda de experimentos feitos em laboratórios e até *in loco*, como já foi feito na própria bolsa de valores de Nova York.

Aparece também neste sentido, a economia antropológica, que por sua vez levanta a questão da economia praticada por ancestrais humanos e sociedades primitivas, que decidem o que deve ser produzido, como deve ser produzido e também distribuído. Muitos estudam sociedades primitivas, como os ianomâmis na Amazônia, para entender como era e ainda é a dinâmica da economia nos povos que nos antecederam, porque acreditam, e com toda a razão, que a economia nasceu com o homem, ou melhor, até muito antes disso.

A transversalidade e multidisciplinaridade dessas novas disciplinas vem agregando muitos novos valores à teoria econômica. Se os agentes econômicos são quem faz a economia girar e são seres humanos, é preciso entender o lado psicológico e também o biológico, mais especificamente o neurológico desses indivíduos, que como vimos não agem tão matematicamente quanto se pensava. Essas áreas estão ligadas a atentas ao processo de tomada de decisão, mesmo tendo visões diferentes, mas complementares. São focadas nos processos de avaliação e escolha que envolve a tomada de decisão econômica.

## 10.3   A NEUROECONOMIA

A noção atual sobre a conduta humana é de que há mais complexidade no comportamento do que se supunha antes dos avanços das neurociências. Ao contrário do sustentado até há pouco tempo, recentes pesquisas na área mostram que os seres humanos têm três cérebros ou camadas cerebrais que participam efetivamente da tomada de decisão. Um mais planejador, o neocórtex, outro mais emocional chamado sistema límbico e outro bem profundo que trata das questões básicas dos instintos de sobrevivência e reprodução. Percebeu-se então que os indivíduos incorporam mais fatores à decisão de compra do que uma simples análise de custo-benefício que usamos na economia. Questões irracionais e inconscientes que o ser humano não calcula e que não podem ser matematizadas.

Os recentes avanços em neurociências, com uso de diagnósticos por imagem, permitiram aos cientistas ligados a essa área o estudo do cérebro em atividade, o que promoveu a curiosidade por descobrir como as pessoas fazem suas escolhas e tomam decisões, como formam suas expectativas sobre o futuro, como fazem planos, cooperam, produzem, investindo e negociando com os outros.

O conhecimento de como o cérebro interage com o ambiente externo para produzir comportamento econômico vai permitir a esses cientistas, e também aos cientistas sociais, entender melhor a variação em relação à tomada de decisão e consequentemente o entendimento da predição do comportamento econômico. A neuroeconomia é um método de pesquisa interdisciplinar que tem como objetivo construir um modelo biológico da tomada de decisão em ambientes econômicos. Essa nova ciência apareceu em função da tentativa de entendimento da heterogeneidade do comportamento observado, enquanto as teorias econômicas previam um comportamento único e racional. Também para entender como o comportamento é afetado pela informação.

Na verdade, descobriu-se, a partir dessa nova ciência, a neuroeconomia, que a maneira como a mente humana funciona, na tomada de decisões, não é totalmente racional, mesmo quando essas decisões são as mais complexas. A decisão em si é resultado de uma série de etapas mentais, onde intervêm vários fatores biológicos, que são internos, e também os ambientais, que são externos ao indivíduo. Acrescida a esses, ainda há a influência das emoções e dos sentimentos. Isso significa que uma pessoa não consegue tomar decisões lógicas e inteligentes sem que o sistema límbico, local do cérebro onde se processam as emoções, esteja atuando, influenciando na determinação da decisão.

O comportamento humano de comprar, de escolher, de vender e de investir é um desafio considerável para o cérebro, isso porque coloca em atividade uma série de mecanismos à sua disposição, que não apenas a racionalidade. Envolve o planejamento e a visão em direção ao futuro, que é uma das capacidades únicas da mente humana, a de criar representações de situações vindouras. Todo esse processo mexe com a atenção, a memória, a emoção que, como disse, se processam no sistema límbico, entre outras atividades mentais. Por isso é que não se pode concordar com as teorias lógico-racionalistas. Há certamente muito mais coisas envolvidas que somente a consideração pura e simples do custo-benefício da escolha.

As decisões humanas são um permanente conflito, uma tensão eterna entre os aspectos emocionais, do sistema límbico, que busca a satisfação imediata do sujeito, dono do cérebro, e a capacidade de planejamento, a racionalidade e o juízo que se processam do córtex pré-frontal, que, ao contrário, privilegia os objetivos a longo prazo.

Os cientistas que trabalham com pesquisas em neuroeconomia já perceberam que essas áreas disputam o controle do comportamento humano, seja ele qual for. Deve-se acrescentar também a influência do cérebro reptiliano, a área onde se processa o instinto e os aspectos relacionados à sobrevivência e à procriação, reconhecido pelos psicólogos evolucionistas como atuante também no comportamento das pessoas.

Acontece que todo ser humano tem diferentes sistemas neurológicos que entram em ação para resolver os mais variados tipos de problemas e o comportamento é o resultado da competição ou da cooperação entre eles. Os neuroeconomistas buscam entender as opções de consumo do sujeito, em que as escolhas de curto prazo são mais emocionais e as decisões em longo prazo, mais racionais.

A economia nunca levou em conta o aspecto biológico da tomada de decisão, que, não me canso de repetir, é a base do comportamento humano. Não há uma análise do comportamento sem que se leve em consideração os aspectos biológicos, pois o ser humano é um ente biológico. Os humanos são seres vivos que fundamentalmente agem como todas as espécies vivas do planeta: buscam a sobrevivência e a procriação em primeira instância. Para isso usam seus sistemas nervosos, particularmente seus cérebros, para processar sinais vindos do ambiente, avaliando alternativas e tomando suas decisões. Não é possível separar o comportamento do ser humano da sua condição biológica e neurológica.

Para desvendar todos esses mecanismos cerebrais complexos e interligados, os neurocientistas usam as várias técnicas de imagem cerebral, como a ressonância magnética funcional e a tomografia com emissão de pósitrons, para verificar que áreas cerebrais são ativadas em situações simuladas para os indivíduos pesquisados; ou o comportamento de indivíduos que sofreram algum acidente cerebral, pois este tipo de pesquisa mostra como se comporta um indivíduo que foi atingido em determinada área diferentemente do sujeito normal, isto é, que não tenha tido nenhum acidente envolvendo o cérebro; ou o comportamento animal e também a gravação da atividade de um neurônio individualmente. Com todas essas técnicas de investigação à disposição, a neuroeonomia se apropria desses conhecimentos sobre o cérebro, para compreender melhor as atitudes e o comportamento econômico do ser humano.

A neuroeconomia, como um campo interdisciplinar, usa técnicas de mensuração para identificar os processos neurais associados às decisões econômicas. Mas é preciso esclarecer que o conceito de economia não se refere somente a dinheiro, como costumamos frequentemente imaginar, mas a todo processo de decisão que é feito mediante avaliação de recompensas e de escolha entre as alternativas. É esta concepção de economia que a neurociência usa como base e que permite aos cientistas fazer pesquisas não só com seres humanos, mas também com animais, para entender o processamento cerebral associado às escolhas. Nesse sentido, cada decisão envolve várias tarefas como: buscar informação do ambiente interno e externo considerando as ações possíveis, avaliando essas ações e escolhendo uma delas, e outras subtarefas, que incluem a determinação dos objetivos, a filtragem das informações que chegam ao cérebro, o ato de acessar a memória de eventos passados que tenham relação com o atual e a identificação das possíveis restrições de tempo ou energia, que estão ligados à homeostase corporal.

O agir econômico do ser humano não é algo novo, está ligado à nossa evolução biológica. Toda a decisão que um determinado sujeito toma tem um objetivo econômico que, por sua vez, está ligado e se processa no nosso sistema nervoso. Com base nesse ponto de vista, a psicologia evolutiva pode nos fornecer alguns caminhos para que possamos entendê-lo. Esta ciência tem como concepção básica de que o indivíduo toma suas decisões e age sempre baseado em dois fatores: (a) a necessidade de sobrevivência e (b) a busca pela manutenção dos seus genes em gerações futuras. Para a psicologia evolutiva, é a partir dessas duas premissas e somente delas que se dá o comportamento humano. Isso quer dizer que os fatores são primordiais, é fundamental analisá-los, mas não significa anular outros aspectos como a influência social e cultural nas decisões econômicas tomadas pelo sujeito. Essa ciência traz à luz mais uma maneira de podermos analisar o comportamento humano.

Para a história evolutiva do ser humano, a primeira e mais marcante característica dos hominídeos é o bipedalismo, ou seja, andar sobre dois pés com uma postura ereta. Essa é uma diferença marcante entre os humanos e os primatas e que representa uma adaptação a um tipo de vida terrestre e não mais arbóreo. Esse traço tão fundamental da nossa espécie tem uma explicação econômica: as mudanças que aconteceram na África durante a nossa evolução. As florestas estavam diminuindo aos poucos e as savanas crescendo em seu lugar, o que obrigou nossos ancestrais a descerem das árvores e a movimentarem-se de maneira eficiente no chão da savana. Mas, por outro lado, vários símios que também viviam nas árvores foram para o chão sem se tornarem bípedes.

É neste ponto que percebemos a influência da economia, entendida aqui como uma ação de minimização de custos e maximização de benefícios. Embora as espécies diferentes vivessem nas árvores, elas se movimentavam de maneira diferente. Alguns macacos se moviam entre os galhos das árvores usando os quatro membros enquanto que os grandes macacos, que deram origem à nossa espécie, movimentavam-se segurando nos galhos com somente dois membros. Eles ficavam praticamente pendurados e com o corpo ereto em direção ao solo, em posição vertical. Quando as espécies, em virtude da mudança ambiental na África, começaram a adotar uma vida mais terrestre, elas, por motivos econômicos, levaram consigo a bagagem evolucionária. Para alguns macacos, o caminho mais rápido de adaptação era manter-se quadrúpede mesmo no solo; já para os grandes macacos, que tinham anteriormente uma postura ereta e uma anatomia preparada para isso, isto é, braços e pernas longas, também a minimização de custos e a maximização dos benefícios estava em ser bípede. Caso contrário, seria muito custoso e nada vantajoso.

Todo esse esforço econômico se deu em função da sobrevivência do animal, o que acontece até hoje. O que é o nosso trabalho senão uma questão de sobrevivência e manutenção da prole para perpetuação dos genes? O que é o acumular de dinheiro por parte dos indivíduos, senão uma questão de sobrevivência e uma forma de conquistar parceiros sexuais para a reprodução e perpetuação dos seus? O que é o consumo do luxo senão uma questão de mostrar-se ou apresentar-se capaz de atrair seus pares para reprodução e novamente tentar perpetuar seus genes? No fundo, os motivos são sempre os mesmos: sobrevivência e reprodução, obviamente refinados através das mudanças culturais.

Os motivos se repetem constantemente, escondidos, escamoteados lá no inconsciente, no cérebro reptiliano ou sistema mesolímbico. Acontece que temos medo de nos parecermos com os animais, ditos irracionais, e perceber que somos movidos em grande parte por nossos instintos básicos. As promoções e vitrines, segundo Roberto Pani (2011), da Universidade de Bolonha, são um exemplo, porque segundo ele andar pelas lojas está ligado a instintos atávicos ligados aos nossos ancestrais caçadores-coletores que empreendiam expedições para descobrir territórios de caça, ação esta partilhada somente com amigos e familiares, e depois disso exibiam a presa abatida. Para ele, nos é prazerosa a procura, a exploração e o desafio.

É preciso que fique claro que a maximização que trato aqui em psicologia evolutiva é no sentido de aumentar as chances de sobrevivência e não uma ação racional, calculada ou planejada, como alegado na economia tradicional, mas um mecanismo inconsciente e fora do controle do córtex ou pelo menos sem o seu consentimento. É a otimização biológica que está ligada à homeostase do organismo para a manutenção do mesmo. Isso não quer dizer que não haja decisões econômicas criteriosas, obviamente que sim, caso contrário não precisaríamos ter a terceira camada, o córtex cerebral, uma grande característica dos seres chamados mentalmente superiores, bastava o sistema límbico e o mesolímbico. O que afirmo e reafirmo é que nem todas as decisões econômicas são racionais, pensadas e conscientes e mesmo as que são têm um componente emocional e instintivo. Assim, a neuroeconomia é a ciência que leva em conta (1) os aspectos biológicos, (2) entre eles o psicológico e o neurológico, (3) atentando-se para o lado emocional da decisão econômica, e também (4) para o lado irracional e instintivo que busca a sobrevivência do organismo e a manutenção dos seus genes pela reprodução.

A mente foi feita para dar apoio a processos automáticos, que por sua vez são mais rápidos, se processam mais velozmente do que os processos conscientes. A decisão tomada pelo processo inconsciente antecipa-se às decisões conscientes criteriosas, ditas racionais. O sujeito tem muito pouco ou nenhum acesso aos processos automáticos, pois o sistema nervoso toma muitas de suas "decisões" sem que tenhamos consciência ou possamos controlar essas decisões por vontade. Esses processos que se dão automaticamente não podem ser representados pelo modelo racional de maximização de benefícios e minimização de custos. O organismo do ser humano é econômico por sua natureza e não por decisão do indivíduo. É claro que o indivíduo pode tomar decisões até contrárias à manutenção do organismo, mas, se isso acontece, certamente será por uma falha ou mau funcionamento do sistema nervoso e, portanto, continua não sendo racional como a princípio possa parecer.

O comportamento econômico do ser humano, como qualquer outro comportamento, é resultado da interação entre os sistemas automáticos ou instintivos, o controlador ou consciente e o emocional ou afetivo. Isso significa dizer que o modelo de decisão neurológico tem os três níveis de sistemas atuando de forma interativa, ora com predominância de um, ora de outro e em certos momentos com somente o sistema automático do qual trata a psicologia evolutiva. Esses sistemas tanto competem entre si como também podem colaborar para uma tomada de decisão. Sabe-se que a princípio, e basicamente, o sistema límbico trabalha em função da recompensa imediata, mas o córtex, que tem a função de planejar, espera por recompensas futuras em busca de uma gratificação mais vantajosa.

Os instintos, por sua vez, também motivam comportamentos para benefícios de curto prazo, como comer, beber e copular. Mas, se houver prazer em adiar uma recompensa, o sistema límbico trabalhará a favor da recompensa futura também, porque já está tendo prazer no momento atual. As anomalias em decisões de investimento certamente têm bases neurológicas e, por esse motivo, o processo de decisão não é tão retilíneo e previsível como se poderia supor.

A neuroeconomia trabalha no sentido de entender esses níveis de decisões mediante o uso de equipamentos de neuroimagem. A possibilidade de prever, de uma maneira mais apurada, o comportamento da população é uma das vantagens da neuroeconomia nas análises macroeconômicas, que certamente poderia ajudar o governo em suas decisões sobre as políticas econômicas a serem adotadas; para os diversos mercados poderem entender os comportamentos por setores de consumo e no nível da microeconomia, as próprias empresas seriam beneficiadas pois poderiam fazer estudos mais apurados de comportamento de compra, os níveis de risco aceitáveis, as motivações, as percepções sobre produtos, serviços, marcas, preços e até mesmo a comunicação de marketing, área em que já se fazem algumas análises principalmente nos Estados Unidos, as quais se chama de neuromarketing, mas na verdade contemplam somente um aspecto do marketing, a pesquisa, mais especificamente a pesquisa de comunicação de marketing.

A biologia pode trazer muitas oportunidades de entendimento do consumidor e seu comportamento através do uso da imageologia cerebral. O ganho pode ser substancial em relação à busca por algumas "verdades" sobre o comportamento de compra do ser humano. Assim como toda ciência nova ou uma teoria nascente, a neuroeconomia enfrenta muitas desconfianças e preconceitos por parte de correntes mais tradicionais da economia. É certo que precisamos de uma série de testes e experiências para comprovar, afinal de contas estamos somente no início, mas é certo também que a economia está atrelada ou diretamente relacionada ao comportamento do consumidor e este é um ser humano, de carne e osso, que se comporta como um, o que significa dizer que recebe influências diretas do metabolismo, da química neural e de todos os processos biológicos inerentes aos humanos. É impossível ignorar que o comportamento de compra ou consumo de um sujeito é influenciado e muitas vezes determinado por fatores emocionais, memórias passadas, aprendizado, percepção do futuro e vários outros processos relacionados ao sistema nervoso.

Não dá mais para evitar os aspectos biológicos, como se estivéssemos tratando de um ser artificial. A "racionalidade econômica" não é a mesma racionalidade de que trata a psicologia evolutiva, a biologia ou mesmo a neurologia, pois a primeira tem seus motivos ligados à maximização de ganhos financeiros, sem motivos emocionais envolvidos ou motivos ancestrais, e as outras se referem à racionalidade motivada pela sobrevivência do indivíduo, da sua família, da sua prole e são muito mais complexas, como é o ser humano, como é o seu comportamento, muitas vezes inexplicável.

A psicologia evolucionista trata de custos e benefícios mas, como disse, diretamente ligados à sobrevivência e propagação dos genes pelo sexo. A racionalidade está na busca da parceira ou do parceiro ideal, que garantirá uma prole saudável, na economia de energia corporal, na manutenção da homeostase e por aí adiante.

Para Foley (2003), *"Uma das maneiras de encarar a evolução é verificando custos e benefícios. Novos traços surgem por serem vantajosos, por conferirem benefícios de algum tipo"*. Para o autor, esses benefícios podem ser diretos ou indiretos. Benefício direto é aquele que pode ser estritamente funcional, o benefício aparente, imediatamente reconhecível, e os benefícios indiretos, isto é, para os quais os primeiros foram desenvolvidos, ou o verdadeiro propósito daquele benefício aparente, que é o sucesso reprodutivo. Na sequência, Foley alega que *"Nenhum órgão biológico oferece apenas benefícios, ele vem também com custos"*, e dois tipos de custos são identificados por ele: o primeiro custo é o energético, pois uma característica inovadora pode aumentar os custos de gastos de energia corporal, e o segundo tipo de custo na evolução dos animais refere-se aos custos de oportunidade que são investir numa característica física que lhes trará desvantagens por outro lado ou numa atividade que signifique prejuízo de outra. No processo evolutivo, cada uma das características que trouxeram vantagens para a sobrevivência de um animal, assim como do ser humano, acarretou custos também e estes estão diretamente ligados à sobrevivência.

Na evolução humana, esses aspectos de custos e benefícios ficam simples quando se exemplifica com as características que marcam o ser humano e os diferencia das outras espécies. Aqui, a economia biológica fica clara e entende-se facilmente o que é "racionalismo biológico" ou, se puder assim chamar, de "racionalismo natural". As vantagens criadas por nossos ancestrais estavam no bipedalismo, porque liberava as mãos do sujeito para fabricar ferramentas, carregar seus filhos, colher frutos, empunhar armas; no aumento do córtex, que melhorava consideravelmente o aspecto de planejamento das atividades, imaginação de situações futuras mediante representação de fatos que estavam por vir, criação de estratégias; e no fato de ter poucos pelos, que os ajudou a manterem-se mais frescos porque a água evapora rapidamente no nosso corpo. Só que cada uma dessas características diferenciadoras também implicou custos para o ser humano, pois perdeu habilidade para subir em árvores e se precaver de predadores terrestres. Trouxe também os custos de estar muito exposto aos raios UV e até em relação à inteligência, o que trouxe consigo uma indecisão constante por viver pensando em mais alternativas e mais eficientes a cada dia.

Assim, dá para perceber que o racionalismo, isto é, a escolha da opção mais eficiente e eficaz, estava sempre ligado à economia de energia para aumentar as chances de sobrevivência. Comparavam-se custos evolutivos com os benefícios evolutivos e investia-se na melhor decisão, a mais naturalmente racional, que pudesse otimizar a sobrevivência.

Por tudo o que foi dito neste capítulo, fica obviamente evidente que a economia tem que levar em conta os processos biológicos para análise do comportamento do consumidor individual ou mesmo em grupo, pois esta é uma atividade humana e não mecânica, em que as decisões, as motivações, as intenções são impregnadas da essência, da natureza humana; é um ser vivo, um ser biológico antes de tudo. Esse ser biológico recebe influências culturais e sociais que influenciam suas atitudes, e que são também comuns aos seres vivos. E, por fim, toda essa recepção de influências se dá pelo sistema nervoso do indivíduo e por isso a neuroeconomia é o caminho correto para entender o comportamento econômico das pessoas.

## 10.4  AS PESQUISAS EM NEUROECONOMIA

Um estudo de 2006, publicado em janeiro de 2007 e conduzido por alguns pesquisadores da Stanford University, Carnegie Mellon University e MIT Sloan School of Management Brian Knutson, obteve, com o uso de aparelho de ressonância magnética funcional, respostas muito interessantes para a área de neuroeconomia. Os estudos de Scott Rick, G. Elliott Wimmer, Drazen Prelec e George Loewenstein, publicados na revista *Neuron* nº 53 sob o título "*Neural predictors of purchases*" tiveram grande influência nessa área e muita repercussão.

Nesse estudo foram dados 20 dólares a cada um dos 26 participantes que poderiam comprar produtos ou mesmo guardar o montante se não comprassem nada. Depois de ser explicado que eles poderiam comprar ou guardar o montante, os pesquisadores mostraram aos sujeitos pesquisados uma série de produtos e preços, e um desses produtos era uma caixa de chocolates da marca Godiva. Enquanto perguntavam aos indivíduos, que estavam dentro da ressonância magnética funcional, os cientistas observavam três partes específicas do cérebro que ficavam mais ativas conforme a experiência caminhava. A primeira era o *nucleus accumbens*, associado à antecipação do prazer; o córtex medial pré-frontal, associado com o balanceamento entre os ganhos e as perdas; e também a ínsula, que é a área do cérebro que registra a dor.

Esses cientistas descobriram que quando aos sujeitos pesquisados eram apresentados os produtos que para eles eram desejáveis, o *nucleus accumbens* (centro do prazer) era acionado, depois, na sequência, quando era mostrado o preço do produto, de US$ 7,00, uma ou duas coisas poderiam acontecer: se o preço fosse menor do que o indivíduo estivesse disposto a pagar, o córtex medial pré-frontal (que pesa as ações boas e ruins) mostrava grande atividade e a ínsula (registro da dor) menor atividade cerebral, se fosse um preço alto, o padrão se inverteria e a ínsula teria maior atividade. Em seguida os participantes pesquisados deveriam escolher entre comprar e não comprar.

Os autores do estudo descobriram que os padrões de ativação cerebral predizem ou antecipam a decisão de compra do produto, a maior atividade no córtex medial pré-frontal era um indicativo de que o sujeito compraria o produto e se, por outro lado, houvesse ativação da ínsula a indicação era de que o sujeito não iria adquirir o produto mostrado.

Esse tipo de experiência vem nos mostrar que é possível ver e entender como se processa a decisão econômica no cérebro humano, o que poderia ajudar e muito no entendimento do consumo, seus transtornos e o que os provoca ou incita. Uma evolução contra o abuso econômico. Ficam realmente evidente os novos desafios que a economia clássica terá pela frente, com seus antigos postulados, sobre o processo de decisão de compra do consumidor e a racionalidade da compra.

A partir desse estudo podem surgir novas e bem interessantes pesquisas sobre o que ativa o *nucleus accumbens* (a marca? A imagem? O sabor de chocolate?); o que ativa ou inibe a ínsula (o valor em si? Pensar no dinheiro que está nas mãos? Ficar sem o dinheiro ou com menos?) e por aí em diante. De fora ficaram as pesquisas sobre formas de pagamento (o cartão de crédito, o carnê, a entrada para o próximo mês) e as áreas que estes ativam no cérebro e em que sequência o fazem. Há muito o que ser feito nessa nova área de neuroeconomia.

Outra descoberta interessante na área de neuroeconomia é que os seres humanos usam mecanismos cerebrais separados para fazer decisões ambíguas e escolhas de risco. Regiões distintas do cérebro humano são ativadas quando as pessoas se deparam com escolhas ambíguas e quando se deparam com escolhas envolvendo somente o risco. Pesquisadores da Duke University descobriram esse fato em experiências realizadas na universidade americana.

Esse grupo de cientistas coletou informações de 13 adultos a quem foi pedido que escolhessem entre pares de "apostas" monetárias que estavam predeterminadas a serem "certas", "de risco" ou "ambíguas". Para as decisões de risco, foi dito aos entrevistados que eles ganhariam as apostas, mas para as escolhas ambíguas os entrevistados não tiveram essa informação. Os participantes foram recompensados com dinheiro com base em terem ganhado ou não suas apostas. Nessa experiência, os cientistas pesquisadores usaram a ressonância magnética funcional para determinar que áreas do cérebro são ativadas enquanto as pessoas fazem uma escolha de risco ou a escolha ambígua. Descobriu-se com a pesquisa que as pessoas que preferem ambiguidade têm ativação aumentada no córtex pré-frontal, diferentemente das pessoas que optam pelo risco, e por sua vez têm ativação aumentada no córtex parietal. Isso possivelmente acontece porque o córtex pré-frontal é a área do cérebro que tem a função de controle do impulso, que avalia as situações e por isso é acionado numa situação de ambiguidade, mas não é a principal parte do cérebro acionada quando o sujeito pretende correr riscos.

Esse fato mostra que pode existir um mecanismo neural específico para diferentes formas de decisão econômica, o que traz para a economia muitas informações antes não investigadas. Dá-se início a novas pesquisas de fatos antes nem questionados.

Segundo um estudo feito por John Coates, do Departamento de Fisiologia, Desenvolvimento e Neurociências da Universidade de Cambridge, na Inglaterra, os hormônios não afetam somente nossos humores, mas também podem ajudar pessoas a fazer fortuna ou, pelo contrário, muita bobagem na bolsa de valores. Na tentativa de descobrir por que alguns operadores tomavam atitudes não racionais, algo estranho e surpreendente nessa área, que estariam intimamente ligadas aos princípios da economia clássica (maximização, utilidade e racionalidade), essa pesquisa mostrou que os operadores da bolsa de valores de Londres, que começavam a trabalhar com altos níveis de testosterona, tiveram lucros acima da média. Trouxe também um resultado interessante sobre o hormônio cortisol, que é ligado ao controle do estresse, mostrando que este aumenta em resposta à volatilidade do mercado. Quer dizer, fatores endógenos provocando comportamentos.

A pesquisa de Coates foi feita com 17 operadores, homens de 18 a 38 anos com rendas anuais entre 12 mil e mais de 5 milhões de libras e, o que a torna mais real, no local de trabalho. Foram feitas medidas de hormônios a partir de saliva dos pesquisados às 11h e às 16h. O papel da testosterona já era medido em esportistas notando-se que ela aumentava na preparação para a competição, aumentando quando eles ganhavam e diminuindo nos perdedores. Mas no mercado financeiro, mais especificamente em operadores da bolsa de valores, foi a primeira vez. Confirmou-se que o efeito aumenta a confiança e a propensão de correr riscos.

A hipótese era de que a testosterona aumentaria em dias lucrativos e o cortisol, por sua vez, aumentaria pelo estresse das perdas acima do normal. Os resultados apurados por Coates confirmaram a primeira hipótese, alertando para o fato de que testosterona em excesso pode ser negativa, por deixar o operador muito ousado e por isso fazê-lo assumir riscos perigosos, mas não a segunda hipótese, porque perceberam que o cortisol está mais ligado à incerteza do que diretamente à perda de dinheiro.

# Parte IV

# 11

# O Neuromarketing

Com o crescimento da necessidade do marketing de ser cada vez mais contábil, o que fez surgir a disciplina de *Accountable marketing*, e amparada na combinação de novas tecnologias e interdisciplinaridade das ciências biológicas e sociais, a pesquisa de mercado e mais especificamente a de comunicação passa a ser vista pelas empresas do mundo todo como fonte imprescindível de informação para entendimento do comportamento do consumidor. O setor de pesquisas tem crescido e mudado, introduzindo novos métodos e sistemas de pesquisa, como o sistema *on-line*, os métodos usados pela antropologia como o etnográfico, que também tem sido muito usado, e o mais recente, o neuromarketing, método de pesquisa com viés neurológico.

A partir da neuroeconomia, que começou a questionar os métodos tradicionais da economia, principalmente no que se refere ao comportamento do consumidor, surgiu o neuromarketing, ramo daquela teoria que, por enquanto, trata da pesquisa de comportamento do consumidor de propaganda, isto é, do estudo de como os anúncios, as marcas, as embalagens, as cores e vários outros fatores realmente influenciam as pessoas e até que ponto o fazem. Assim como a neuroeconomia, o neuromarketing se utiliza das tecnologias ligadas à medicina, mais especificamente o diagnóstico por imagem da neurologia como, por exemplo, a ressonância magnética funcional (fMRI), para estudar a localização das áreas estimuladas no cérebro humano e as respostas deste a uma informação de marketing.

Essa poderosa arma de marketing tenta analisar as reações neurológicas dos indivíduos pesquisados com relação a ações de marketing, por meio de equipamentos de imagiologia. Através de aparelhos que registram imagens do cérebro, os neurocientistas estão detectando quais as áreas do cérebro humano são ativadas quando as pessoas são expostas a comerciais de TV, aos discursos políticos ou ainda aos produtos expostos nas prateleiras dos pontos de venda. Usando da ressonância magnética funcional, os sinais de radiofrequência, diga-se de passagem, método não invasivo, por isso feito em seres humanos, pode-se fornecer uma visão das alterações no fluxo sanguíneo e na oxigenação em determinadas áreas cerebrais. Esse equipamento tem duas grandes vantagens: a primeira é a de não utilizar material radioativo e a segunda é a de fornecer imagens em diferentes dimensões, o que garante uma melhor visualização da anatomia cerebral. Mas há vários equipamentos que são usados também nas experiências em neuromarketing, como a tomografia com emissão de pósitrons (PET), o eletroencefalograma e outros, como o *eye tracking*.

A ressonância magnética funcional (fMRI) é uma técnica que mostra as áreas cerebrais que são ativadas pela detecção das mudanças no fluxo sanguíneo e oxigenação consumidos por diferentes áreas. Quanto mais ativa a área, mais oxigênio e sangue são requeridos e as pessoas são colocadas num equipamento cilíndrico e a elas mostrados materiais visuais ou auditivos de marketing (produtos, embalagens, vídeo de comerciais, *jingles*, marcas, cores, odores, sensações táteis). Essa técnica que propicia a localização da atividade cerebral custa em torno de US$ 15.000 por grupo de 20 pessoas pesquisadas.

O eletroencefalograma (EEG) é a técnica que mensura a atividade elétrica do cérebro, mais especificamente dos neurônios, que é captada por eletrodos colocados na cabeça do sujeito pesquisado por meio de uma touca que é vestida na cabeça, enquanto o sujeito é exposto a estímulos de materiais de marketing. O preço é mais baixo e próximo do de um estudo de *focus group*, o que torna o EEG mais acessível.

O *eye tracking* é também um método mais barato de pesquisa e mais comum que, através dos olhos do sujeito pesquisado, analisa os locais do anúncio, marca ou embalagem em que ele olha, em que momento o faz e por quanto tempo fixa a sua atenção em tal ponto. Essa pesquisa é feita com um equipamento de uso do sujeito pesquisado que o coloca sobre os olhos, como uns óculos, e que é acoplado a um monitor que mostra imagens. O equipamento segue os movimentos oculares. Eles também são usados junto com os exames de ressonância magnética funcional para dar respostas mais abrangentes.

Essas são as técnicas mais usadas nas pesquisas de neuromarketing, mas que vêm se modificando e convergido num só aparelho que possa mensurar atividade química das áreas cerebrais, atividade física dos neurônios e os movimentos dos olhos. Sozinhas, elas dão algumas respostas, mas integradas têm um potencial enorme de verificação em tempo real e também holográfica, no sentido de captar ao mesmo tempo, numa mesma peça, as impressões subconscientes das pessoas sujeitas aos estímulos de marketing. Outras técnicas que vou comentar num capítulo adiante estão sendo desenvolvidas ou já estão em uso, mas não são referidas e tratadas como métodos de neuromarketing. Limiares e linhas que serão estabelecidas adiante, neste livro. O intuito aqui é só citar alguns dos métodos para que você tenha uma ideia abrangente dessa ciência aplicada.

Estudando e entendendo os processos que se dão sem conhecimento do consumidor no sistema límbico, área emocional do cérebro e no sistema "R", esse método informa o que as pessoas gostam e o que não gostam, o que desejam e também sentem. Diferentemente da pesquisa que usa métodos tradicionais, o neuromarketing tenta remover a subjetividade de um depoimento e a inarticulada e às vezes enganosa atividade de responder a um questionário, entrevista ou opinião em um *focus group*. Ao invés de opinião do por que o sujeito se comportou de certa maneira, esse tipo de estudo mede os níveis de atenção, o engajamento emocional e o armazenamento de memórias.

Questiona-se a validade desse tipo de pesquisa, porque se alega que uma pessoa não é igual a outra. Mesmo que elas sejam gêmeas há diferenças significantes de comportamento. Entretanto, mesmo que as mentes individuais sejam diferentes, a anatomia e a fisiologia cerebral, isto é, o processamento cerebral é idêntico em todas as pessoas, a não ser que elas tenham algum problema de ordem anatômica ou fisiológica, o que causaria uma desordem psíquica e consequentemente de comportamento. Isso significa que na reação a um determinado estímulo, uma propaganda de TV, rádio ou impresso, mesmo a uma marca ou embalagem, o consumidor pode até agir de maneira cultural ou socialmente diferente, mas a área cerebral do prazer é a mesma em todo ser humano, o *nucleus accumbens*, a do medo também, a amígdala, os neurotransmissores não mudam de pessoa para pessoa, a dopamina, serotonina e vários outros são os mesmos em qualquer ser humano. Pode sim alterar a sua quantidade, a sua falta ou abundância sim, mas de forma global todos os possuem.

Mesmo havendo comportamentos diversos por causa de pessoas pesquisadas em culturas diferentes, o neuromarketing pode identificar as áreas cerebrais de um grupo especificamente, isto é, uma pesquisa pode identificar padrões do processamento cerebral em cada cultura e também padrões inatos que podem não variar de uma cultura para a outra por ser algo inerente à espécie e não a fatores externos.

O processo de pesquisa funciona como um exame médico. Um voluntário escolhido é colocado numa máquina de ressonância magnética funcional; depois, os pesquisadores apresentam fotos ou videoclipes e verificam as áreas que são mais ativadas, por aumento do fluxo sanguíneo e oxigenação cerebral e a sequência em que isso acontece. Com base nestas imagens, os neurocientistas analisam a possível e provável reação do consumidor aos comerciais, marcas, produtos, embalagens e o que mais puder ser analisado.

O neuromarketing deu seus primeiros passos na Universidade Harvard. No final dos anos 90, o médico Gerald Zaltman iniciou esse processo ao colocar um sujeito na ressonância magnética funcional. Esse cientista inovador tinha como objetivo principal identificar os produtos e as marcas preferidas daquele indivíduo. Já na década passada, o Dr. Zaltman acreditava que as escolhas desse tipo são feitas inconscientemente e que 95% ou até mais da nossa atividade mental, desde o pensamento até as emoções e os instintos, se processa abaixo dos níveis conscientes. E por esse motivo, a curiosidade de saber como se processam algumas das atividades cognitvas levou-o à criação desse método diferente de pesquisa do comportamento do consumidor que intencionava buscar e trazer à tona o que acontecia no inconsciente do indivíduo.

Nessa pesquisa feita pelo médico, cada participante era convidado a pensar sobre um produto ou marca durante uma semana e também selecionavam-se 10 imagens que representassem os seus pensamentos e sentimentos sobre aquela determinada marca ou produto. Depois de sete dias, os voluntários levavam essas imagens para o laboratório do Dr. Zaltman, onde se montava uma colagem digital das imagens. O médico, então, realizava uma entrevista para entender o significado da imagem criada. O estudo revelava descobertas interessantes e inaugurava uma nova era na pesquisa de comportamento do consumidor. Zaltman conseguiu patentear um produto, chamado de ZMET (*Zaltman Metaphor Elicitation Method* – Método de Elicitação Metafórica de Zaltman).

Como ferramenta de pesquisa de marketing, patenteada nos Estados Unidos, o ZMET combina vários fundamentos da neurobiologia, da psicanálise e da linguística, para tentar descobrir as preferências do consumidor. Para o Dr. Zaltman, as metáforas são essenciais para os nossos pensamentos, para que possamos entender o que nos é dito, e também são essenciais na maneira de processarmos as informações obtidas. A teoria adjacente ao uso do método de Gerald Zaltman é que a elicitação metafórica pode ajudar a compreender as forças que impulsionam as escolhas do consumidor. As escolhas são quase sempre inconscientes e assim difíceis de serem extraídas mediante os métodos de pesquisas de mercado tradicionais, como *focus group* e entrevistas. Por essa razão, o uso da metáfora, que é tão comum na comunicação do dia a dia das pessoas, para representar o que pensam e sentem, é importante nesse método de pesquisa.

Ainda segundo o cientista, nós usamos seis metáforas para cada minuto de fala, o que significa que o seu uso é muito comum nas nossas vidas. Para se ter uma ideia, a metáfora mais comum, usada pelos participantes nas entrevistas do método ZMET, é "transformação". A ideia é de que um produto pode transformar a pessoa. Não se comenta, mas o Dr. Zaltman teve várias das grandes empresas americanas como clientes: Coca-Cola, Procter and Gamble, Kodak, General Mills, Bank of America, Nestlé. E também algumas canadenses, como Canadian Tire, Royal Bank e Molson. Isso dá-se pelo fato de que o método é ainda muito discutível, no sentido de que vasculha a mente dos consumidores e identifica padrões de comportamento que até mesmo os próprios consumidores não sabem que possuem. Desde que começou a usar esse método, Gerald Zaltman fez mais de 200 estudos para diversas companhias.

Em 2001, poucos anos depois do Dr. Zaltman criar o primeiro experimento em neuromarketing, a Bright House, uma empresa americana, começou a explorar esse filão comercialmente. Em seguida, veio a Lieberman Research Worldwide, também norte-americana, de Los Angeles, que começou a prestar serviços em neuromarketing para os estúdios de cinema de Hollywood, testando a receptividade dos *trailers* de filmes. A política americana também é um campo onde o neuromarketing já está atuando. Esse tipo de pesquisa é feito pelos cientistas da universidade da Califórnia.

No ano de 2004, pesquisadores da Emory University também fizeram várias investigações na área de neuromarketing que trouxeram alguns resultados importantes para essa nova ciência aplicada. Outra experiência bem-sucedida é a do Dr. Marco Iacoboni, que pesquisou em 2006 os comerciais do Superbowl e percebeu algumas distorções entre o que era dito pelo sujeito em relação ao comercial e as áreas cerebrais ativadas quando assistia aos comerciais.

Neste ponto, é preciso deixar claro que o que se convencionou chamar de neuromarketing é, na verdade, neuropesquisa em marketing, pois só abrange a área de pesquisa de comportamento do consumidor e não o marketing como um todo, isto é, não trata de todo o processo de marketing: detectar as necessidades e desejos do consumidor, criar produtos, serviços ou ideias que satisfaçam essas necessidades e desejos, determinar um preço a ser cobrado e colocá-los nos pontos de venda e comunicar a todos os interessados a existência dos tais produtos, serviços e ideias e onde eles poderão encontrá-los e, a partir desse ponto, fidelizar os consumidores para que eles repitam seu comportamento infindavelmente. Como se pode notar, o marketing é um processo e o tal "neuromarketing" é uma parte desse processo que atua no entendimento do consumidor para descobrir novos produtos, para entender a preferência deles por certas marcas e até avaliar as campanhas de comunicação.

Para Lee, Broderick e Chamberlain, num artigo publicado em 2007, no *Internacional Journal of Psycophysiology* com o título de "What is neuromarkcting? A discussion and agenda for future research", o neuromarketing como campo de estudo pode ser definido como a aplicação de métodos neurocientíficos para analisar e entender o comportamento humano em relação aos mercados e trocas em marketing. Esta definição, segundo os autores, tem dois pontos a serem levados em consideração: que o neuromarketing não é somente de interesse e para benefício comercial e que também não centra-se somente no comportamento do consumidor, mas também na pesquisa inter e intraorganizacional.

Discordo em termos dessa definição, por alguns motivos. O primeiro motivo é que a área não usa métodos neurocientíficos somente para analisar e entender o comportamento humano nas trocas mercadológicas. A definição se esquece de algo importante que é a função de coletar informações, que vem antes do analisar numa pesquisa. O neuromarketing não se diferencia nos seus métodos pela análise somente, mas fundamentalmente pelos diferentes e inéditos modos de coleta de dados, motivo pelo qual usam-se equipamentos de diagnóstico por imagem. Isso é o que diferencia esse tipo de pesquisa de outros. Outro ponto de que discordo é que o neuromarketing é, sim, somente para benefício comercial, esta é a sua função. Ele se diferencia dos estudos em neurociência do comportamento do consumidor feitos nas universidades para divulgar resultados científicos, pois estes, sim, têm um fim não comercial e em seu escopo está estudar todas as reações do comportamento de consumo, sem estarem atrelados a objetivos comerciais. E, além do mais, as pesquisas inter e intraorganizacionais também têm fins objetivos diretamente ligados aos negócios. Não são pesquisas científicas ou que têm a intenção de desenvolver a ciência, mas para descobrir formas de gerar direta ou indiretamente lucro para as empresas que as usam.

Neuromarketing não trata sobre como controlar a mente do consumidor, mas sobre como entendê-la para controlar a mensagem e desenvolver ações de marketing mais efetivas. O alarmismo que se criou em torno do assunto gera até medo por parte das empresas de divulgarem resultados. Mas não é a última palavra em pesquisa de mercado e sim uma grande evolução e um olhar endógeno que faltava.

Mesmo que nos últimos anos, com o *boom* desse tipo de pesquisa no mundo, tenham sido criados equipamentos *wireless*, em forma de capacete ou coroa que o sujeito pesquisado pode "vestir" e ir até um supermercado, ainda não é algo natural e ele saber que está sendo pesquisado, o que vimos nos vieses cognitivos atrapalha o estudo. Esse método de coleta não se dá na casa do consumidor, enquanto ele assiste ao comercial ou lê o jornal, nem no ponto de venda, no momento da escolha das marcas e da compra dos produtos, o que certamente pode alterar a reação desse sujeito e sua percepção em relação aos itens citados, pois por estar num ambiente controlado e talvez até sabendo a intenção do estudo não terá a mesma reação que teria se estivesse no ambiente natural da atividade. Até a posição corporal deve ter alguma influência na pesquisa.

O que quero dizer é que não se chegou à forma perfeita de pesquisa de comportamento do consumidor, mas pelo menos está-se considerando a biologia base do comportamento humano. Percebe-se que não dá para analisar o comportamento sem pesquisar o sistema nervoso que processa toda a informação para gerar comportamento. A favor dos métodos de pesquisa em neuromarketing está o fato de que as entrevistas não são totalmente confiáveis, por vários motivos, como já foi mostrado e fundamentado no capítulo de pesquisa do consumidor. As pessoas expressam-se mal, os questionários não conseguem articular questões-chaves da maneira adequada, as informações estão situadas no inconsciente e as respostas são conscientes, e, além de tudo isso, nada e ninguém garante que o entrevistado esteja falando a verdade, por motivos de defesa ou mesmo para agradar o pesquisador. Essas várias suspeitas de falseamento podem ser minimizadas se uma máquina estiver fotografando suas emoções. Parece até incoerente, no mínimo um paradoxo, uma "máquina" perceber "emoções", mas a evolução na tecnologia médica permite-nos tal atividade.

O fato de a máquina ler emoções está ligado à nossa incapacidade de fazê-lo, pois por sermos humanos interpretamos os fatos como nos é conveniente ou como as nossas crenças nos dirigem ou permitem, o que não acontece com a máquina que lê ao pé da letra, fotografa a realidade. Fica ainda com possível falibilidade a interpretação na análise dos dados. Nós temos a incrível capacidade de captar emoções e intenções das mais profundas, mas o problema é que o que captamos não nos é acessível conscientemente, está atrás da porta, no fundo, nas camadas cerebrais internas e não no córtex frontal. Como seres humanos, temos uma percepção aguçadíssima, só não podemos identificá-la e interpretá-la e por isso não entendemos muitas de nossas ações e reações, que podem estar ligadas a certos instintos, à sobrevivência e a propagação e manutenção dos genes. Na verdade, o significado das coisas, dos objetos ou situações fica no inconsciente, e neste não conseguimos penetrar facilmente.

# 12

## As Pesquisas em Neuromarketing

### 12.1 O DESENVOLVIMENTO DAS PESQUISAS EM NEUROMARKETING

Além da pesquisa pioneira do Dr. Zaltman, existem várias já realizadas, mas muitas não são divulgadas, provavelmente por medo de correr o risco de incorrer em falta de ética, assunto do qual trata o próximo item deste capítulo. Enquanto isso, muitas empresas não admitem que usem estudos baseados no neuromarketing. Embora o assunto ainda seja relativamente novo, fortes e contundentes críticas já são feitas e uma reação negativa forte pode vir a prejudicar a imagem das empresas participantes.

As pesquisas em neuroeconomia têm sido feitas e divulgadas com muito mais frequência, até porque são investigações de cunho estritamente científico, sem fins comerciais, o que na visão dos críticos é admissível. Com isso, encontramos muito mais pesquisas nas áreas de neuroeconomia e neurodireito do que na de neuromarketing. Arriscar-me-ia a dizer que o motivo disso é que há um grande preconceito em relação ao marketing, pois para os que ignoram os estudos nessa área ela parece uma ciência maléfica, patrocinada, que perverte as pessoas. Uma visão míope, pois a ciência aplicada do marketing pode trazer enormes ganhos para a sociedade, se feita da maneira correta e para fins benéficos. O defeito está nos olhos de algumas pessoas e não na ciência.

Nos anos de 90, pesquisadores do Baylor College of Medicine, nos Estados Unidos, monitoraram imagens do cérebro de 67 pessoas que experimentaram amostras não identificadas de Coca-Cola e Pepsi. Cada refrigerante ativou a região do cérebro associada à sensação de recompensa. Mas, quando essas mesmas pessoas pesquisadas passaram a saber antes que refrigerantes estavam bebendo, a atividade de outra área cerebral, ligada à fidelidade, sobrepujou as preferências demonstradas no primeiro teste. Três em cada quatro participantes disseram preferir Coca-Cola. Essa pesquisa, publicada na revista científica *Neuron*, foi a primeira a investigar como mensagens culturais penetram no cérebro e moldam preferências pessoais. O resultado é o que venho tratando o livro todo: muitas das suas preferências estão no inconsciente.

Um outro exemplo de pesquisa em neuromarketing foi feito pela Bright House, da Universidade Emory, em Atlanta, Estados Unidos, encomendada pela fábrica de carros DaimlerChrysler. A pesquisa, com pessoas na faixa etária dos 30 anos, foi feita com imagens de 66 carros, divididos em três categorias: sedãs, esportivos e veículos pequenos. Essa pesquisa revelou, entre outras coisas, que os esportivos excitam mais as áreas do cérebro ligadas ao poder. A empresa interessou-se muito pelos resultados e, a partir de então, patrocinou mais projetos nessa área das neurociências na Universidade de Ulm, Alemanha.

O campo do marketing político não fica atrás na aplicação de pesquisas em neuromarketing. Uma pesquisa foi realizada com um grupo de dez voluntários em eleições presidenciais: foi pesquisada, numa metade, eleitores do republicano George W. Bush e, noutra, eleitores do democrata John Kerry. Todos assistiram a três vídeos de propaganda política. Num dos vídeos, George Bush fazia menção aos atentados de 11 de Setembro, no segundo vídeo aparecia Kerry, que não tocava no mesmo assunto, e no terceiro vídeo um comercial famoso dos anos 60, utilizado pelo então candidato democrata Lyndon Johnson contra o republicano Barry Goldwater. Neste último vídeo, uma menina segurava uma margarida e imagens de uma explosão nuclear eram sobrepostas a ela. O resultado da pesquisa mostrou que os voluntários democratas reagiram às imagens violentas com uma atividade maior da amígdala em relação aos republicanos. Tal fato sugere que os democratas ficaram mais sensibilizados com as cenas de terror e engoliram em seco, conforme demonstrado.

A ideia de que uma atitude ou um conceito pode ser ativado sem que se tenha consciência disso foi confirmada numa pesquisa de Joan Meyers-Levy, da Universidade de Minnesota, que em muito pode ajudar na arquitetura dos pontos de venda. Descobriu-se que a altura do local pode alterar a maneira como o cérebro trabalha. Quando as pessoas estão num ambiente com uma altura boa, de 10 pés ou em torno de 3 metros e meio, o cérebro ativa a ideia de liberdade. Já num local ou ambiente com teto baixo, o cérebro entende como constrangimento, um conceito de restrição que provoca um sentimento de confinamento. O conceito de liberdade promove processamento de informações que provoca uma grande variação e encorajamento de pensamentos, ao contrário do conceito de confinamento, que promove o processamento orientado para detalhes, tornando a pessoa mais observadora, mais atenta. Num teste dessa pesquisa, os indivíduos foram mais críticos a um produto quando estavam num local de teto mais baixo.

Não é de hoje que a arquitetura e a psicologia se relacionam para criar espaços e ambas com o marketing: por exemplo, os bancos são construídos imponentes para impressão de estabilidade, lojas pequenas usam diversos espelhos nas paredes para ampliar o ambiente, entre vários outros exemplos clássicos que eram realizados de maneira mais ou menos intuitiva, mas que agora começam a relacionar-se com a neurologia. Essa é mais uma área de pesquisa da neurociência, chamada de neuroarquitetura.

Em 2007, no Centro de Mapeamento Cerebral da Universidade da Califórnia, em Los Angeles, o neurologista e neurocientista italiano Marco Iacoboni usou a ressonância magnética funcional para medir as respostas cerebrais num grupo de sujeitos enquanto estes assistiam aos comerciais do Super Bowl. A hipótese levantada e confirmada por esse projeto é de que sempre há uma desconexão entre o que as pessoas dizem e o que elas gostam realmente, entre os motivos profundos, verdadeiros, que nos fazem querer e gostar de algumas coisas ou pessoas, mas não de outras. Com a ressonância magnética funcional foi possível olhar para as respostas cerebrais puras, não filtradas, para mensurar como os comerciais mostrados no Super Bowl provocam emoções, induzem empatia e inspiram o gostar e o querer.

A pesquisa foi feita com cinco voluntários saudáveis. Os participantes foram entrevistados depois do experimento, para testar se os dados coletados no cérebro, com o uso do *scanner*, coincidiam com o que os sujeitos pesquisados pensavam que gostavam e que não gostavam. A ideia era fazer imagens cerebrais dos sujeitos em relação enquanto assistiam aos comerciais do Super Bowl e fazer isso na mesma noite em que os comerciais fossem mostrados pela primeira vez. Nessa pesquisa, descobriram-se coisas muito interessantes: (1) o que o que as pessoas dizem ter gostado nem sempre ou na maioria das vezes não coincide ou é desconexo com que as atividades cerebrais mostram. Por exemplo, as mulheres, verbalmente, dão notas baixas para os comerciais que usam atrizes em situações sexuais, mas suas áreas de neurônios-espelhos parecem acender um pouco, sugerindo alguma forma de identificação e empatia. Outro exemplo interessante é que, no final do comercial do FedEx, quando o homem das cavernas é pego por um pterodátilo, percebeu-se atividade na amígdala, uma pequena estrutura cerebral de processamento emocional em geral, especialmente em resposta a ameaças e estímulos que provoquem medo ou aversão. A cena parece engraçada e foi descrita como engraçada por várias pessoas, mas a amígdala continuava a perceber como uma ameaça; (2) descobriu-se também que, quando um comercial ativa as áreas dos neurônios-espelhos, isso indica identificação e empatia; (3) percebeu-se que bons comerciais são aqueles que provocam ativação no córtex orbitofrontal e no *striatum* ventral, duas regiões cerebrais associadas com o processamento da recompensa; (4) notou-se que, nas regiões cerebrais associadas ao comportamento social, foi observado um misto de ativação e desativação. Somente as áreas dos neurônios-espelhos demonstraram uma ativação sistemática enquanto os pesquisados assistiam aos comerciais. Isso sugere que o "espelhamento" é um processo automático.

São várias as experiências em neuromarketing já realizadas, mas imagino que muitas delas não nos são reveladas e divulgadas pelas empresas requisitantes, nem pelas que fazem as pesquisas, limitando assim o desenvolvimento da área. Quando pedi a algumas das empresas para me contarem casos de pesquisas na área de neuromarketing, percebi que todas, muito gentis em suas respostas, queriam muito mais informações para me enviar seus casos, para além do que estava estampado nos seus *sites*. Imagino que agiram de maneira legítima em função dos ataques que essa ciência aplicada vem sofrendo.

Um estudo curioso e também revelador sobre respostas neurais em relação às marcas, feito por pesquisadores de duas conceituadas universidades americanas, a Michigan University e a Harvard University, na área de neuromarketing, descobriu, com o uso de fMRI, que as empresas estão redondamente enganadas quando fazem ligações de suas marcas com características humanas, achando que isso as aproxima do consumidor e produz um efeito na decisão de escolha.

Durante esse estudo, o primeiro a usar a técnica de imagiologia cerebral para examinar como diferentes regiões cerebrais são afetadas quando as pessoas pensam em certas qualidades das marcas, foi perguntado a 20 indivíduos se 450 adjetivos eram aplicados a si e a outras pessoas. Em seguida, os pesquisadores perguntaram para os mesmos sujeitos se essas qualidades humanas poderiam ser base de julgamento para as marcas que conheciam e usavam. E descobriram que, quando as mesmas palavras estavam sendo usadas para descrever pessoas e produtos, diferentes regiões do cérebro eram ativadas, dependendo para quem se empregava o adjetivo. A ressonância magnética funcional, equipamento usado na pesquisa, detectou que havia uma resposta grande no cortéx pré-frontal medial quando se empregavam os adjetivos para as pessoas, mas quando se tratava de usar os adjetivos para as marcas, o córtex pré-frontal inferior esquerdo era a área cerebral ativada.

Esse experimento mostra que o conceito antropocêntrico de dar personalidade às marcas não funciona, pois, se não são processadas no mesmo lugar, certamente tem significados diferentes. Não existe na cabeça do consumidor uma loja "feliz" e as empresas que tentam fazer essa associação falham, pois não há como humanizar produtos no cérebro humano, que separa seres humanos e suas características de objetos e suas características.

Jim Edwards, num interessante teste de *neurobranding*, teve seu cérebro escaneado por Joy Hirsh, diretor do Centro de Ressonância Magnética Funcional da Universidade Columbia, Estados Unidos, enquanto via marcas que gostava e que não gostava. Os resultados foram, no mínimo, curiosos, bem intrigantes e muito reveladores.

A informação mais curiosa que Edwards nos traz é que o seu cérebro processava no lado esquerdo, as marcas de grande valor para ele, enquanto as de menor valor eram processadas no lado direito. As marcas de grande valor ativaram três áreas: o *gyrus* angular esquerdo, sistema associado à extração de significados, o córtex pré-frontal dorsolateral, associado à organização conceitual, e o *gyrus* orbifrontal esquerdo, sistema ligado à lembrança. Quando apareciam as marcas que o pesquisado não gostava, a *insula* direita, uma dobra interna do córtex, foi a área que acendeu, ou melhor, foi ativada, e essa área é entendida como a região do cérebro que lida com as ações de repelir, de sentir aversão.

A grande surpresa dessa pesquisa está no resultado, que é exatamente o oposto do que os profissionais de marketing imaginam. O cérebro de Edward, pelas áreas ativadas, mostra que aparentemente não há emoções em relação às marcas que ele gostava, mas apenas verificação de significado, organização dos conceitos e lembrança. A emoção realmente apareceu nas marcas que ele não gostava, em forma de sentimento de aversão. Isto é, ele não ignorou aquelas marcas que não gostava, mas processou-as numa área que atua, por exemplo, para ajudar o indivíduo a evitar comidas estragadas.

Quer dizer que as marcas não provocam amor ou paixão no indivíduo que gosta, mas podem provocar repulsa nos indivíduos que não gostam dela. Obviamente, o resultado poderia ser de maior valor se mais sujeitos fossem pesquisados, mas já nos dá um caminho promissor para verificarmos os velhos "pré-conceitos" do marketing .

Essa pesquisa, embora feita com um só sujeito, corrobora a anteriormente citada, que mostra que o cérebro não leva em conta ou não processa a humanização da marca, o que era uma certeza quase absoluta dos profissionais de marketing, que no momento de posicionar um produto ou empresa atribuíam às suas marcas significados antropomórficos. Não amamos uma marca nem a ligamos às características humanas, mas podemos rejeitá-la de maneira incisiva. Mostra também que a mudança de conceito de uma marca antes não bem-vista ou rejeitada, para uma posição de desejada, pode não acontecer. Nesse sentido, fica mais complicado do que se imagina converter um consumidor resistente a determinada marca. Isso muda tudo na pesquisa de marketing e também na forma de posicionamento de um produto, serviço, pessoa, marca ou empresa.

Henrik Walter, cientista alemão da Universidade de Ulm, investigou o efeito no cérebro enquanto 12 jovens olhavam para diversos tipos de carros e davam notas de 1 a 5. Eram 22 fotos de carros esportivos, utilitários pequenos e também carros grandes, todas em preto e branco mostradas numa ordem aleatória, enquanto estavam num aparelho de ressonância magnética. A preferência dos jovens pesquisados pelos carros esportivos não foi uma surpresa, mas novamente a atuação ou ativação do núcleo *accumbens*, o centro do prazer, é que se revelou interessante. Quando os sujeitos olhavam fotos dos carros de corrida, essa área do cérebro mostrava-se muito mais ativada do que quando observavam outros modelos de carros. Sabe-se que tal centro de prazer tem células nervosas que são ativadas pela dopamina, levando à liberação de opiáceos endógenos, substâncias associadas à sensação de prazer. Mais uma prova de que os mecanismos adjacentes, aqueles não observados a olho nu, têm uma importância vital no entendimento do comportamento de observação do consumidor e das associações que este faz quando vê uma propaganda.

Os hemisférios cerebrais também são alvo de pesquisas na área de neuromarketing. Na Austrália, mais especificamente na Universidade de Tecnologia em Melbourne, Richard Silberstein pesquisou a fixação maior ou menor de anúncios na memória dos participantes pesquisados. Exibiu-se, para um grupo de mulheres, um documentário de TV que foi interrompido várias vezes por propagandas e registrou-se a atividade cerebral de cada uma das pesquisadas. Depois de uma semana, quando as mulheres voltaram ao centro de pesquisa, um teste de memória foi feito e demonstrou que elas lembravam melhor os anúncios durante os quais havia se pronunciado uma atividade extremamente rápida no hemisfério esquerdo frontal.

Pesquisadores da Universidade de Nova York (NYU) descobriram uma forma de medir o impacto das produções cinematográficas no cérebro dos espectadores, que pode também ser um método para análise não só de produtos culturais, mas dos próprios comerciais para televisão. Foram analisados três filmes de gêneros diferentes: um de suspense, de Alfred Hitchcock, *Bang! You're dead*, a outra produção foi um *western* de Sergio Leone chamado *Três homens em conflito* e o terceiro filme, um episódio de uma série americana chamada *Segura a onda*, dirigida por Larry David.

A pesquisa foi feita com o uso de ressonância magnética funcional (fMRI) e combinada com um método que se chama correlação intersujeito, que possibilita a comparação entre padrões de ativação neural e que, segundo os pesquisadores, pode fornecer um índice que reflete o grau de "controle" do filme sobre a mente dos indivíduos. Os resultados mostraram que o filme de Hitchcock conseguiu ativar 65% do neocórtex dos participantes, já o *western* ativou 45% da mesma área e o seriado ativou somente 18% do neocórtex. Isso significa que novas produções podem passar a ser testadas neurologicamente antes de serem mostradas ao público em geral, até em versões diferentes, para detectar a melhor reação e a opção que terá maior impacto no público-alvo pretendido.

O mesmo tipo de pesquisa pode valer para os comerciais de TV, que podem ser pré-testados antes que cometam alguma bobagem e causem um desperdício de verba ou uma aversão por parte do público-alvo, como aconteceu em 2007 com um *pop-up* na Internet de uma empresa de telefonia, no Brasil, que usou uma barata para chamar a atenção. Era uma situação em que a imagem de uma barata passava pela página, logo que acessada, e, em seguida, a tal barata era esmagada por um chinelo vermelho com a mensagem publicitária: "DDD xx, ligue sem susto". Houve até alguns consumidores que reclamaram para um *site* que faz cobertura do mercado publicitário. A explicação do erro está no fato de que a parte cerebral que deve ser objetivada na maioria das vezes, num anúncio ou comercial de propaganda, com intuito de convencimento, provavelmente é o *nucleus accumbens* (NAcc), área do cérebro rica em dopamina e ligada à recompensa, e não, como provavelmente aconteceu, a *insula* anterior, outra parte do cérebro que se "manifesta" ou "acende" sempre que a pessoa vê coisas nojentas, percebe um estímulo repulsivo ou repugnante. Uma terceira área do cérebro humano envolvida na resposta emocional é a amígdala, situada nos lobos temporais e que tem um papel importante nas reações fisiológicas comportamentais de reação e susto, a qual deve ter sido ativada no momento da passagem da barata.

## 12.2 OS CIENTISTAS E AS UNIVERSIDADES PIONEIRAS EM NEUROMARKETING

Não são muitas as universidades, eu diria até que são bem poucas as instituições que declaram fazer pesquisas de neuromarketing, até porque as pesquisas nesta área têm sido alvos de ataques insistentes de instituições não governamentais. O que se percebe é que um grande número de pesquisas em neuroeconomia é válido para o marketing porque trabalha basicamente com o processamento cerebral na tomada de decisão, fundamental para entender como um consumidor avalia e escolhe um determinado produto, marca, serviço ou uma ideia. Segundo Colin F. Camerer, no *site* do Instituto de Tecnologia da Califórnia (Caltech), a neuroeconomia mensura processos biológicos e neurais de como as pessoas escolhem, barganham e comercializam.

Assim, pela visão desse grande especialista e autor de vários *papers* na área, concluo que as pesquisas de neuroeconomia que verificam e analisam os comportamentos de escolha na hora da compra, da barganha entre pessoas e a comercialização de produtos e serviços cabem muito bem dentro do escopo do marketing e consequentemente servem para fazermos, por extensão, análises mercadológicas.

Convencionou-se dizer que as pesquisas de neuromarketing eram aquelas ligadas à avaliação e preferência por uma marca e também à eficiência de uma propaganda, seja em TV ou impressa, até porque são as únicas pesquisas feitas até então. No entanto, na minha opinião, essas pesquisas vão além, procurando entender todo e qualquer comportamento humano relacionado ao consumo, à relação de um sujeito com uma marca ligada ao processo de escolha e tudo o que seja pertinente ao produto, ao preço, à distribuição e também à comunicação. Existem, portanto, várias pesquisas de neuroeconomia que estão intimamente ligadas com os problemas de marketing. E, por debaixo do guarda-chuva da neuroeconomia, o neuromarketing teria permissão para continuar, sem interrupções, suas pesquisas.

O preço, uma das variáveis de marketing, é um alvo de investigação da neuroeconomia. Quando cientistas descobrem a força da palavra "grátis" na decisão das pessoas, é uma descoberta de marketing, que vai ajudar a precificar da melhor maneira, assim como quando os neuroeconomistas descobrem que o valor de um vinho mais caro faz toda a diferença na hora da compra ou quando se descobre, com o uso de ressonância magnética funcional, que existe um preço "âncora" na mente dos indivíduos e eles passam a tratar e classificar toda uma categoria a partir desse preço base, isto é, uma pesquisa de marketing. No momento em que se percebe o comportamento de agentes econômicos através de análises feitas com instrumentos tecnológicos, ou mesmo com exames laboratoriais, e se descobre que a incidência de hormônios afeta seu comportamento de compra de ações, temos um achado de marketing, que nada mais é do que um comportamento de compra. Quando se descobre, também com o uso de imageologia cerebral, que a diferença no pé-direito de um ambiente influencia na permanência do sujeito no local, isto é, quanto mais alto, mais tempo o indivíduo permanece, esta pesquisa, que a princípio é de neurociências, revela fatos importantes para os canais de distribuição em marketing. Ou seja, pode até não ter o título de pesquisa em neuromarketing, como não o tem, mas será utilizada como um novo conhecimento na área, quer queira, quer não, com ou sem protestos.

Aqui neste capítulo e a partir do ponto de vista demonstrado nos parágrafos anteriores, vou tratar das descobertas em neuromarketing, incluindo as pesquisas em neuroeconomia e neurociências voltadas para o comportamento humano e suas revelações. Isto é, sempre que tiverem notadamente uma relação com algum aspecto da ciência mercadológica (segmentação, posicionamento, ciclo de vida do consumidor e do produto, fidelização, pós-venda e dissonância cognitiva, compra, venda, marca, decisão de compra, processo de escolha e tomada de decisão, comportamento de consumo) e tudo que tiver ligação com o marketing, além das descobertas específicas em preço, produto e comunicação. Até porque eu considero neuromarketing algo maior do que somente a pesquisa em neuromarketing. Como disse anteriormente, essa nova ciência aplicada não pode se resumir apenas a um método de pesquisa, porque este é apenas um aspecto do marketing e não o todo. E o potencial para ir adiante é enorme, obviamente com respeito e muita ética.

Depois de deixar claro meu ponto de vista, quero começar a apresentar as universidades que trabalham com essas ciências aplicadas e também os grandes nomes da área. São pesquisadores que vêm fazendo um trabalho fantástico, buscando novas explicações para comportamentos humanos, que até então não tinham uma explicação convincente, pelo menos para mim, de como os indivíduos realmente tomam suas decisões. Modelos matemáticos pouco me convenceram até então, porque nunca acreditei que o nosso comportamento biológico pudesse ser calculado sem que se buscasse uma explicação bem lá no fundo, no cérebro do sujeito.

Algo que se observa nas universidades que pesquisei é a interdisciplinaridade nos departamentos que trabalham com neuromarketing, não só envolvendo pesquisa e pesquisadores ligados à economia e às neurociências, mas envolvendo também psicólogos, economistas comportamentais, teóricos evolucionistas e biólogos que estudam o julgamento e a tomada de decisão, o comportamento de risco, economia experimental e teoria dos jogos. Nota-se a participação das várias disciplinas que interagem para trazer novos resultados e consequentemente uma visão holográfica do comportamento humano no que se refere às suas ações econômicas. Essa é uma mudança fundamental porque, além de quebrar as barreiras e acabar com o purismo nas ciências, que no fundo têm o mesmo objeto de estudo, mas até então não se falavam, ainda contribui para o entendimento do complexo comportamento humano, que jamais poderá ser entendido por um só viés.

Na introdução do *site* que descreve as atividades da Faculdade de Humanidades e Ciência Social (College of Humanities & Social Science) da Carnegie Mellon University em Pittsburgh, Pensilvânia, uma das instituições que pesquisa na área de economia experimental, ressalta-se a importância do caráter multidisciplinar da faculdade e das pesquisas nela realizadas porque, segundo a instituição, gera uma oportunidade única para pesquisas inovadoras, o que vai refletir nos programas de ensino da faculdade e que certamente criarão num futuro próximo novos departamentos, não mais ligados a uma ciência mas ao objeto de estudo, como o departamento de comportamento econômico humano, que envolve todas as disciplinas ligadas ao tema, que se interessam e têm uma ligação com tal assunto. Essa é a visão holográfica que tanto defendo, que percebe o objeto de estudo por vários ângulos e não por apenas um, caso contrário tirará conclusões obviamente parciais e não completas como devem ser.

A Claremont Graduate University, situada em Claremont, Califórnia, possui um centro de estudos em neuroeconomia, o Center for Neuroeconomic Studies (CNS), fundado e dirigido por um dos mais renomados pesquisadores, Dr. Paul J. Zak. Esse centro usa métodos de pesquisa vindos da neurociência para entender como as pessoas tomam suas decisões econômicas. Um campo fascinante, segundo a instituição, que traz novas descobertas sobre como acontece o processo cerebral na tomada de decisões que envolvem dinheiro e outras pessoas. As publicações desse centro têm contribuído, e muito, para as neurociências, mais especificamente a neuroeconomia e, por extensão, o neuromarketing. Entre as publicações, estão temas importantes e reveladores como a influência da oxitocina na confiança do ser humano, isto é, o nível de oxitocina pode aumentar ou diminuir a confiança de um indivíduo em outro.

Os estudos examinam como a oxitocina age no processamento cerebral e consequentemente no comportamento de uma pessoa quando deve acreditar noutra. Essa pesquisa é feita com participantes, num *scanner* de ressonância magnética, enquanto se medem as atividades cerebrais segundo após segundo para entender como a oxitocina influencia, por exemplo, a decisão de colocar dinheiro nas mãos de outro sujeito. O estudante da faculdade e pesquisador Jang Park identificou partes do cérebro emocional que são particularmente importantes na decisão de confiar ou não em alguém. No neuromarketing, essa descoberta pode mostrar que o nível de oxitocina, no momento da compra, pode ajudar a vender um produto. E ainda mais na prestação de serviços, que é intangível, e em que o nível de confiança de um indivíduo no outro deve ser grande, porque o comprador não conhece o serviço do vendedor e, depois de realizado, não há como devolver. Esse tipo de pesquisa traz grandes e reveladoras informações.

Essa universidade tem mais pesquisas ligadas à neuroeconomia, que podem ser interpretadas pelo neuromarketing como as diferenças no processamento cerebral e na tomada de decisão entre homens e mulheres, o que favorece o entendimento da segmentação com base no sexo e por aí em diante.

O fundador do Centro para Estudos Neuroeconômicos, professor de Economia na Univeridade de Claremont e pesquisador emérito na disciplina de Neuroeconomia, Dr. Paul J. Zak, tem formação em matemática e economia, PhD também, e ainda formação em neuroimagem pela Universidade Harvard. Foi a primeira pessoa que usou o termo "neuroeconomia" em publicações e tem sido considerado um vanguardista na disciplina. Foi ele quem criou o primeiro programa de doutorado com ênfase em neuroeconomia, nessa mesma universidade. Foi ele também que, em 2004, descobriu que a oxitocina nos permite determinar em quem confiamos, criando uma nova base ou nível para o entendimento da economia moderna. No mesmo ano de 2004, Paul Zak foi um dos renomados pesquisadores que se propuseram a participar do primeiro congresso de neuromarketing dos Estados Unidos, que acabou não acontecendo. Em 2008, escreveu um livro denominado *Moral markets: the critical role of values in the economy* pela Princeton University Press.

A Duke University, também nos Estados Unidos, tem uma grande tradição em pesquisas que integram psicologia cognitiva às ciências econômicas, na Fuqua School. O Centro de Neuroeconomia da Duke faz pesquisas e também atividades educacionais que ligam as neurociências, a economia comportamental, as ciências da decisão e psicologia social. Nessa universidade americana, são conduzidas pesquisas interdisciplinares que aproximam a teoria econômica dos estudos do cérebro e incorporam descobertas da neurociência na economia. Mais uma vez, não achei nenhum indício da expressão "neuromarketing" no *site* dessa instituição de ensino superior, apenas referências a estudos em neuroeconomia, vista como uma disciplina que combina métodos de pesquisa em neurociência cognitiva e economia experimental, por acreditar-se que os pesquisadores perceberam, nos últimos anos, que as perspectivas psicológicas, econômicas e neurológicas não são independentes, quando se trata de comportamento de consumo.

Dois grandes pesquisadores da Duke são Scott A. Huettel, do Departamento de Psiquiatria, e Michael L. Platt, do Departamento de Neurobiologia da universidade, que, ao contrário do Dr. Zack, não têm formação na área econômica, mas em medicina.

Esses dois cientistas escreveram um artigo para a revista *Nature Neuroscience* sobre a tomada de decisão no dia a dia e as incertezas que a envolvem; as pessoas estão sempre se deparando com opções que prometem segurança e outras que oferecem incertezas em relação ao sucesso ou falha. Para esses dois cientistas, entender o processo de tomada de decisão requer que se entenda como o cérebro responde e usa a informação sobre a incerteza, o que é extremamente útil quando se trata de neuroeconomia e opções de investimento e também, em neuromarketing, quando se relaciona o risco e a tomada de decisão na avaliação e escolha de produtos de compra comparada, aqueles cuja aquisição os consumidores levam mais tempo para decidir. É também importante nas situações de compra virtual, isto é, feitas pela Internet, em que o sujeito comprador não toca o produto e não tem certeza e nem garantia da entrega. Por mais que os *sites* classifiquem os fornecedores em níveis de confiança, não se pode garantir.

Outra publicação da Duke, intitulada "Neural signatures of economic preferences for risk and ambiguity", feita em 2006 no jornal *Neuron*, demonstra que a ativação de regiões distintas do córtex frontal e do parietal variam conforme as preferências ou aversões dos sujeitos pesquisados para com a ambiguidade e o risco respectivamente. Fato interessante que também traz informações preciosas para a área do neuromarketing, apesar de não ser esta a disciplina que motivou a pesquisa. Provavelmente sujeitos que não têm aversão a risco se arriscarão na compra de produtos na Internet, se atreverão mais em lançar novos produtos no mercado e por aí em diante.

Num outro projeto da Duke, Robert Deaner mensura o valor das imagens sociais para a orientação visual, ou seja, como o cérebro do sujeito escolhe para onde dirigir o olhar. Deaner dá um exemplo quando pede que as pessoas se imaginem andando pela Broadway, em Nova York, e deparando com dois enormes painéis de propaganda, um com uma mesa transbordando de chocolates e outro com um membro atrativo do sexo oposto. Para onde é que o sujeito olha? Em que nível a resposta depende do quanto o indivíduo está com fome ou se não tem tido encontros amorosos recentemente?

Como se podem pesar os custos e os benefícios de olhar para um ou outro painel? O quanto isso depende da pessoa que está andando com o sujeito nesse momento? Estas perguntas vão direto à questão de como o cérebro escolhe para onde olhar. Tendo a resposta para elas, mediante o entendimento dos processamentos cerebrais, entender-se-ão os mecanismos neurais que dirigem a tomada de decisão social. Essa descoberta influenciará sobremaneira o entendimento do marketing e mais especificamente da comunicação de marketing. Essa é uma pesquisa que, apesar de não ser declarada como de neuromarketing, está diretamente ligada a esta disciplina.

No campo da pesquisa comportamental, na Universidade Duke, as faculdades de Marketing, Ciências das Decisões e Administração, entre outras, conduzem pesquisas sobre os vários aspectos da tomada de decisão e suas implicações no mundo real. A Fuqua, escola de negócios da Universidade, propicia um ambiente ideal, segundo a própria instituição, para esses tipos de pesquisa ligados à tomada de decisão, com computadores, salas de teste, programas que permitem acompanhar e analisar os processos de decisão. A instituição conta com nomes como James R. Bettman, *expert* na área de decisão do consumidor, que ministra aulas em comportamento do consumidor, tomada de decisão e emoção e escolha, e Mary Frances Luce, especialista em efeitos da emoção negativa na decisão de comportamento e comportamento do consumidor, entre outros.

Na Emory University existe um curso de introdução ao campo da neuroeconomia onde os estudantes têm um entendimento das ferramentas usadas para estudo da neurobiologia da tomada de decisão. Eles estudam introdução à anatomia cerebral, como os neurônios funcionam, neurotransmissores associados com avaliação, introdução ao estudo da ressonância magnética e como usar este equipamento para mensurar processos neurobiológicos da tomada de decisão. Aplicações práticas são cobertas também, incluindo o uso da ressonância magnética funcional para predizer a escolha, a detecção de mentira, preferências sociais e neuromarketing. No final do curso, o educando deverá fazer uma proposição de pesquisa ou um plano de negócios no qual deve indicar o uso da fMRI com aplicação em economia ou em negócios.

Essa universidade foi muito ativa na área de neuromarketing, talvez a que mais tenha aparecido e divulgado resultados e, por este motivo, foi também a mais atacada por entidades não governamentais por fazer pesquisas na área, com aplicação em negócios. Não há mais informações no *site* da universidade. Em neuroeconomia, o maior destaque vai para Gregory Berns, professor de psiquiatria, economia e negócios, que leciona a cadeira de Neuroeconomia na Emory. Em 2005, lançou um livro chamado *Satisfaction* e em 2008, *Iconoclast*. Berns estudou como o cérebro humano funciona em grupos e os problemas da decisão coletiva.

George Mason University, na Virgínia, também possui um Centro de Pesquisa em Neuroeconomia, que começou a operar em 2004 e se dedica ao estudo experimental de como a computação mental emergente no cérebro interage com a computação emergente das instituições para produzir ordem econômica, política e legal. A missão desse instituto é desenvolver e usar métodos experimentais da economia experimental e das neurociências cognitivas, para desenhar experimentos que ajudem a entender como a atividade neural resulta numa capacidade emergente para o comportamento econômico. Frank Krueger, professor de neuroeconomia, e Kevin McCabe, professor de economia e direito, ambos da George Mason, publicam uma quantidade grande de trabalhos sobre essa disciplina experimental. Temas como escolha e ambiguidade, reciprocidade, tomada de decisão, métodos experimentais em economia, neuroeconomia e lei são alguns dos que fazem parte das pesquisas nessa universidade e que, direta e indiretamente, estão ligados ao comportamento humano em marketing.

Percebe-se em todas as universidades que a pesquisa experimental em neuroeconomia, a economia experimental e disciplinas relacionadas são, cientificamente falando, muito recentes, o que as faz ainda nascentes. A não ser o pontapé inicial de Zaltman, no Baylor College of Medicine, há 18 anos, o primeiro a falar em neuromarketing e a fazer pesquisa na área, para além das finanças comportamentais e a economia comportamental, que têm os seus nascimentos da década de 80, todas as outras iniciativas de pesquisa e ensino são deste novo século, mais especificamente de 2002 para frente, quando a área tomou impulso.

Em Harvard, o *Mind of the Market Lab* encerrou suas atividades e fechou. Esse laboratório era especializado em pesquisas no campo da semiótica, antropologia visual e sociologia para a pesquisa qualitativa de marketing, que usava o método desenvolvido por Zaltman, o ZMET ou técnica de elicitação metafórica, para descobrir como os consumidores pensam e o que sentem sobre produtos e marcas.

A Universidade Harvard realizava estudos financiados por empresas privadas no laboratório, o que deve ter sido novamente alvo de críticas das ONGs, possivelmente um dos motivos para o encerramento do programa.

Na Universidade de Bonn, na Alemanha, existe o laboratório de neuroeconomia dentro do Centro de Pesquisas Vida & Cérebro. O time de pesquisas interdisciplinares é formado por neurocientistas, psicólogos e também economistas e estuda as bases neuropsicológicas da tomada de decisão em economia, com o uso de técnicas de neuroimagens assim como economia experimental. Esse centro é estrategicamente localizado entre a faculdade de Medicina e a faculdade de Direito & Economia da universidade. Como a tomada de decisão se tem tornado o maior foco de pesquisa em economia, negócios e neurociências e gerado vários prêmios Nobel nos últimos anos, o centro dessa universidade uniu dois grupos de pesquisadores, que juntaram seus esforços para estabelecer um novo campo de pesquisa na instituição de ensino superior alemã. Um surgiu da economia experimental e outro da neurociência.

Dentro dos objetivos da Universidade de Bonn, está o de responder a questões ainda em suspenso ou não desvendadas, sobre a mensuração da "utilidade" no cérebro. Acreditando que o comportamento humano econômico não pode ser explicado somente pelo ponto de vista da economia clássica ou tradicional, como uma troca racional, e que as bases para o conhecimento das diferenças intra e interindividual ainda são desconhecidas, a instituição faz suas pesquisas em algumas áreas. Para o conhecimento e identificação das diferenças interindividuais do comportamento, pesquisam na área da genética e para o conhecimento no sentido de discernir essas diferenças utilizam-se das invenções farmacológicas com a manipulação de circuitos neurais específicos e sistemas, examinando os efeitos das substâncias nos comportamentos. A universidade tem dois temas que compõem os focos das pesquisas. Um deles é dirigido para as questões de pesquisas práticas relacionadas a negócios e o outro foco está mais na tomada de decisão individual, mais relacionado com as teorias da microeconomia e seus modelos.

O interessante é que essa universidade se abre diretamente para o campo do marketing, quando diz que alguns trabalhos serão dirigidos ao comportamento do consumidor e a representação dos produtos como base para a decisão, antes, durante e depois das compras. Eles denominam essa subárea de neurociência do consumidor. Alegam que responder a essas questões é fundamental e tem um impacto muito grande, porque ajuda a explicar as bases do comportamento em sociedade. Percebe-se claramente que, na Universidade de Bonn, o consumo é considerado como um comportamento social como outro qualquer, o que legitima e valida a sua pesquisa, sem preconceitos.

O pesquisador em destaque nessa universidade é Bernd Weber, que tem pesquisas e publicações no campo das neurociências, mais especificamente na modulação da dopamina, processamento de reconhecimento de rotas no cérebro, memória, dominância hemisférica na linguagem, entre outros temas, e também em neuroeconomia, como *Neural evidence for reference-dependence in real-market-transactions*, publicada em 2007. Além de Weber, destacam-se também Carolin Neuhaus, que investiga a tomada de decisão humana com o uso de ressonância magnética, os mecanismos neuropsicológicos das escolhas intertemporais e também do comportamento de voto, e Klaus Fliessbach, que investiga o processamento da recompensa nas interações sociais. Aqui vemos, além da pesquisa declarada na área de marketing, outras ligadas a ela como o comportamento de voto, ligado ao marketing político, mais especificamente ao marketing eleitoral, e a recompensa nas interações sociais que gera respostas para os processos de negociação ou venda pessoal, que também compõem a área de marketing.

Na Suíça, encontra-se a Universidade de Zurique, que criou um programa para pesquisas na Fundação do Comportamento Social Humano em 2005. É também um programa interdisciplinar, que investiga, a partir da neurociência, da psicologia, da filosofia, antropologia evolucionária e também da economia, o comportamento social dos indivíduos. O objetivo principal das pesquisas é entender os fatores que determinam os comportamentos antissociais e pró-sociais, as bases biológicas dos comportamentos altruístas e egoístas e as consequências éticas e econômicas de pessoas com esses comportamentos. Para toda essa busca, usam técnicas como ressonância magnética funcional, estimulação magnética transcraniana, experimentos comportamentais, medidas anatômicas, abordagens neuroendocrinológicas e farmacológicas e estudos clínicos.

Os grupos de estudos e pesquisa na Universidade de Zurique são organizados e divididos em quatro diferentes institutos: fundamentos econômicos e consequências do comportamento social e altruísmo; fundamentos neurocientíficos do comportamento social e altruísmo; fundamentos psicobiológicos do comportamento social e altruísmo e, por fim, problemas psicológicos do altruísmo natural. Os principais investigadores são Tania Singer e Klaas Enno Sphante, que estudam a mente neuroeconômica e a empatia; Ernst Fehr, que estuda reciprocidade; Markus Heinrichs, que estuda também a oxitocina e os efeitos hormonais na afetividade, na cognição e no processamento neural do comportamento social; Holger Herz e Michel Maréchal, que pesquisam, respectivamente, neuroeconomia e comportamento econômico; e também Björn Bartling, Andrew S. Fox e outros.

Na New York University (NYU), mais especificamente no laboratório de neuroeconomia, que faz parte do *Glimcher Lab, Center for Neural Science*, buscam-se respostas para a explicação da existência de sinais que não podem ser contabilizados usando paradigmas tradicionais para a geração de resposta. O trabalho do laboratório é reconciliar modelos de comportamento humano, baseados em economia, com as teorias neurobiológicas da geração de resposta. O objetivo de longo prazo é usar as teorias econômicas da escolha como base para desenvolvimento de um paradigma biologicamente testável, com raiz na teoria das decisões e teoria dos jogos, que possa substituir a noção dualista tradicional da mente e corpo. Estuda-se a recompensa, a aversão à ambiguidade, circuitos dopaminérgicos e as áreas cerebrais ligadas à representação da utilidade e à decisão, como o córtex parietal, e também as ligadas à recompensa, como o córtex orbito-frontal. Para além disso, estudam também a forma como essa utilidade é computada e representada e como essa representação se integra ao processo de tomada de decisão.

O principal pesquisador na área é Paul Glimcher, que dá o nome ao laboratório e que publicou dois livros na área. Um desses livros, intitulado de *Decisions, uncertainty, and the brain: the science of neuroeconomics*, trata justamente da incerteza nas decisões e a ação do cérebro no campo da neuroeconomia e o outro livro, com o título de *Neuroeconomics: decision making and the brain*, descreve o processo de tomada de decisão no cérebro. Esta segunda publicação editorial foi escrita junto com Colin F. Camerer, do Instituto de Tecnologia da Califórnia.

No Oriente, existem também universidades que trabalham com a área de neuroeconomia, como a HKUST Business School, em Hong Kong. Esta universidade, além de um departamento de economia, tem também um departamento de marketing que trabalha com pesquisas em neuromarketing. Rami Zwick é o pesquisador nessa área e investiga o comportamento do consumidor, economia comportamental e experimental, neuroeconomia e neuromarketing, além de outros, como: Rashmi Adaval, Maria Galli, Gerald Gorn, Liang Guo, Kristiaan Helsen, Arniban Mukhopadhyay, Joseph Salvacruz, Muthukrishnan, Jaideep Sengupta, Inseong Song, Wilfried Vanhonacker, Robert Wyer, Oliver e Ying Zhao e Rongrong Zhou, todos ligados ao deparamento de marketing da universidade.

É óbvio que aqui não estão todas as universidades ou instituições de ensino superior que trabalham com neuroeconomia e neuromarketing, nem todos os pesquisadores, mas estão as que mais se destacam nestes ramos de investigação. Mais alguns cientistas importantes dessas áreas você encontrará nos próximos itens deste capítulo, que trata respectivamente das empresas atuantes, dos institutos de pesquisa e das publicações em neuroeconomia e neuromarketing, como o inglês David Lewis e o português Nelson Lima. Nota-se que todas as universidades aqui apresentadas têm laboratórios próprios com característica interdisciplinar, mas a diferença encontra-se nas áreas ou ciências que se aproximam para esses estudos, umas trazendo a filosofia, outras a antropologia, a farmacologia, além da economia, da psicologia e da neurologia, bases desses estudos. Outras diferenças estão nos focos das pesquisas, que se diferenciam nos objetivos, mas com uma constante que é a investigação do comportamento humano na tomada de decisão.

## 12.3 AS EMPRESAS PIONEIRAS EM NEUROMARKETING

Das empresas que fazem pesquisas qualitativas de comportamento do consumidor e usam as descobertas das neurociências, são poucas as que se propõem a fazer pesquisas de neuromarketing. Mesmo porque não é tão simples, pois se necessitam especialistas na área, que não são muitos no mundo todo, e o uso de equipamentos como a ressonância magnética funcional e a tomografia com emissão de pósitrons, equipamentos mais usados para esse tipo de pesquisa, caros e dispendiosos. Todas as empresas que pesquisei foram encontradas na Internet, portanto não significa que são as únicas companhias existentes no setor, mas pelo menos as mais conhecidas do mercado de pesquisa.

Com algumas delas fiz contato pedindo que me contassem mais sobre a empresa e suas pesquisas, mas não houve um retorno, a não ser de duas empresas. Uma delas é a NeuroFocus Inc. com sede em Berkeley, na Califórnia, uma das empresas que se intitulam inovadoras na busca das descobertas científicas em neurociências, para poder usá-las no universo da comunicação de marketing. É capaz, com sua experiência, de rastrear as respostas cerebrais às mensagens publicitárias, que são estímulos vindos dos anúncios e mensagens de comunicação em geral. A empresa usa técnicas avançadas que podem mensurar mudanças de atenção, engajamento emocional e retenção da mensagem na memória para avaliar a efetividade da propaganda. No *site* da NeuroFocus, é anunciado que as mensurações são precisas e não ambíguas, feitas com tecnologia de eletroencefalograma (EEG), que é simples, não invasiva e portanto não prejudica a saúde humana e é confortável para os consumidores.

Essa empresa foi fundada pelo Dr. A. K. Pradeep e é composta por profissionais das mais variadas áreas, como o Dr. Robert T. Knight, professor de neurociências em Berkeley com cargo de *chief science advisor*; Caroline Winnett, que ocupa o cargo de *chief marketing officer* e tem formação em marketing; Dr. Ram Gurumoorthy, chefe de tecnologia; Ratnakar Dev, que trabalha conhecimento e serviços de informação – *knowledge and information services* –; Jeff Bander, que trabalha com os serviços ao cliente; e Jack Lester, diretor financeiro dessa empresa de pesquisa.

A NeuroFocus trabalha com vários tipos de pesquisas. Uma delas é a análise de precificação de produtos, onde se pesquisa a reação emocional e perceptiva do consumidor a diferentes preços, para descobrir o verdadeiro sentimento desse indivíduo, que tem lugar no cérebro antes de ser consciente ou verbal. Segundo a empresa, a metodologia de análise usada tem uma abordagem que desvenda o que o sujeito pesquisado realmente pensa sobre o preço de determinado produto, que pode ajudar a empresa a definir o preço correto. Outro tipo de pesquisa realizada é sobre a análise da marca e da imagem da empresa e do produto. Nesse tipo de pesquisa, a empresa tenta descobrir se os consumidores estão cientes ou são conhecedores dos atributos das marcas, o quão relevante é a essência e o significado da marca para eles, quais as principais vantagens que associam a ela, o que se lembram da marca, entre outras questões que talvez fiquem sem respostas se for feita uma pesquisa tradicional, com questionários, entrevistas e até em forma de grupos de foco.

Outra análise feita na NeuroFocus é a efetividade da propaganda. Nesse ponto, a empresa usa métodos de mensuração desenvolvidos por neurologistas para entender os desafios da atenção, engajamento emocional, memória e retenção da mensagem. Mensura as respostas neurológicas do consumidor aos anúncios, maximizando a efetividade e antevendo o impacto da campanha antes que ela esteja na mídia. Um pré-teste evita o desperdício de verba por parte do cliente. Essa empresa de pesquisa também oferece análises do que funciona e do que não funciona nos anúncios dos concorrentes do cliente, que é chamada de inteligência publicitária competitiva. As campanhas normalmente usam vários meios para veiculação e a NeuroFocus analisa a peça publicitária em cada um deles.

Mais um dos serviços prestados pela empresa é o *database* na neuroinformática, que pega o corpo de conhecimento ganho com pesquisas de testes de anúncios e mensagens com diferentes segmentos de consumidores e ajuda a empresa a identificar novas tendências e padrões de comportamentos de consumo. São informações demográficas, psicográficas e também neurográficas do comportamento.

Essas pesquisas, e as citadas nos parágrafos anteriores, são feitas com uso de estudos de *eye-tracking*, resposta galvânica da pele e também eletroencefalografia. Os consumidores usam uma touca especialmente desenvolvida com sensores que rastream as respostas cerebrais em torno de 2.000 vezes por segundo, enquanto eles interagem com propagandas ou mesmo um produto ou outro material de marketing relacionado.

Segundo o fundador, Pradeep, 75% das mensagens, não só as de propaganda, são neurologicamente ótimas e usar as técnicas de neuromarketing pode ser uma grande oportunidade de melhorá-las, para que possam ser mais efetivas. A própria Nielsen fez um investimento estratégico na NeuroFocus e começou a integrar as técnicas da empresa ao laboratório digital de pesquisa. As duas empresas vão trabalhar em conjunto, numa aliança para desenvolver novas formas de mensuração e métricas com base nos últimos avanços das neurociências.

Outra empresa, desta vez austríaca, que usa métodos vindos das neurociências e outras áreas biológicas, para pesquisas de mercado é a Neuroconsult. Essa companhia parte do princípio de que é sempre o cérebro do sujeito que controla tudo o que ele faz, como pensa e se comporta, não importa o que se faça, onde, quando ou ainda sob quais circunstâncias, e portanto o neuromarketing é o caminho para entender os comportamentos de consumo dos indivíduos.

Para a Neuroconsult, usar métodos de imageamento cerebral é entender melhor o cérebro humano, mas isso não significa que ele possa ser manipulado. Esses métodos somente permitem "olhar dentro do cérebro" enquanto funciona, ou melhor, está em atividade. A empresa acredita também que muito das decisões dos seres humanos tem base no inconsciente e que muitas das vezes o sujeito não está sequer atento à tomada de decisão. O cérebro sabe mais do que admite e a Neuroconsult está apta a investigar o processamento de informação que se dá longe da consciência e que dirige as decisões do dia a dia. E, por esses motivos, aplica pesquisas de neuromarketing e neuroeconomia em geral para desenho industrial e desenvolvimento de novos produtos.

A empresa, com os seus métodos de pesquisa, recomenda o mais adequado para cada situação de mercado, desenha e conduz estudos de neuroimagem para que a empresa-cliente tenha respostas para as suas questões de comportamento do consumidor, mas, como diz a empresa, são respostas cerebrais, ou seja, diretamente da observação da ativação do membro e não de entrevistas ou questionários. Entre os serviços prestados está o neuromarketing, mas não somente este método que usa de ressonância magnética funcional ou da tomografia com emissão de pósitrons, como é comum. A empresa diz oferecer todas as oportunidades que se encontram no campo da neurobiologia cognitiva.

A Neuroconsult promete também quantificar as emoções com o *emoscope*, isto é, dar uma definição objetiva do *status* emocional que o produto elicita no cérebro do ser humano. Uma pesquisa que reflete a informação subconsciente e que não pode ser influenciada pela lembrança consciente, o que é ideal para avaliação de qualquer produto. Do ponto de vista dessa empresa de pesquisa, a espécie humana somente é capaz de apreciar música porque o som é um instrumento evolucionário para comunicar emoções e, portanto, trabalha com o desenho e o desenvolvimento de um som único para cada empresa, associando uma informação emocional acústica a ela.

Outra pesquisa feita é a mensuração do movimento de piscar de olhos, um processo automático do corpo para proteger os olhos, mas que reflete o estado emocional da pessoa. Com o uso de um equipamento chamado eletromiografia (EMG), os pesquisadores da Neuroconsult analisam o estado emocional do sujeito pesquisado relacionado a certos estímulos externos, como fotos, produtos, cheiros, propagandas, medindo a contração dos músculos e sem que se necessite que o sujeito esteja consciente da resposta elicitada, diferentemente das pesquisas tradicionais que puxam pela consciência. Esses são métodos da neurobiologia cognitiva que não são considerados métodos de neuromarketing, mas que também detectam sinais do corpo relacionados à emoção dos indivíduos, principalmente aqueles sinais automáticos e portanto não conscientes.

Ainda dentro do mesmo objetivo, que é descobrir as emoções não passíveis de serem declaradas pelo indivíduo, mas numa perspectiva de marketing sensorial, a Neuroconsult também faz pesquisas com o olfato humano, que está diretamente ligado às emoções. A empresa se propõe a medir objetivamente o *status* emocional do ser humano correlacionado a uma estimulação sensorial e é insistente em alegar que, em cada tipo e também métodos de pesquisas que desenvolve e oferece para as empresas, consegue ter informações objetivas sem que seja preciso lançar mão de questionários, medindo a atividade cerebral ou os processos automáticos do corpo, mais especificamente das portas sensoriais superiores, visão, audição, paladar e olfato. O que eu particularmente acredito e defendo desde o início deste livro.

A OTO Insight é uma divisão da One to One Interactive, empresa que pesquisei e que, para a minha satisfação, pude ter um contato direto, via *e-mail*. Ela tem um laboratório de neuromarketing chamado Quantemo, que oferece uma abordagem ou enfoque científico para mensurar a reação emocional da audiência das mídias digitais, que são *web sites*, propagandas *on-line*, vídeos virais e o envolvimento do indivíduo com esses meios de comunicação. O objetivo dessa empresa é recomendar estratégias que vão diretamente ao encontro das necessidades do *target*. Com dez anos de experiência em desenvolvimento de abordagens e metodologias na pesquisa em marketing digital, o Laboratório Quantemo pode mensurar a conexão emocional e o esforço mental enquanto os sujeitos interagem com a mídia digital e identificar as suas principais causas. Medindo o esforço mental do pesquisado, que é requerido pela interação com a mídia digital, a empresa mostra-se capaz de determinar as questões ou os pontos que obstruem a ligação que gera o envolvimento com a mídia digital e a sua forma de comunicação.

Para tanto, ou seja, atingir os objetivos de recomendar estratégias para os clientes, a empresa trabalha com uma gama extensa de dados: avaliação do movimento dos olhos para avaliar a interação do sujeito pesquisado com as interfaces digitais, das ondas cerebrais e fatores psicológicos para analisar estados emocionais, vídeos para captura de linguagem corporal, entre outros métodos. Esses dados são estudados por pesquisadores que identificam oportunidades de melhoramentos nos *sites* e em todo tipo de comunicação digital. É o uso do método *eye-tracking* para entender o que mais chama a atenção do sujeito e a sequência do olhar deste enquanto está navegando na rede.

O estudo das reações emocionais à comunicação digital pode trazer uma enormidade de informações e detalhes sobre o esforço mental requerido pelo cérebro do indivíduo para consumir tal informação e a resposta emocional que pode ser positiva ou negativa dependendo das cores, do *layout*, da funcionalidade da leitura, das imagens usadas e tudo o mais. Um *site* ou *blog* corporativo, segundo a OTO Insight, que exija muito esforço mental para sua navegação será uma experiência negativa e frustrará os usuários, não só em relação à mídia, mas a toda a empresa. É um arranhão na imagem total da empresa que não consegue comunicar-se com consumidores. A empresa tem uma parceria com a escola de informática da Universidade de Indiana, que tem em seu quadro dois PhDs: Shaowen Bardzell e Jeffrey Bardzell, especializados em computação cultural em espaços sociais mediados por computador, como redes sociais e videogames. O projeto desenvolvido chama-se "t-zero" e é focado na interação afetiva com vídeos na Internet para marketing e também a interação e o envolvimento dos usuários com propagandas "*in-game*".

Diferentemente das outras, além dos métodos como a mensuração do estresse com avaliação dos batimentos do coração, da respiração e também resposta galvânica da pele e da análise do comportamento mediante o movimento dos olhos combinado com o movimento do *mouse*, essa empresa usa também métodos tradicionais de pesquisa com entrevistas pessoais.

Na cidade de El Paso, no Texas, está sediada a Sands Research, uma empresa de neuromarketing que atua na área de pesquisa em comunicação de marketing com o objetivo de determinar que tipo de anúncio impresso e comerciais de TV provocam interesse e quais falham. Com seus métodos científicos, a empresa pode demonstrar, aos profissionais de marketing das empresas e das agências de propaganda, em que ponto a propaganda começa a provocar envolvimento e quanto tempo esse envolvimento permanece ativo na mente do espectador.

Mas a empresa trabalha não só com propaganda, mas também com avaliação de marcas, em que determina que marca potencial provocará uma forte e positiva resposta no consumidor, para que possa ser escolhida a melhor e mais eficiente. Todas essas investigações e avaliações são realizadas mediante o uso de imagiologia cerebral em tempo real. Os sujeitos pesquisados também usam gorros que têm eletrodos e são ligados ao equipamento de eletroencefalograma que mede e grava a atividade cerebral em tempo menor do que segundos. O *software* permite a visão dos três cérebros, ou seja, o córtex, o sistema límbico e também o cérebro reptiliano e, a partir do momento em que se sabe que partes diferentes do cérebro são associadas a funções diferentes, as respostas obtidas com a ativação de cada área pode trazer informações sobre os gatilhos do comportamento humano.

Entre suas pesquisas, essa empresa faz teste de propaganda com comerciais que foram para o ar durante o Super Bowl e também em lojas físicas ou mesmo virtuais, em que se analisa e determina para onde as pessoas estão olhando, em que estão prestando a atenção e o que ocasiona a resposta desses indivíduos. A empresa também mostra, no seu *site*, algumas pesquisas interessantes que foram feitas em relação à propaganda política dos Estados Unidos, mostrando vídeos dos candidatos e as reações neurológicas ou ativações cerebrais dos indivíduos, em tempo real, na data do experimento, enquanto ouviam e viam um discurso. Mostra também alguns exemplos curiosos de comerciais que foram vistos por sujeitos e monitorados pelos equipamentos e *softwares* da empresa.

Em Portugal, a empresa que faz consultoria em marketing e também promove grandes seminários na área, a QSP, fez um acordo, em 2008, com a empresa Mind Lab International, criada em 1987 e liderada por um dos grandes pesquisadores em neuromarketing, David Lewis, inglês famoso por seus estudos inovadores no comportamento do consumidor. Essa parceria introduz no mercado português as pesquisas em neuromarketing.

A empresa de consultoria portuguesa está preparada para fazer pesquisas com as metodologias desenvolvidas por Lewis, como é o caso da medição da atividade cerebral em qualquer local e, o que é mais interessante, em tempo real. Portanto, as pesquisas podem ser feitas no próprio local onde o sujeito faz suas compras, trazendo-a ainda mais perto da "verdade" do consumidor, como ele se sente e no próprio local de compra ou de consumo. Um salto nas pesquisas qualitativas mediante uso de metodologias vindas do neuromarketing. Sem contar com as outras técnicas que também serão disponibilizadas de forma complementar, como a monitoração mediante uso de óculos com videocâmera, a alteração da frequência cardíaca e pressão arterial, análise da tensão muscular e de estresse na voz. O *software* também foi desenvolvido pelo Mind Lab de David Lewis.

Quem também tem parceria com o Mind Lab do Dr. Lewis é o laboratório de Neuromarketing da Fundação Getulio Vargas, uma das primeiras iniciativas nacionais em direção às pesquisas qualitativas com uso das novas técnicas. Ainda no Brasil existe a ForeBrain do Rio de Janeiro, fundada por Billy Nascimento, e a IPDOIS, que tem como seu CEO Marcelo Peruzzo.

Como disse anteriormente, nem todas as universidades, cientistas, laboratórios e mesmo empresas foram aqui citadas, pela dificuldade na busca de informações sobre o neuromarketing, seja porque as empresas não querem divulgar que fazem pesquisas nessa área ou, como no caso das universidades, porque não querem sofrer pressões das organizações não governamentais. Desde já peço desculpas se deixei de citar algumas pessoas e instituições que certamente são importantes para o desenvolvimento da área e que têm contribuído sobremaneira nesse impulso inicial. Este foi um trabalho de garimpo, em que descobri grandes preciosidades, como certamente também deixei de peneirar muitas delas. Esse é um risco que eu tinha de correr ao escolher um tema curioso, novo e muito controvertido.

# 13

# Ética em Neuromarketing

Um aspecto a ser considerado e discutido é o uso que se faz das neurociências em várias áreas, ou melhor, o destino que se dá a elas, se para promover a humanidade ou se para a corromper. A ideia, em si, não é má, quem a usa é que tem essa faculdade.

Novas descobertas, a pluralidade de visões sobre elas, podem ser usadas para o bem, assim como para o mal, vai da integridade e da capacidade de discernimento de cada indivíduo. Essa preocupação com as recentes descobertas deve existir em todas as áreas e principalmente nas relacionadas ao entendimento dos mecanismos neurais de comportamento de consumo, que naturalmente são mais críticas, no sentido de que vão fundo no entendimento do comportamento humano, mas também não pode deter as iniciativas de novas investidas na área.

Alguns vão usar esses novos conhecimentos para tentar aumentar a venda de produtos a qualquer custo, outros para melhorar os seus produtos e serviços em função das necessidades do consumidor, para melhorar suas vidas, e ainda outros irão usá-los para criar sentimentos de consumo consciente, moderado, trabalhando com a ansiedade dos consumidores.

O neuromarketing tem despertado muitas reações contrárias à sua prática, no sentido de que as neurociências e as novas tecnologias em imageamento cerebral devem estar ao serviço da saúde humana e não dos interesses comerciais das empresas. Outro fato é que muitos acham uma extrema invasão de privacidade fazer exames neurológicos com fins comerciais, isto é, com o objetivo de entender profundamente o funcionamento cerebral e com isso ter o pretenso poder de manipular, de convencer os consumidores a fazer exatamente o que as companhias desejam para aumentar suas vendas. A questão é que ao marketing já são imputados alguns efeitos maléficos na saúde física e mental das pessoas. Estou me referindo às doenças chamadas de "marketing – relacionadas": a obesidade infantil, a diabetes tipo 2, o alcoolismo, o tabagismo e a desordem alimentar, que têm aumentado assustadoramente em função da *junk food* e da má alimentação em geral. Isso tudo sem contar alguns outros efeitos como a promoção de valores distorcidos como os da beleza feminina, que provocam comportamentos alimentares errôneos, a incitação à violência, à pornografia e também a má influência que pode ter o conhecimento da mente humana nas mãos de políticos inescrupulosos.

O neuroalarmismo vem de várias frentes, principalmente dos que não concordam com o desenvolvimento da medicina e suas tecnologias em prol do comercial, que veem o neuromarketing como manipulativo e o classificam na categoria de *"junk science"*.

Entretanto, não se ouvem pronunciamentos contra a neuroeconomia, até porque esta visa descobrir como funciona o comportamento humano econômico e não buscar entender o comportamento de compra e usá-lo para o aumento de vendas ou de *recall* de marca. Os opositores à nova ciência aplicada estão preocupados com o uso da ressonância magnética funcional porque pode tornar as campanhas de comunicação de marketing mais efetivas. Para se ter uma ideia, em 2004, alguns participantes do Commercial Alert, um grupo de alerta dos Estados Unidos, enviaram uma carta para membros do Senado americano alegando que, numa democracia, ninguém deveria ter poder de manipular o comportamento das pessoas.

É realmente um alarmismo porque não existe tal possibilidade de induzir alguém a fazer algo. As neurociências têm ainda um caminho longo pela frente para entender realmente o comportamento humano. Por mais que se tenha andado, falta muito para entender como funciona a nossa "caixa-preta". Essa busca começou há milhares de anos e o seu desenvolvimento é recente, com mais ou menos 30 a 40 anos. Não será num piscar de olhos que passaremos a entender todos os segredos da mente humana, até porque, terminado esse mistério por completo, o que nunca acontecerá, estará terminada a nossa tarefa neste mundo.

O grande *élan* das pesquisas em neurociências é que nunca teremos certeza de tudo, vê-se que aos poucos vão sendo descobertos novos fatos e principalmente desmistificando outros que já eram praticamente tomados como, verdade, como, por exemplo, a não formação de novos neurônios em adultos foi algo categoricamente afirmado e que veio por terra faz pouco tempo – até então achava-se que somente as crianças poderiam ter a regeneração de células nervosas cerebrais. Isso indica que não há nada definitivo na ciência e muito menos nas neurociências e, portanto, não há por que tachar o neuromarketing como o vilão do século XXI.

É preciso ressaltar que alguns pesquisadores, como Read Montague, neurocientista da Baylor College of Medicine, ou Marco Iacoboni, da UCLA, assim como alguns outros, têm somente uma curiosidade acadêmica de como o cérebro funciona e reage em relação às investidas do marketing na comunicação, na marca e no preço. Eles fazem estudos da mente do consumidor com finalidade acadêmica somente e sem financiamento das corporações, assim como há também cientistas que são financiados por essas corporações para fazerem pesquisas específicas de uma determinada marca ou comercial dividindo suas descobertas com estas companhias que lhes dão suporte.

Eles usam uma amostra representativa dos prováveis clientes da marca patrocinadora para tentar identificar o padrão de comportamento, o que não significa identificar o comportamento exato, até porque não somos todos iguais.

As técnicas de pesquisa, na tentativa de entender o comportamento do ser humano quando consumidor, vêm sendo usadas há muito tempo, o que está mudando são as formas de pesquisa e os equipamentos de pesquisa de marketing. Mas não é de hoje que a psicologia em parte está ao serviço do marketing com suas técnicas de pesquisa da cor, do ambiente, do comportamento humano, do consumo; que a antropologia também tem contribuído com práticas de pesquisa como o *focus group* ou a pesquisa etnográfica, em que os pesquisadores se instalam nas casas dos consumidores para testar novos produtos ou entender o processo de uso de determinada marca. Não é algo novo e não foi o neuromarketing quem inaugurou a "invasão" pessoal e trouxe essa busca incessante do entendimento do comportamento de compra e nem é essa técnica de pesquisa ou futura ciência aplicada que irá dar a resposta definitiva para as empresas.

Como já argumentei principalmente no capítulo sobre a influência do ambiente no comportamento de consumo dos seres humanos, não podemos atribuir todo o poder de gerar comportamentos específicos somente aos fatores internos, como a fisiologia cerebral, os hormônios, os genes e os neurotransmissores, pois fatores externos interagem com fatores internos para se gerarem atitudes de compra.

Não há uma ação única, mas sim influências diversas que geram comportamentos em medidas ou intensidades também variadas. Assim, entender a fisiologia cerebral não dá todo o poder às empresas, é preciso muito mais conhecimento humano para que se possa tentar entender o consumo.

O cérebro é tão complexo que não podemos afirmar que um aumento de fluxo sanguíneo em determinada área significa que o sujeito se irá comportar da maneira exata ou prevista. Podemos, sim, dizer que a área onde houve maior atividade neuronal é a que reagiu a determinada marca ou comercial e com isso afirmar se a pessoa teve uma reação aversiva ou de afeto a tais produtos ou campanhas. É claro que a imagiologia cerebral vem ajudar, e muito, nas pesquisas de comportamento humano em relação ao consumo, mas essas novas técnicas não nos dizem exatamente o que devemos fazer, mas simplesmente o que o indivíduo sentiu ou como ele percebeu o fato. No final das contas, o cérebro humano é muito mais poderoso do que imaginamos e, a menos que haja algum distúrbio ou disfunção, ele irá trabalhar em função da sobrevivência em prol da vida, defendendo-se dos males que o ser humano lhe possa causar. Não posso acreditar que a influência externa, somente, venha a determinar nossos atos, isso sim seria um pensamento determinista e ingênuo.

Conforme novos mecanismos tecnológicos vão surgindo, novos mecanismos biológicos vão aparecendo para contrapor, assim é a natureza animal e humana. Caso contrário, teríamos que reconhecer que existem seres humanos com cérebros mais potentes, mais evoluídos, do que outros seres humanos, a ponto de nos conhecer melhor do que a nós mesmos fisiologicamente. Teríamos que reconhecer uma nova suprarraça humana com seus hiperequipamentos, que determinaria nossos destinos com facilidade.

O fato é que o neuromarketing pode ajudar as empresas a compreender melhor o comportamento de compra, mas não pode ajudá-las a determiná-lo. Sabemos que existem diferenças entre sujeitos, que não somos exatamente iguais uns aos outros, o que torna impossível o conhecimento profundo de cada indivíduo. O neurmomarketing, com suas técnicas de pesquisa por imageamento cerebral, pode certamente detectar padrões de comportamento, mas não um comportamento específico, mesmo porque uma pessoa reage a estímulos diferentes em locais diferentes e em momentos diferentes de sua vida. Todos nós, exceto os que têm alguma anomalia cerebral, temos a mesma anatomia, a mesma fisiologia e, como disse, padrões parecidos de comportamentos, agimos de forma semelhante às situações, mas não da exata maneira como outras pessoas, esta é uma característica da natureza humana.

Para diminuir todo tipo de dúvida que possa surgir em relação às pesquisas em neuromarketing, existe a bioética, que tem crescido e pode ser considerada a ética aplicada às ações humanas referidas a fenômenos e processos vitais. Em outros termos, a bioética também é entendida como "proteção" do humano, com base no sentido mais antigo da palavra *ethos*, que, originalmente, significava guarida ou proteção para os animais domésticos contra ameaças por predadores. A bioética, nesse caso, tem a função de proteger indivíduos e populações humanas e de outros seres viventes contra as práticas humanas nocivas a eles.

Se o neuromarketing for considerado uma possível ameaça aos indivíduos e à sociedade, ele deve ser acompanhado pela bioética, para que sejam estabelecidos limites e não se deixe que os seres humanos sejam impelidos a nada e que sejam afetados seus direitos fundamentais, que não fiquem desamparados mediante os mandos dos políticos ou aos anseios das grandes corporações. Toda e qualquer nova descoberta, principalmente na área médica, certamente estará em poder das corporações, que podem ser empresas de pesquisa em neuromarketing como em pesquisas e desenvolvimento de medicamentos, ou ainda de novos equipamentos ou em nanotecnologia para soluções médicas. Por detrás de uma nova pesquisa, há sempre uma grande corporação. Isso é fato.

As empresas, conhecendo essas tendências ou técnicas, junto com instituições de defesa de consumidores, governamentais ou não, podem criar mensagens mais de acordo com o que se vai consumir, com menos desperdício. Talvez ambientalmente seja também um avanço, pois não sobrarão rejeitos não recicláveis. Com o neuromarketing pode-se diminuir o desperdício empresarial porque criar-se-ão produtos que estão mais ligados com o que as pessoas realmente querem. Por outro lado, entendendo o comportamento de consumo será possível entender a tendência compulsiva por que muitos jovens e adultos passam nos dias de hoje. Quanto ao consumo das crianças, a força do neurmomarketing pode ser ainda maior, proibindo-se abusos, exageros da publicidade e da propaganda. O consumo infantil, que é difícil de avaliar qualitativamente, mesmo porque as crianças talvez não saibam responder a um questionário ou a um entrevistador, porque se um adulto não entende o que se passa em seu cérebro, imagine uma criança de três ou quatro anos.

Podem ser criadas campanhas realmente eficientes contra o tabagismo, a má alimentação, o exagero na compra compulsiva, contra as drogas, que, por mais que se fale, restrinja ou proíba, as pessoas continuam agindo como se nada ouvissem, continuam consumindo. Os neurocientistas já sabem como o cigarro vicia, quais os mecanismos da adição, mas é preciso que se saiba o efeito das propagandas que convencem essas pessoas a fumarem e a nova ciência aplicada chamada de neuromarketing pode ajudar nessa tarefa. Certamente o jovem, que passa por um turbilhão de modificações, no corpo e principalmente no cérebro inundado de neurotransmissores ou com falta deles, tem "motivos biológicos" para consumir vários produtos e serviços que vão tentar acalmar essa sua "fúria interna", causando um vício.

As pesquisas em neuromarketing podem atuar contra a influência nociva da propaganda que divulga e cria dependência da má alimentação, isto é, de produtos e empresas que provocam o aumento da obesidade infantil, contribuindo para o sobrepeso mundial.

Se soubermos o que provoca a vontade por alimentos que vão trazer a obesidade, que certamente tem sua explicação no comportamento de nossos ancestrais, saberemos criar ações certeiras, que trabalhem contra, prevenindo o nocivo. Também não se pode atribuir toda a culpa à vontade do indivíduo pela má alimentação, pois os hábitos alimentares são resultantes de ações ou forças orgânicas e, portanto, estão longe de serem decisões conscientes. Além de que existem disfunções corporais que afetam o padrão de consumo. O estresse também é um gatilho do consumo alimentar e de tantos outros produtos e serviços.

Foram feitas pesquisas, na área da psiquiatria, por meio de tomografia por emissão de pósitrons (PET), onde se descobriu que há uma correlação entre o índice de massa corporal e a concentração de receptores de dopamina no *nucleus accumbens*, significando que, quanto mais gordo o sujeito, menos receptores de dopamina existirão e, portanto, a compulsão é uma forma de compensar o efeito do neurotransmissor, o que o faz comer ainda mais. Isso só vem a provar que as técnicas de neuroimagem nos ajudam a entender o que se passa internamente na cabeça do consumidor e, por sua vez, o neuromarketing pode ser uma arma poderosa para ajudar a coibir propagandas abusivas, que hoje estão sendo veiculadas impunemente, sem mesmo que saibamos o quanto são nocivas. Exatamente hoje, nós não temos provas para barrar essas propagandas, pois não temos como provar que são perigosas, porque o aumento da obesidade não é somente uma responsabilidade do marketing, até porque não se sabe o que se está fazendo.

O uso das pesquisas com uso da imageologia cerebral pode ser uma arma efetiva contra as doenças como a AIDS, se se souber como é que o cérebro das pessoas reage em relação ao impulso sexual. Dizer "tenha consciência" é pedir e acreditar que o sujeito vai usar o córtex, num momento "animal", instintivo e não o seu cérebro reptiliano ou o sistema límbico. Talvez, ou melhor, provavelmente, chamar à razão não é algo efetivo. Sabemos que não funciona em momentos emocionais.

Não estou aqui isentando a responsabilidade do marketing, ou melhor, do uso inapropriado dessa ciência aplicada, mas para mostrar que a existência de produtos e a incidência de propagandas não são fatores únicos dos males do consumo humano. Existe o ambiente competitivo, as pressões do mundo moderno que causam o estresse, a genética que atua definitivamente sobre o comportamento, a nossa ancestralidade, o inconsciente e muitos outros fatores que devem ser levados em consideração.

Pode-se dizer, e com segurança, que a oferta generosa de produtos nocivos é sim bastante preocupante, mas não está sozinha na produção de vícios. Quero dizer que, entendendo como o cérebro funciona, usando as novas técnicas de neuromarketing, poderemos criar campanhas que tragam resultados contra o produto e a propaganda perniciosa, que sabemos existir. Poderemos ter respostas sobre as ações dos organismos públicos de saúde em relação ao tabagismo: se elas têm funcionado ou não, se poderiam ser mais contundentes e influenciadoras. Poderíamos entender melhor sobre o processo da ansiedade e os produtos que são favorecidos por ela com isso criar comerciais eficientes e eficazes para evitar o consumo desses produtos e até proibi-los. As empresas más usam das nossas fraquezas para criar produtos. Abusam da nossa ansiedade, da nossa solidão, da vida agitada, da pressão cotidiana e por aí adiante. Os produtos e serviços que nos viciam e criam dependência surgem a partir dessas situações ou dessas "doenças modernas". Se conseguirmos entender o que os produtos causam nas pessoas, poderemos ter motivos e provas de sobra para exterminá-los.

O neuromarketing pode contribuir e muito com esta situação. A depressão certamente aumenta o consumo pessoal, assim como a euforia. São situações extremas que desequilibram o ser humano, que por sua vez acaba encontrando a fuga na compra, porque esta, indiretamente, equilibra as quantidades de neurotransmissores. Entender esses processos poderá ajudar as pessoas a consumir conscientemente, porque elas saberão identificar as situações que as empurram para as compras, para o consumo desatinado.

As loterias são produtos nocivos à saúde econômica, porque levam indivíduos à compulsão, a apostar o que não podem, à bancarrota ou falência. São como as drogas, mas nada se fala ou se faz sobre esse mal que assola e usurpa a mente dos cidadãos e que é liberado, permitido e, pior ainda, promovido pelos governos. O neuromarketing e a neuroeconomia, tão criticados, são ciências aplicadas que podem entender, e já o fazem, a compulsão por jogos, o prazer do risco que as pessoas têm e, quem sabe, nos dar caminhos para proteger os indivíduos, controlar as atividades nesse sentido e fazer o bem para as pessoas. Só poderemos evitar a jogatina e nos defender dela e de quem promove essas ações se pudermos entender o que se passa na mente dos sujeitos, que hoje estão à mercê de tais atividades.

Se entendermos o processamento cerebral dos seres humanos em relação à bebida alcoólica, à atenção aos sinais e ao comportamento de risco no trânsito, certamente poderemos criar melhores sinalizações nas ruas e estradas e campanhas que cheguem de maneira eficaz ao cérebro dos indivíduos e, com isso, persuadi-los com campanhas e melhores sinalizações e por fim diminuir os acidentes.

Muitos são os ataques contra o neuromarketing, mais até do que os dirigidos à neuroeconomia. Grupos, ONGs e outras organizações, principalmente nos Estados Unidos, têm protestado contra as pesquisas feitas nessa área. Faculdades têm sido acusadas de promoverem a doença e o sofrimento humano, e, portanto, vêm diminuindo ou acabando com suas pesquisas, conferências têm sido canceladas e empresas que têm usado essa técnica para pesquisa e desenvolvimento de novos produtos, embalagens e propagandas têm-se mantido em silêncio, em função desses ataques.

Mas a crítica ao marketing e à propaganda não é nova, não é de hoje, data desde os anos 50, quando se falava em propaganda subliminar, sem saber-se ao certo até o que significava, quanto mais a sua existência e efetividade. Tudo isso pode vir a prejudicar o desenvolvimento da ciência e talvez coibir descobertas que poderiam ser de grande valor para o mundo ético. Pois, se soubermos onde incidem as incitações externas perniciosas e viciantes, saberemos como nos defender delas, caso contrário, ficaremos onde estamos, no nível mais baixo de entendimento do comportamento humano de consumo de bens e serviços, no nível das suposições.

# 14

## O Diagnóstico por Imagem como Instrumento de Pesquisa de Marketing

### 14.1 O USO DA IMAGEM NA PESQUISA CIENTÍFICA

O aparecimento da fotografia deu-se exatamente na mesma época em que se desenvolveu a filosofia positivista de Comte. Esta filosofia era e ainda é motivada pela busca do conhecimento exato do mundo sensível. Esse conhecimento científico acabou por invadir o mundo da biologia com Darwin, da medicina experimental com Claude Bernard, e também da estrutura social com Karl Marx, mantendo-se até hoje na busca de respostas mais próximas da "verdade", do real. A economia sempre se pautou por esse fim, o conhecimento econômico requer necessariamente o conhecimento exato dos processos de produção, a estrutura dos mercados, o funcionamento das empresas e fundamentalmente a quantificação dos resultados. É a tendência *accountable* que também invade o marketing. O comportamento do ser humano, mais especificamente o comportamento econômico dos indivíduos, até há pouco tempo, que é a preocupação e também a principal fonte de informação das ciências econômicas aplicadas, tinha como base positivista o uso da matemática, mais especificamente a estatística.

Mas a imagem, recentemente descoberta pela neurologia, veio trazer novos métodos para análise do comportamento humano. A fotografia surgiu para ampliar e completar as tecnologias já utilizadas em pesquisas nas áreas de astronomia, com o uso do telescópio, e também em medicina, com o uso de microscópio. Mas aquela tecnologia, por si, não atendia a algumas necessidades específicas da ciência, como o estudo do movimento, fato que provocou a invenção de um instrumento para captação de imagens animadas, e que possibilitou à investigação científica o estudo do movimento, e consequentemente deu um impulso na pesquisa dos fenômenos da natureza. Tudo para procurar refletir a realidade, para ser o mais positivista possível. A imagem, como instrumento da pesquisa científica, é uma prática corrente dos pesquisadores das mais diversas áreas. Além das áreas que já citei anteriormente, a antropologia tem usado já há algum tempo instrumentos como a fotografia e a filmagem para registros de comportamentos humanos para análise de aspectos culturais e sociais dos indivíduos.

Essas tecnologias, que registram imagens, contribuíram e ainda colaboram em registrar e, mais do que isso, conservar por muito tempo as imagens das civilizações que por ventura possam extinguir-se. Na etologia, as imagens de animais podem contribuir com a observação do comportamento destes, com o registro de espécies que possam extinguir-se por descuido humano e por aí em diante. Mais recentemente, a imagem veio contribuir enormemente com as pesquisas em neurociências, com visualização dos processos cerebrais e por consequência nas pesquisas em neuroeconomia e neuromarketing. Quer dizer, a economia passou também a ter, além da matemática, instrumentos tecnológicos de registro de imagens que buscam aprofundar e chegar mais perto da tão procurada "verdade" científica no comportamento do consumidor.

As imagens científicas proliferam em todas as áreas do conhecimento e já se estabeleceram como importante instrumento de captação de informações em áreas em que seja importante o observar do movimento, seja este um comportamento ou qualquer mudança espacial ou temporal. A sua fundamental função é de fazer registros de acontecimentos ou fenômenos com certo dinamismo, podendo ainda oferecer ao pesquisador que use dessas técnicas uma variada possibilidade de análises. Possibilitam a repetição da observação (importante na etologia), a preservação dos acontecimentos que são difíceis de se repetir (importante na ecologia), a mensuração de fenômenos dinâmicos (importante na medicina) e, além de tudo, possibilitam registros gráficos mediante o auxílio de outras tecnologias como as da informática.

A imagem tornou-se fundamental na pesquisa em diversos campos da ciência e tem-se prestado como um excelente meio de comprovação científica. Ela mostra não uma percepção, um olhar, um viés próprio de determinado pesquisador, mas um registro do acontecimento ou do comportamento pesquisado. Isso não quer dizer que não seja passível de interpretações diversas, mas o registro é real e instantâneo do "ato" animal ou humano, da "ação" deste, do fato como realmente aconteceu. Tudo nos leva a crer que o uso de imagem para entendimento do comportamento humano é essencial e aproxima a pesquisa da "verdade". Portanto, se o uso da imagem chega mais perto do real, pode-se imaginar o efeito do uso de imagens na captação dos fenômenos cerebrais, que é donde surgem os comandos para o comportamento humano. O cérebro é a base para o comportamento humano, é o organismo de onde este se origina e poder-se filmar esse órgão em atividade, o seu processamento, não pode ser senão a base mais fidedigna para uma pesquisa de comportamento humano.

A utilização das imagens na investigação em ciências sociais, como na antropologia e principalmente nas pesquisas etnográficas, tem a função de auxiliar na investigação, constituindo um instrumento válido e de grande aceitabilidade. Nesse processo de utilização em ciências sociais, as imagens permanecem rigorosamente controladas pelos métodos tradicionais de inquérito e apenas complementar a esses métodos, atuando como um instrumento de prova e controle, de análise minuciosa e detalhada.

As utilizações dos registros de imagens para a ciência social, diferentemente da ciência biológica, principalmente a ciência médica, se destinam somente a atividades humanas exteriores, que podem ser observadas. Mas, para as neurociências, esse paradigma desfaz-se e introduz a imagem na investigação das atividades interiores, fundamentalmente. A evolução da pesquisa cerebral veio acrescentar novas formas de investigação até para as ciências sociais, que até então não admitiam que as atividades interiores, como as representações mentais, pudessem ser investigadas por imagens, e o acesso à mente deveria acontecer principalmente por meio da palavra escrita ou da fala, cuja validade discuto muito por vários motivos que já aleguei anteriormente, como o autoengano e os conteúdos inconscientes não perceptíveis e não entendidos pelo próprio indivíduo.

As imagens do interior humano vêm se tornando comuns e populares com o surgimento, desde algum tempo atrás, dos novos aparelhos de visualização em medicina. A interioridade visceral, revelada pelas novas tecnologias de imagens, faz parte de um processo de externalização do universo interno, para um maior e melhor entendimento do corpo humano e também do seu comportamento. Essas ferramentas que nos trazem as imagens corporais têm revelado um mundo que até então não conhecíamos. Entre as revelações, que até então eram suposições apenas, estão a anatomia e a fisiologia cerebral.

Na sociedade vitoriana, na qual os raios X aparecem, a intimidade era algo que o indivíduo protegia com afinco. Eram claras as fronteiras entre o público e o privado, separando a imagem particular, privada do indivíduo da sua apresentação na esfera pública. Nessa cultura e sociedade de demarcações contundentes entre interior e exterior, entre o público e o privado, as imagens de raios X vieram a confundir a distinção social e moral e, a partir daí, operou-se o início de uma mudança na ideia de privacidade e intimidade. Nessa época, os indivíduos viam a nova tecnologia com uso de raios X como uma invasão da privacidade. Esse sentimento de invasão de privacidade perdura até hoje, quando se percebe que há muito preconceito e medo com o próprio uso das técnicas de neuromarketing por cientistas e empresas patrocinadoras, por alegar-se que não é correto invadir a mente das pessoas.

Obviamente que há exceção quanto à aplicação em medicina, onde é bem-vista e bem-vinda a tecnologia de diagnóstico por imagem. Na segunda metade do século XVII, apareceram os primeiros aparelhos para visualizar o interior dos órgãos. Mas é no século XIX que surge uma série de instrumentos de visualização, como é o caso do oftalmoscópio em 1850 e do laringoscópio em 1857. A eles se seguiram outras ferramentas para visualizar a vesícula, o estômago, o reto e a vagina, auxiliados pela invenção da lâmpada em 1881 e pela fotografia. Com o surgimento do raio X, houve uma quantidade grande de publicações especializadas.

Para se ter uma ideia, em 1896, um ano depois da descoberta do aparelho, surgiram 49 livros e mais de mil artigos científicos sobre o tema, o que revela a atenção despertada pela nova tecnologia. Desde então, o interesse pelos raios X não se limitou ao campo biomédico, difundindo-se rapidamente no campo sociocultural e jurídico. Quer dizer, para as ciências sociais, o uso de imagem não é estranho desde há muito tempo.

Os pesquisadores mais dedicados dos raios X encontravam-se nas áreas de psicologia e parapsicologia, que diziam explorar a "quarta dimensão", ou seja, auras psíquicas e a percepção extrassensorial. Era comum identificar as imagens de raios X com imagens da alma, como faziam os espiritualistas. O mesmo aconteceu, há pouco, com outras tecnologias de diagnóstico por imagem, especialmente as de visualização do cérebro, que ao final do século passado propiciaram o surgimento de áreas de investigação como a neuroteologia, neuroescatologia e neuroesoterismo, que têm como objetivo delimitar naquele órgão as zonas responsáveis pela espiritualidade Na área jurídica, no meio do conflito entre evidências verbais e visuais, a primeira imagem de raios X foi usada como evidência, em fevereiro de 1896, num tribunal de Montreal. Hoje, essas imagens têm sido usadas como evidência até contra os próprios médicos que são acusados de negligência.

## 14.2 A PESQUISA EM NEUROLOGIA

Não é recente a curiosidade do homem em se tratando de pesquisa cerebral, ao contrário, sabe-se que muito tempo atrás o ser humano já fazia pesquisas sobre esse organismo tão pouco compreendido. Desde épocas longínquas, a nossa procura por respostas nos levou a pesquisar o cérebro. O cérebro, como já disse anteriormente em outros capítulos, é a "caixa-preta" da ciência biológica, é a parte do organismo humano que mais intriga os pesquisadores até hoje. Recentemente, mais especificamente nos últimos 20 anos, as pesquisas anatômicas e fisiológicas cerebrais vêm crescendo de maneira absurda, porque muitos são os cientistas, de diversas áreas, que estão buscando respostas para atividades humanas como o comportamento e para atividades não humanas como no ramo da informática, para poder entender os mistérios do cérebro humano e animal e poder curar, poder entender doenças, às vezes incuráveis, e até para poder fazer analogias e aplicar os conhecimentos em áreas diversas e, a princípio, distantes das neurociências.

Desde 4.000 anos antes de Cristo, os sumérios registravam alguns fatos sobre o cérebro e seus fenômenos e relatavam as alterações de comportamento associadas ao consumo de papoula, como os sintomas de euforia, sedação, bem-estar, entre outros. Nos papiros egípcios, em 2500 a. C., encontram-se os primeiros tratados médicos de toda a história, contendo casos de danos cerebrais e descrições de suturas cranianas.

A trepanação, espécie de cirurgia neurológica em que se remove uma placa do osso craniano com o objetivo de ter acesso ao cérebro, era uma prática realizada desde há 7 mil anos, entre os homens da era neolítica. Mais tarde, nas civilizações asteca, maia e inca também foram encontradas evidências de trepanação descobertas pela arqueologia. Daí seguem-se o Egito, a Grécia, o Império Romano e a China. Percebe-se então, mediante esses relatos, que os exames neurológicos já eram uma preocupação. É claro que todas as técnicas antigas eram invasivas, mas também tem-se relatos de sobreviventes da trepanação.

Quando Röntgen (1845-1923) descobriu o raio X, assim denominado pelo cientista por não saber a natureza dessa radiação, no ano de 1895, deu-se o primeiro passo para a possibilidade tão desejada de visualizar o organismo humano internamente, de uma forma que não fosse invasiva e em que o indivíduo estivesse com vida. Com esse primeiro tipo de exame, constituiu-se certamente o grande passo para o conhecimento da anatomia do corpo humano e posteriormente, através da fisiologia, o comportamento humano. Com a evolução da ciência e principalmente da tecnologia, os equipamentos foram sendo aperfeiçoados. Outro fato importante para o diagnóstico mediante o uso de imagens foi a descoberta da radioatividade, que ocorreu quase que no mesmo período da história da ciência em que se descobriu o raio X. Observando que o urânio emitia radiação com grande poder de penetração, Henri Becquerel (1852-1908) e o casal Curie foram pioneiros na descoberta e na pesquisa da radioatividade.

Décadas mais tarde, mais especificamente em 1950, Hal Anger (1920-2005) criou um equipamento que produzia imagens da distribuição de substâncias metabolizadas nos órgãos e, para isso, as substâncias tinham que ter adicionadas à sua estrutura molecular, um isótopo radioativo emissor de radiação gama. Esse equipamento, conhecido inicialmente por câmara Anger, representou um grande avanço para a medicina diagnóstica conhecida como medicina nuclear. O equipamento foi aprimorado e tornou-se possível realizar a tomografia da distribuição do material radioativo ligado a uma substância química metabolizada no órgão analisado. Essa composição química, denominada radiofármaco, normalmente, é administrada por via venosa e, depois de um tempo suficiente para a metabolização, que corresponde à fixação no órgão em estudo, coloca-se o paciente diante do equipamento para a obtenção das imagens.

Apesar de se ter descoberto a ressonância nuclear magnética no ano de 1946, na Stanford University e também no MIT (Massachusetts Institute of Technology), somente em 1973 dois grupos independentes, um liderado por Paul Lauterbur, professor de química da New York State University, e outro por Peter Mansfield, professor da Nottingham University, fizeram as primeiras imagens utilizando a ressonância magnética. Novamente, o avanço tecnológico foi fundamental para o desenvolvimento dessa técnica, que utiliza o fenômeno físico da radiofrequência para a formação da imagem, apesar do nome "nuclear". As imagens obtidas são as respostas do tecido à estimulação por radiofrequência e dependem basicamente da concentração de átomos de hidrogênio em diferentes regiões, bem como da forma como os átomos de hidrogênio estão ligados nas variadas substâncias do corpo, como gordura e água, por exemplo.

Hoje, o maior desafio da medicina é conseguir obter informações dinâmicas do funcionamento do corpo humano e, nesse caminho, duas grandes técnicas de imagem vêm se destacando: a PET (*Positron Emission Tomography*) dinâmica e a fMRI (*Functional Magnetic Resonance Imaging*). A primeira técnica deriva da medicina nuclear e a segunda, da ressonância magnética. Para a PET, desenvolveu-se um equipamento destinado à aquisição das imagens e, para a ressonância magnética funcional, tecnologias de *hardware* e de *software*, utilizando a mesma base de equipamento. A capacidade de intervir de forma cada vez menos invasiva e mais eficaz no funcionamento do sistema nervoso progride dia a dia, ampliam-se os limites da velocidade e da resolução espacial e, com isso, o funcionamento do corpo humano poderá, em pouco tempo, ser visualizado de forma não invasiva e com alta resolução, em tempo real, graças ao avanço da ciência e tecnologia incorporadas nos sistemas PET e fMRI.

A chamada neuroimagem inaugurou uma nova era no ramo da neurociência. A neuropatologia, neurofisiologia e neurofarmacologia passaram e ainda estão passando por profundas transformações no que diz respeito ao estudo do cérebro e também do sistema nervoso. Estudos *in vivo*, aqueles não invasivos, foram sendo permitidos por uma visualização *on-line*, mediante uso de computadores, e não mais *in loco*, como na trepanação, o que significa a não danificação do órgão com um mínimo de risco biológico. O mapeamento de funções cerebrais *real time* tem contribuído enormemente para o esclarecimento de uma série de funções cerebrais como memória, pensamento, a linguagem e a localização ou mapeamento de todas essas atividades. O diagnóstico de lesões milimétricas pode ser determinado com precisão e o prognóstico de diversas doenças neurológicas pode ser feito com muita segurança.

Começamos a mapear e consequentemente a entender a tal "caixa-preta" e seu funcionamento. Para se ter uma ideia da evolução na tecnologia ligada a exames e cirurgias neurológicas, vimos, no dia 14 de outubro de 2007, num programa da *National Geographic*, uma neurocirurgiã e professora de neurocirurgia da Faculdade de Medicina da Universidade da Califórnia, Dra. Linda M. Liau, que também dirige o Programa de Estudos de Tumores Cerebrais do Centro Médico da UCLA em Los

Angeles, remover um tumor do cérebro do jovem Brandon Carson, sem provocar lesões na área responsável pela linguagem ao mantê-lo acordado durante a cirurgia, e mais do que isso pedindo que ele se comunicasse, para ter certeza de que não afetaria a área de Broca, onde se processa a linguagem. Aquele jovem de 23 anos tinha um grande tumor cancerígeno próximo de uma área cerebral que é importantíssima para a linguagem. O tumor foi retirado do seu cérebro com ele consciente, em 7 de dezembro de 2006. Como disse, durante toda a cirurgia, pediam-lhe para identificar imagens desenhadas em cartões, ao mesmo tempo em que microrregiões do centro de linguagem cerebral recebiam choques elétricos. Se acontecesse de o paciente ter problemas de não reconhecer uma das imagens apresentadas, enquanto um choque estava sendo aplicado, a equipe saberia que havia encontrado uma área crítica e trabalharia nela. Tudo foi monitorado por aparelhos e computadores que iam mostrando imagens da cirurgia. A operação foi um sucesso. Esse caso é um dos muitos exemplos da evolução na imageologia cerebral. Uma trepanação moderna e sem dor.

## 14.3 OS MÉTODOS DE PESQUISA CEREBRAL

Os instrumentos utilizados pelos neurocientistas para suas pesquisas buscam registrar imagens do cérebro. Nesses métodos, as imagens cerebrais são registradas nos momentos em que as pessoas estão desempenhando uma tarefa experimental, sendo depois comparadas com as de uma tarefa controlada. O objetivo, na verdade, é identificar as regiões do cérebro ativadas pela tarefa experimental. Existem vários métodos básicos para se "coletarem" as imagens do cérebro e três destes são os mais usados em função da resolução: O (1) o eletroencefalograma (EEG); (2) a tomografia por emissão de pósitron (PET); e (3) a ressonância magnética funcional (fMRI). Destes, o EEG é o mais antigo e usa elétrodos presos à cabeça para medir a atividade elétrica sincronizada a estímulos ou respostas comportamentais. A PET também é antiga e mede o fluxo de sangue no cérebro, que é uma mensuração da atividade neural, isto é, quanto mais atividade neural houver numa região, maior será o fluxo de sangue nessa região específica. E, por fim, a fMRI, que é o mais novo e mais popular dos métodos de exames neuronais. Este método, diferentemente dos outros, detecta a atividade cerebral através de alteração da oxigenação do sangue e mensura também a atividade neural em certos locais do cérebro.

Na verdade, todos os métodos são localizacionistas, ou seja, indicam o local de maior atividade num determinado momento. Cada um dos métodos tem vantagens e desvantagens. O eletroencefalograma tem uma boa resolução temporal: resposta quase instantânea (depois de 1 milissegundo). Único método usado em humanos que monitora diretamente a atividade neural, o EEG tem melhorado com o uso de mais eletrodos. Para as pesquisas em neuroeconomia e neuromarketing, a vantagem do eletroencefalograma é ser portátil e relativamente pouco incômodo para uso no ser humano. Isso significa que, brevemente, poderá ser usado em locais não controlados, isto é, locais diferentes dos laboratórios, o que vai ajudar a analisar o comportamento humano na situação objeto.

O EEG tem uma fraca resolução espacial e mede a atividade apenas na parte exterior do cérebro. A PET e a fMRI têm melhor resolução espacial, mas fraca resolução temporal. Mas essa tecnologia vem melhorando rapidamente. Essas formas de coletar imagens cerebrais medem apenas a atividade de "circuitos", formados por milhares de neurônios, mas não têm a capacidade de medir estímulos de neurônios individuais. É possível perceber o estímulo de neurônios individualmente somente usando-se minúsculos eletrodos inseridos no cérebro, mas a principal e fundamental limitação deste método de pesquisa neurológica é que inserir fios no cérebro humano ou animal destrói os neurônios. Por isso, é usado apenas em animais, com experiências em camundongos.

Poder-se-ia a princípio pensar, a partir desse fato, que fazer exames em ratos e analisar suas reações e comportamentos não nos ajudaria a entender o comportamento humano, não nos daria repostas. O método é muito bom, analisa neurônio a neurônio, mas não tem utilidade para a análise do comportamento do ser humano. Mas, por outro lado, como defende o biologismo, contrapondo-se à posição antropocêntrica exacerbada, muitas estruturas e funções cerebrais de mamíferos não humanos são semelhantes às de humanos. Para Ridley (2001, p. 264) em seu livro *Genoma: a autobiografia da espécie em 23 capítulos*: "A distância evolutiva entre camundongos e homens não é maior que a espessura de um fio de cabelo." Não vamos nos esquecer que somos animais e que pouco há, biologicamente falando, o que nos separe de muitos deles. Talvez as respostas, ou melhor, os comportamentos inatos possam ser sim comparados com os do ser humano, até porque o sistema mesolímbico, onde se processam os instintos, é comum a todos os mamíferos, sem exceção.

## 14.4 INSTRUMENTOS DE PESQUISA EM NEUROCIÊNCIA

Até pouco tempo atrás, só havia especulações sobre o papel do cérebro no comportamento humano, pois não possuíamos instrumentos fidedignos para verificar o funcionamento desse órgão tão complexo. Por este motivo, várias conclusões não reais foram pronunciadas. Como exemplo desse fato, até há algum tempo acreditava-se que o sujeito adulto não poderia ter suas células neurais repostas, somente a criança e até uma determinada idade, e isso mostrou não ser verdadeiro. Com o surgimento das técnicas de obtenção de imagens cerebrais, começamos a entender o papel do centro do sistema nervoso no comportamento dos animais e dos seres humanos. Isso não quer dizer que podemos anunciar que o comportamento está completamente entendido, primeiro porque este não depende somente do cérebro, mas também dos neurotransmissores, dos genes, do ambiente externo e muitas outras variáveis, segundo porque ainda não compreendemos completamente o próprio órgão. O caminho é longo, mas já se caminha no sentido certo, no caminho da biologia que tinha sido deixada de lado em vários estudos das ciências sociais, como os do comportamento do consumidor.

Vou tratar aqui de alguns desses instrumentos de pesquisa do cérebro que têm trazido uma nova perspectiva para diversas áreas das neurociências. O cérebro humano é o interesse primário dos estudos de comportamento, mas não se pode pedir que as pessoas se submetam a uma cirurgia cerebral, como é feito com os animais, com a finalidade de pesquisas. Por esse motivo, surgiram as técnicas de raio X e computadores que provocaram o surgimento de vários métodos para o estudo da anatomia e da fisiologia do cérebro em funcionamento.

É preciso deixar claro que a história da estimulação elétrica, como método de investigação do sistema nervoso, não começou com o aparecimento do raio X, começou, na verdade, quando o italiano Luigi Galvani descobriu que os tecidos neurais poderiam ser eletricamente excitáveis, por volta de 1786. Numa série de experimentos que transformaram a neurofisiologia, esse médico estimulava músculos e nervos de sapos e rãs, provocando respostas de contração muscular. Ele utilizava equipamentos relativamente primitivos, que permitiam estimular de forma grosseira os tecidos neurais, mas não eram propícios para experimentos mais sofisticados ou apurados, principalmente aqueles que exigissem uma estimulação muito pontual, ou que exigissem uma delimitação de áreas pequenas do tecido. Com o desenvolvimento técnico da física descobriram-se formas mais sofisticadas e mais bem controladas de estimulação elétrica e, consequentemente, melhoraram as ferramentas para a investigação do cérebro e suas funções.

O primeiro instrumento, até por motivos históricos, é o eletroencefalograma (EEG). Um procedimento simples e indolor, no qual são instalados 20 fios (eletrodos) sobre o couro cabeludo para que se possa acompanhar e registrar a atividade elétrica do cérebro. Os registros gráficos sob a forma de ondas permitem detectar alterações elétricas associadas à epilepsia e, algumas vezes, algumas doenças metabólicas raras do cérebro. Esse aparelho foi inventado em 1929 por Hans Berger, um psiquiatra alemão que anunciou a possibilidade de se registrarem correntes elétricas geradas no cérebro humano, sem a necessidade de abrir o crânio, e também registrá-las em papel. Berger deu à sua invenção o nome de eletroencefalograma e também mostrou para os médicos e cientistas que essa atividade mudava de características de acordo com o estado funcional do cérebro, tais como no sono, na anestesia, na falta de oxigênio e em certas doenças nervosas, como a epilepsia. Essa descoberta proporcionou a Berger ser o fundador de um ramo muito importante da medicina, a neurofisiologia clínica.

Os eletrodos usados naquela época eram grandes demais para que se pudesse discernir, no EEG, algum tipo de localização específica da atividade elétrica em determinadas partes do cérebro, o chamado estudo topográfico, que era o pretendido para determinar com precisão as áreas de projeção sensorial, isto é, regiões do cérebro ativadas quando os estímulos externos, como luz e som, eram recebidos.

Foi W. Gray Walter, em 1936, quem provou que se fosse usado um grande número de pequenos eletrodos, colocados sobre o couro cabeludo, era possível identificar atividade elétrica normal e anormal em determinadas áreas do cérebro. Esse cientista inglês foi quem primeiro provou que o chamado ritmo alfa (presente durante o estado de repouso com os olhos fechados) desaparecia de quase todo o cérebro durante uma tarefa mental que exigisse um estado de alerta, sendo substituído pelas ondas beta, que são demonstradas por um ritmo mais rápido. O estudo topográfico da atividade elétrica cerebral desenvolveu-se muito rapidamente quando os pequenos, e logo em seguida os microcomputadores, rápidos e baratos, se tornaram disponíveis na década dos 80, e fazem o que hoje se chama de mapeamento colorido do cérebro. A partir daí, agregando a tecnologia computacional, proporcionou-se o aparecimento de vários outros equipamentos para mapear o cérebro e melhor entendimento do seu funcionamento e atividades que geram o comportamento humano. O uso dos computadores para processar os sinais vindos do cérebro possibilita um número quase infinito de maneiras de extrair informações úteis, propiciando assim um maior entendimento desse órgão tão misterioso, a tal "caixa-preta" do ser humano e, consequentemente, o início do entendimento do processamento cerebral e das áreas ativadas para cada atividade, para cada comportamento.

Cada modalidade de imagem (ressonância magnética funcional, tomografia por emissão de pósitrons, tomografia computadorizada por emissão de fótons isolados, eletroencefalograma) fornece tipos específicos de informações que permitem percepções diferentes das áreas cerebrais que estão sendo estudadas. Umas servem para visualizar estruturas anatômicas, outras são mais usadas para atividades metabólicas, fisiológicas e funcionais. A neuroeconomia e o neuromarketing usam destas últimas para seus exames, pois não basta visualizar a estrutura, é preciso entender as atividades cerebrais para tentar entender comportamentos.

A tomografia computadorizada por emissão de fótons isolados (SPECT) utiliza-se de radioisótopos para obter informações gerais sobre a circulação sanguínea e a função metabólica do cérebro. Após serem inalados ou injetados no indivíduo, os isótopos radioativos são conduzidos ao cérebro e, a partir daí, sua intensidade em diferentes regiões do cérebro reflete a velocidade da circulação ou a densidade dos receptores de neurotransmissores funcionantes que atraem os radioisótopos. Essa técnica não é tão precisa ou específica quanto a tomografia por emissão de pósitrons.

A interpretação das imagens do cérebro obtidas pelos exames de SPECT, realizados de modo não invasivo e confortável para o ser humano, traz informações de grande valia sobre o fluxo sanguíneo, nas diversas regiões ou áreas cerebrais, fazendo uma correlação com o possível metabolismo de cada uma dessas áreas, mostrando com isso menor ou maior atividade. Esse aparelho nos prova, de maneira visual e com registros, que o comportamento está relacionado aos padrões de atividade cerebral.

Por usar marcadores de atividade encefálica que têm duração de quatro a seis horas, o SPECT tem uma vantagem, apesar de não ser o método mais usado em pesquisas de neuromarketing: permite o uso noutro ambiente que não o hospitalar, como acontece com os outros métodos, que estão sempre num laboratório de diagnóstico por imagem ou nos hospitais. Essa situação pode criar condições favoráveis para a pesquisa do comportamento do indivíduo, pois não há dispersão nem ansiedade que são provocadas pelo ambiente hospitalar ou do laboratório. Isso significa que o sujeito certamente ficará mais à vontade, e a partir daí pode deixar suas emoções aflorar de maneira natural e sem a necessidade de ter que ficar imóvel, podendo até manifestar pequenas expressões corporais enquanto é pesquisado. Esse fato foi confirmado pelo Dr. Júlio Peres, psicólogo clínico e doutor em neurociências, quando fez seus estudos do TEPT (transtorno de estresse pós-traumático) e optou pelo SPECT, justamente para deixar fluir melhor as emoções dos indivíduos que estavam participando do estudo.

A tomografia por emissão de pósitrons (PET, em inglês) usa emissores de pósitrons, um tipo especial de radioisótopos, para obter imagens das estruturas internas do cérebro e informações sobre o seu funcionamento. É injetada uma substância na corrente sanguínea, que se desloca até as estruturas cerebrais, permitindo mensurar a atividade cerebral. Essa técnica, por exemplo, pode revelar qual parte do cérebro é mais ativa quando um indivíduo realiza operações matemáticas.

Os conceitos de tomografia por emissão e transmissão surgiram nos anos 50, quando os médicos David Kuhl e Roy Edwards construíram, na Universidade da Pensilvânia, equipamentos para mapear a distribuição de radionuclídeos no organismo. Esses instrumentos eram capazes de fotografar a radiação proveniente de elementos emissores de fótons; formavam apenas imagens do cérebro e estavam limitados a identificar um pequeno conjunto de anomalias, como tumores cerebrais e derrames.

No início dos anos 70, Louis Sokoloff e Martin Reivich mostraram que a desoxiglicose marcada com carbono-14 era capaz de mapear o metabolismo cerebral e que era uma excelente opção para o mapeamento da atividade metabólica do cérebro e de outros órgãos. No final de 1973 percebeu-se que o flúor-18, devido à sua meia-vida de 110 minutos e sua radiação gama de 511 keV, permitiria obter imagens em seres humanos.

Em 1975, a desoxiglicose marcada com flúor-18 foi sintetizada, e os primeiros testes com dois voluntários saudáveis foram feitos em 1976. A qualidade da imagem não era ideal, mas os resultados foram gratificantes. Em paralelo a essas iniciativas que estavam ocorrendo, alguns pesquisadores da Universidade de Washington, sob a direção de Michel Ter-Pogossian, construíram o primeiro *PET scanner* – tomógrafo por emissão de pósitrons – projetado para uso em humanos. Já em meados de 1976, o grupo liderado por David Kuhl na UCLA dedicou-se à exploração de aplicações clínicas das imagens PET, principalmente na avaliação de desordens do sistema nervoso central. No mesmo período, um *PET scanner* foi instalado no Brookhaven National Laboratory, de Nova York, e logo vieram outros para as Universidades de Michigan, Johns Hopkins e Washington. Ainda nos anos 80, o desempenho das imagens PET de corpo inteiro foi melhorado e, no início dos anos 90, sua aplicação como modalidade diagnóstica passou a ser reconhecida. Existem poucos aparelhos de *PET scanners* espalhados pelo mundo e pelo Brasil. Devido à meia-vida curta dos emissores de pósitrons, como o flúor-18, que tem sua atividade radioativa reduzida à metade a cada uma hora e 50 minutos, sua produção deve ser próxima ao local de aplicação. O mesmo se passa com ciclotron, o acelerador de partículas usado para produzir radioisótopos, e seus acessórios, instrumentos complexos que requerem boa dose de investimentos e profissionais especializados.

Particularmente no Brasil, a produção de radioisótopos constitui monopólio da União, conforme estabelecido na Constituição de 1988, o que tem desencorajado investimentos privados nesse campo. Mesmo assim, há iniciativas importantes, como a do centro produtor de radioisótopos do Instituto de Engenharia Nuclear (IEN), no Rio de Janeiro, as iniciativas do Instituto de Pesquisas Energéticas e Nucleares (IPEN) de São Paulo e outros projetos em polos médicos como Recife, Porto Alegre e Belo Horizonte.

A ressonância magnética (RM) do cérebro é realizada colocando-se a cabeça ou todo o corpo do paciente num espaço muito reduzido e gerando um campo magnético muito potente, que por sua vez gera imagens anatômicas extremamente detalhadas. O desenvolvimento tecnológico, principalmente no campo da radiofrequência, e o aumento do conhecimento dos fenômenos eletromagnéticos e quânticos tornaram possível detectar, por meio das imagens de ressonância magnética, pequenas alterações na intensidade do fluxo sanguíneo nas regiões do cérebro associadas a funções específicas. Daí vem o nome fMRI (*Functional Magnetic Resonance Imaging*).

Quando se executa alguma atividade mental, a região do cérebro ativada aumenta o consumo de ATP, trifosfato de adenosina, e gera maior demanda de oxigênio e glicose, suprida pelo aumento do fluxo sanguíneo na região cerebral, operando um aumento no fluxo e no volume sanguíneo para suprir a demanda de oxigênio. Esse fenômeno é denominado de efeito BOLD (*Blood Oxygenation Level Dependent Effect*). Pode-se constatar, portanto, que há variação da intensidade de resposta na região de acordo com o momento em que se adquire a imagem.

O desenvolvimento da ressonância magnética funcional está proporcionando ao homem uma precisão e uma exatidão cada vez maiores, tanto no diagnóstico e no tratamento de doenças como na compreensão do funcionamento cerebral. A capacidade de ser o menos invasivo possível e de preservar ao máximo as estruturas do corpo humano é importante e decisiva para a integridade e a qualidade de vida do paciente.

As novas técnicas para aquisição de imagens com apoio da computação são muito rápidas. Em segundos, podem-se adquirir centenas de imagens. Isso possibilita estudar o funcionamento do cérebro de um indivíduo em plena atividade e de maneira não invasiva, abrindo grandes possibilidades para melhorar a compreensão do funcionamento do sistema nervoso central e com ele o entendimento do comportamento humano. A partir dessas possibilidades que surgiram e vêm sendo aperfeiçoadas, promovem-se inúmeros estudos para entender a dinâmica cerebral. Muitos deles realizam-se analisando as áreas do cérebro ativadas no momento em que o ser humano executa tarefas, podendo associar uma ação, ou melhor, um determinado comportamento com uma área específica do cérebro e, a partir deste ponto, entender qual a participação de cada microrregião cerebral em certos comportamentos e também a fisiologia do comportamento. Isso só é possível pela rapidez dos registros dessas novas tecnologias de imageamento cerebral.

A capacidade de intervir no corpo humano, de forma a não prejudicar e de maneira mais eficiente e eficaz, para identificar o funcionamento do sistema nervoso progride a cada dia que passa. Ao mesmo tempo em que os benefícios decorrentes aumentam a eficiência do diagnóstico e do tratamento em medicina, também se dirigem para outras áreas do conhecimento das atividades humanas, como a economia, o comportamento, o marketing e daí em diante.

Os limites ampliam-se a todo o momento, tanto no aspecto da velocidade como da resolução espacial. O funcionamento pleno do cérebro humano, em pouco tempo, poderá ser visualizado em movimento, onde quer que o sujeito esteja e com alta resolução, em tempo real, graças ao avanço da ciência e tecnologia incorporadas nos sistemas PET e fMRI e também das tendências tecnológicas voltadas para o RFID (identificador por radiofrequência), o que permitirá a leitura das imagens a distância. Isso certamente proporcionará ao marketing um grande avanço para entender o comportamento de compra, pois o consumidor poderá ser analisado no ato do consumo, no ponto de venda. A Hitachi Medical Corporation introduziu, em 2012, um *scanner* cerebral que pode ser vestido pelo indivíduo e que possui diversas aplicações, inclusive para as pesquisas de neuroeconomia e neuromarketing. O equipamento é portátil e permite que seja usado enquanto o sujeito está agindo em suas atividades normais, como fazer compras, por exemplo. Por causa da sua forma esquisita, acoplada na cabeça do sujeito pesquisado, esse equipamento não dá ainda uma perfeita simulação do comportamento real do indivíduo, mas equipamentos como esse dão mais liberdade do que as máquinas de ressonância magnética ou outros tipos de *scanner* cerebral. Esse novo *scanner* usa topografia óptica para medir as mudanças no fluxo sanguíneo nas diferentes áreas do cérebro humano.

Nesse aparelho, criado pela Hitachi, as informações podem ser gravadas para, futuramente, se fazer um *downloading* ou serem transmitidas via WiFi (tecnologia *wireless* ou sem fio) para um computador. Os dados podem ser guardados em memória ou mesmo enviados em tempo real para o computador para visualização e análise instantâneas. Os computadores estão preparados para receber informações de vários cérebros ao mesmo tempo, o que permite também a análise de uma atividade em grupo. O equipamento dá ao sujeito pesquisado a liberdade de interagir com o ambiente, o que para a pesquisa de mercado é muito interessante, pois pode testar produtos e ambientes, isto é, um determinado produto em certo ambiente e depois noutro. Ou seja, permite combinar os fatores internos, biológicos, mediante análise fisiológica, com os fatores externos, o ponto de venda, a exibição do produto e o vendedor.

Para as pesquisas de *merchandising*, não poderia haver melhor maneira de avaliar os efeitos da exibitécnica, a técnica de expor, dispor e exibir os produtos nos locais de venda, pois permite também testar certo produto em várias combinações com vários outros e testar qual delas funciona mais na mente do consumidor. Na comunicação de marketing, é possível analisar o comportamento do consumidor em relação aos comerciais que passam na TV e seus efeitos reais. Oportunidades únicas e infindáveis na pesquisa de mercado podem surgir com esse tipo de equipamento de escaneamento cerebral móvel.

Outro fato que devemos considerar, além da mobilidade, é que cada uma das modalidades fornece um tipo de informação específico e muitos exames pedem informações complementares que só podem ser obtidas por várias modalidades de diagnóstico por imagem, o que mostra a necessidade de integração das modalidades de diagnóstico por imagem. Essa necessidade, aliada aos avanços impressionantes da tecnologia médica para diagnósticos e também da computação, tem promovido a criação de uma nova área de pesquisa, chamada de visualização multimodal, que investiga métodos para a visualização da ativação das áreas cerebrais em conjunto com volumes de dados multimodais. A ressonância magnética funcional permite visualizar os focos de ativação e os volumes multimodais, adquiridos por exames de ressonância magnética e tomografia computadorizada. O objetivo desse tipo de pesquisa de visualização é permitir a integração de imagens de métodos de diagnóstico diferentes para poder ter uma informação mais completa com a visualização simultânea dos dados.

Certamente quando tivermos novas tecnologias em diagnóstico por imagem do cérebro que possam integrar as vantagens de cada uma das técnicas já existentes e também a possibilidade de serem móveis, isto é, de poderem ser usadas em locais diversos, onde o sujeito pesquisado esteja em sua atividade normal, poderemos ter uma pesquisa bem realista do comportamento do consumidor, identificando as influências do ponto de venda, da exibitécnica, das embalagens, das mensagens publicitárias e tudo o que imaginarmos, com uma proximidade muito grande da realidade, do que se passa verdadeiramente na mente do consumidor. Acredita-se que, com esses exames, poderemos identificar todo o funcionamento cerebral e a partir dele o comportamento, não mais por observação apenas, mas pelo uso de imagens que revelam a fisiologia cerebral.

Outro tipo de exame de imageamento cerebral, muito interessante, que está surgindo para a pesquisa médica e também a não médica é a magnetoencefalografia (MEG). Enquanto outros tipos de escaneamento cerebral detalham a geografia do cérebro ou o fluxo sanguíneo cerebral, como a ressonância magnética funcional, o *scanner* MEG segue os sinais magnéticos que os neurônios expelem ou transmitem para outros neurônios quando se comunicam, o que permite perceber como as redes de neurônios transmitem sinais ou informações, em tempo real. Pelo contraste, a ressonância magnética funcional (fMRI) mede as mudanças no fluxo sanguíneo nas diferentes áreas do cérebro, mas é uma técnica comparativamente mais lenta. A MEG não é geograficamente precisa, mas é muito rápida. Esse tipo de exame pode ser empregado em neurociências junto com os outros exames, seguindo a tendência multimodal.

## 14.5 OS INSTRUMENTOS DE PESQUISA EM NEUROMARKETING

A técnica de imageamento por ressonância magnética é, essencialmente, colocar um sujeito sob a ação de um intenso campo magnético que adquire uma tênue magnetização, resultado dos seus *spins* nucleares com a direção desse campo. Um pulso de radiofrequência lançado sobre o tecido vivo do sujeito desloca esses *spins* da direção em que se encontravam, levando-os a um estado de energia excitado. Esse pulso de radiofrequência é composto por ondas eletromagnéticas inofensivas.Tendo sido excitados pelos pulsos, os *spins* nucleares tendem a retornar à sua condição inicial, num estado de energia mais baixa, mas, ao fazerem isso, emitem energia excedente também na forma de radiação eletromagnética. É essa energia que, ao ser detectada pelo equipamento de ressonância magnética funcional, permite a formação de imagens anatômicas.

Foi somente há alguns anos que se percebeu a possibilidade de utilizar essas imagens para detectar pequenas alterações hemodinâmicas localizadas nas áreas envolvidas em determinadas funções cerebrais e, a partir daí, começaram-se a produzir imagens funcionais do cérebro.

A ressonância magnética funcional é o equipamento mais usado em pesquisas de neuromarketing. Ela permite aos pesquisadores detectar as áreas cerebrais que estão envolvidas numa atividade, processo ou mesmo emoção. Com esse equipamento, podem-se sequenciar imagens do cérebro a cada segundo, durante alguns minutos. Durante a aquisição dessas imagens, é pedido ao pesquisado escolher entre alternativas sobre várias questões ou ele é estimulado a disparar vários processos ou emoções. Cada uma dessas condições é repetida várias vezes e podem ser separadas por tempos de descanso. A combinação dessas condições é chamada de paradigma da ressonância magnética funcional. O estímulo é usualmente audiovisual, mas pode também envolver sistemas mais complexos como odores, gostos, texturas. A detecção das áreas cerebrais que são usadas durante a condição é conseguida mediante a variação do nível de oxigenação sanguínea. Quando os neurônios são ativados, o resultado é que eles necessitam de oxigênio para compensar o aumento de atividade. E esta atividade, em determinada área cerebral, é registrada pela ressonância magnética funcional. Para se ter uma ideia mais clara do processo, quando um sujeito está olhando para um logotipo ou mesmo um comercial de TV, se o aumento do sangue se dá no córtex pré-frontal medial, isso significa que o indivíduo se identifica com tal marca ou com o comercial. As áreas ativadas são as que estão demandando mais fluxo sanguíneo e o equipamento registra esse aumento ou não de fluxo no cérebro a cada segundo, mostrando no computador imagens dessas áreas com maior atividade. Mediante tal registro, relata-se onde e como acontece a atividade, associa-se com a função de cada uma das áreas (ter medo, identificar-se, apaixonar-se, tomar decisões, desejo por alguma comida) e assim por diante.

Na verdade, o indivíduo pesquisado é colocado num campo magnético forte, o que permite detectar-se, por ondas de rádio, o fluxo do sangue oxigenado para diferentes partes do cérebro. Isso indica as regiões mais ativadas em cada situação. Esse tipo de exame permite ao pesquisador em neuromarketing e comportamento do consumidor criar mapas das redes cerebrais em ação enquanto elas processam pensamentos, sensações, memórias e comandos motores. Esses processos são exatamente as bases para o comportamento: saber o que o consumidor pensa a respeito de uma marca específica, de um serviço ou ainda de uma empresa, qual é a sensação que tem ao tocar uma embalagem, a superfície de um produto, as suas lembranças passadas positivas e negativas associadas a determinadas marcas de produtos e o seu comportamento motor, que implica no posicionamento de um produto na gôndola do ponto de venda, no giro da cabeça para enxergar o produto e por aí em diante.

O imageamento funcional faz as operações cognitivas ficarem visíveis, usando um poderoso campo magnético para rastrear os aumentos ou diminuições de sangue nos grupos de neurônios assim que eles se ativam, revelando com isso os caminhos dos pensamentos como pegadas na areia da praia.

A ressonância magnética funcional é aplicada a uma grande quantidade e variedade de estudos funcionais, principalmente em investigações que envolvem julgamentos morais, memória, linguagem e reações emocionais, e está sendo aprimorada a cada dia no aumento da resolução espacial e temporal, tornando-a uma técnica indispensável no avanço das neurociências e principalmente no desenvolvimento da neuroeconomia e do neuromarketing. Desde que surgiu na medicina experimental, mais ou menos dez anos atrás, a imagem funcional abriu imensas possibilidades para identificação das operações cognitivas que estão por trás do complexo e intrincado comportamento humano.

# 15

## O Marketing Sensorial

Outra vertente do marketing, que não é o neuromarketing nem originou este, mas que vem confirmar a tendência da busca de explicações biológicas para comportamento do consumidor, mais especificamente uma busca centrada nos processamentos do sistema nervoso, é o marketing sensorial, que ressalta o estudo e o entendimento da percepção através dos cinco sentidos. Sabe-se que os sentidos são as portas de entrada para o sistema nervoso, das provocações ou excitações vindas do ambiente externo. Os impulsos que são captados por nossos sentidos é que dão início ao processo perceptivo. Esse processo começa com a captação de um estímulo através dos órgãos dos sentidos que, em seguida, é enviado ao cérebro. Assim, a percepção é a recepção, por parte do cérebro, da chegada de um estímulo, a forma como o indivíduo seleciona, organiza e interpreta estímulos. O processo de percepção tem duas fases distintas: a primeira é a sensação, um mecanismo fisiológico através do qual os órgãos sensoriais registram e transmitem os estímulos externos; a segunda é a interpretação, que permite organizar e dar um significado aos estímulos recebidos.

O marketing sensorial é um conjunto de ações de comunicação não verbal, de baixo custo, usado principalmente no ponto de venda, que tem a finalidade de fixar uma marca, um produto ou até mesmo um serviço, criando sensações através dos cinco sentidos humanos e, com isso, um vínculo emocional com o consumidor. É o uso dos sentidos para criar experiências inesquecíveis através do olfato, do tato, do paladar, da audição e da visão. Os últimos dois sentidos sempre foram muito usados pela comunicação de marketing, tanto nas propagandas impressas como nas de rádio e televisão. Esse é na verdade o princípio da neurocomunicação de marketing.

Provavelmente, quando se inaugurar essa especialização em neuromarketing no Brasil e no mundo, tomar-se-ão como base as experiências do marketing sensorial, aliado, é claro, às novas tecnologias de imagem cerebral. O objetivo do marketing sensorial é fazer com que os consumidores se sintam à vontade no ponto de venda e passem um tempo grande na loja, o que gera uma possibilidade maior de compra. Para isso, entram em cena os especialistas em aromatização que trabalham para que um ambiente familiar com aromas como bolo, pão, chocolate, café, canela, sabonetes e perfumes lembre coisas boas. A ideia do "cheiro de carro novo" vem daí. Sabe-se, já há algum tempo, que num supermercado, quando o movimento é grande, cheio de pessoas fazendo compras, a intenção do ponto de venda é fazer o consumidor comprar e sair rapidamente, gerando uma rotatividade maior entre clientes e consequentemente um lucro também maior.

Para tal intento, o ritmo da música deve ser mais agitado e ritmado. Porém, se o local estiver com pouco fluxo de pessoas ou vazio, o ideal é colocar músicas mais tranquilas, pois o consumidor irá demorar mais tempo fazendo suas compras e gastará mais.

É através do tato que o sujeito sente a textura e a maciez de certos produtos. Para chegar até a decisão de o comprar, o toque é essencial em vários casos, como nas roupas, nas pelúcias, móveis e objetos em geral. Nota-se, principalmente nas lojas de brinquedos, o crescimento dessa tendência, isto é, da disponibilidade de toque nos brinquedos, de experimentá-los. Nas livrarias também. O que em tempos atrás era uma afronta, uma falta de educação. Não se podia tocar no produto. Outra tática bastante usada na área promocional, para provocar os sentidos, e até mais antiga que as anteriores e com a intenção de apresentar lançamentos de novos produtos alimentícios, é a degustação ou provação. O consumidor sempre se depara com promotores oferecendo uma pequena porção de determinado produto. Essa ação, que aguça o sentido do paladar, facilita a compra.

Quer dizer, não é de hoje que o marketing vem buscando respostas com base no sistema nervoso e seus processos. Algumas dessas técnicas de comunicação e promoção do produto já existem faz algum tempo. Diferentemente do marketing tradicional que valoriza a racionalidade dos argumentos, com uma argumentação lógica, o marketing sensorial, como o neuromarketing, trabalha com o lado afetivo, com os sentimentos e a memória do consumidor, porque entende que o comportamento de compra é realmente uma experiência física, biológica, sensorial e também mental.

# Referências

A FORÇA DA MARCA. *Mente e Cérebro*. São Paulo: Duetto, ano XIV, nº 168, 2007.

AMEN, Daniel G. *Transforme seu cérebro, transforme sua vida*: um programa revolucionário-para vencer a ansiedade, a depressão, a obsessividade, a raiva e a impulsividade. São Paulo: Mercuryo, 2000.

ANGER, Natalie. A highly evolved propensity for deceit. 2008. Disponível em: <http://www.nytimes.com/2008/12/23/science/23angi.html>. Acesso em: 11 abr. 2011.

AYAN, Steve. Pensar com a intuição: entrevista com Thomas Goschke. *Mente e Cérebro*. São Paulo: Duetto, ano XIII, nº 156, 2006.

ARIELY, Dan. *Previsivelmente irracional*: as forças ocultas que formam nossas decisões. Rio de Janeiro: Elsevier, 2008.

_____. *Positivamente irracional*: os benefícios inesperados de desafiar a lógica em todos os aspectos de nossas vidas. Rio de Janeiro: Elsevier, 2010.

ASIMOV, Isaac. *O cérebro humano*: suas capacidades e funções. Curitiba: Hemus, 2002.

ATKINSON, Rita L.; ATKINSON, Richard C.; SMITH, Edward E.; BEM, Daryl J.; NO-LEN-HOEKSEMA, Susan. *Introdução à psicologia de Hilgard*. Porto Alegre. Artmed, 2002.

AUGUSTO, Jordan. Por que nos enganamos tão facilmente? Disponível em: <http://www.bugei.com.br/news/index.asp?id=1421>. Acesso em: 23 maio 2008.

BALLONE, G. J. *Atenção e memória*. Disponível em: <http://www.psiqweb.med.br/cursos/memoria.html>. Acesso em: 12 out. 2004.

BANAJI, Mahzarin. *Preconceito implícito*. Disponível em: <http://www2.uol.com.br/sciam/artigos/preconceito_implicito_imprimir.html>. Acesso em: 26 maio 2007.

BECKER, Gary S. *The economic approach to human behavior*. Disponível em: <http://www.economyprofessor.com/economictheories/bioeconomics.php>. Acesso em: 23 fev. 2007.

BERTHOZ, Sylvie. O segredo das emoções. *Mente e Cérebro*. São Paulo: Duetto, ano XIII, nº 143, 2004.

BONALUME NETO, Ricardo. *Crise nas bolsas*: falta ou sobra de testosterona. Disponível em: <http://blogdofavre.ig.com.br/tag/pnas/>. Acesso em: 19 abr. 2008.

BRANCO, Samuel Murgel. *O castor e a motosserra*: reflexões sobre a natureza animal e a natureza humana. Campinas: Millennium, 2003.

BRANDÃO, Marcus L. *Psicofisiologia*: as bases fisiológicas do comportamento. São Paulo: Atheneu, 2005.

BRAIDOT, Nestor P. *Neuromarketing*: neuroeconomia y negocios. Espanha: Puertonorte-Sur, 2006.

BUCHANAN, Mark. Apenas animais. *Galileu*, São Paulo: Globo, nº 194, 2007.

BURNE, Jerome. A probe inside the mind of the shopper. *Financial Times*, 28 Nov. 2003. Disponível em: <http://www.commercialalert.org/issues/culture/neuromarketing/a-probe-insidethe-mind-of-the-shopper>. Acesso em: 30 set. 2007.

CALVIN, William H. *Como o cérebro pensa*: a evolução da inteligência, ontem e hoje. Rio de Janeiro: Rocco, 1998.

CAMERER, Colin; LOEWENSTEIN, George; PRELEC, Drazen. Neuroeconomics: how neuroscience can inform economics. *Journal of Economic Literature*, v. XLIII, 2005. Disponível em: <http://www.hss.caltech.edu/~camerer/JELfinal.pdf>. Acesso em: 22 set. 2007.

CARLSON, Neil R. *Fisiologia do comportamento*. São Paulo: Manole, 2002.

CARTER, R. *O livro de ouro da mente*. Rio de Janeiro: Ediouro, 2003.

CARR, Nick. Neuromarketing could make mind reading the ad-man's ultimate tool. *The Guardian*, 3 Apr. 2008. Disponível em: <http://www.commercialalert.org/issues/culture/neuromarketing/neuromarketing-could-make-mind-reading-the-ad-mans-ultimate-tool>. Acesso em: 16 jun. 2008.

CARVALHO, André; WAIZBORT, Ricardo. A mente darwininana: a descoberta de que os macacos têm origem comum questionou o lugar glorioso do Homo sapiens na ordem natural. *Mente e Cérebro*, São Paulo: Duetto, ano XIV, nº 157, 2006.

CAVALCANTE, Rodrigo. O que é a consciência humana? Como o seu cérebro produz o filme que faz com que você seja você mesmo? *Superinteressante*, São Paulo: Abril, nº 240, 2007.

CHANGEUX, Jean-Pierre. *A verdade e o cérebro*. Tradução de Jorge Pinheiro. Lisboa: Instituto Piaget, 2002.

CICERONE, Paola Emilia. Loucos por compras. *Mente e Cérebro*, São Paulo: Duetto, ano XV, nº 176, 2007.

CICERONE, Paola Emilia. Táticas de sedução. *Mente e Cérebro*, São Paulo: Duetto, ano XV, nº 176, 2007.

COVOLAN, Roberto; ARAÚJO, Draulio B.; SANTOS, Antônio Carlos; CENDES Fernando. Ressonância magnética funcional: as funções do cérebro reveladas por spins nucleares. *Ciência e Cultura*, São Paulo: Imprensa Oficial, nº 1, 2004.

DAGHER, Alain. Shopping centers in the brain. *Neuron*, v. 53, 7-8, 4 Jan. 2007. Disponível em: <http://www.neuron.org/content/article/fulltext?uid=PIIS0896627306009998>. Acesso em: 26 out. 2007.

DAMASIO, António; DAMASIO, Hanna; CHRISTEN, Yves. *Neurobiology of decision-making*. Berlin: Springer, 1996.

_____. *Em busca de Espinosa*: prazer e dor na ciência dos sentimentos. São Paulo: Companhia das Letras, 2004.

_____. *O erro de Descartes*: emoção, razão e o cérebro humano. São Paulo: Companhia das Letras, 1996.

_____. *O mistério da consciência*: do corpo e das emoções ao conhecimento de si. São Paulo: Companhia das Letras, 2000.

DAWNAY, Emma; SHAH, Hetan. Extending the "rational man" model of human behaviour: seven key principles commissioned by The Environment Agency. Disponível em: <www.neweconomics.org>. Acesso em: 21 set. 2007.

DO ANIMALS LIE? Disponível em: <http://www.healthdiaries.com/animals-lie.htm>. Acesso em: 12 abr. 2011.

EAVES, Elisabeth. This is your brain on shopping. Disponível em: <http://www.forbes.com/2007/01/05/neuroeconomics-buying-decisions-biz_cx_ee_0105papers.html>. Acesso em: 18 dez. 2007.

ELLIOTT, Stuart. Is the ad a success? The brain waves tell all. *New York Times*, 31 March, 2008. Disponível em: <http://www.nytimes.com/2008/03/31/business/media/31adcol.html?_r=1&em&oref=slogin>. Acesso em: 5 jul. 2008.

ENGEL, Andreas K.; DEBENER, Stefan; KRANCZIOCH, Cornelia. Sintonia neural: como o cérebro decide o que é ou não é interessante? *Mente e Cérebro*, São Paulo: Duetto, ano XIV, nº 157, 2006.

FELDMAN, R. S. Self-presentation and verbal deception: do self-presenters lie more? *Journal of Applied Social Psychology*, 2002.

FERNANDES, João Azevedo. Comportamento, biologia e ciências sociais: um diálogo impossível? *ComCiência. Revista Eletrônica de Jornalismo Científico*, v. 80, p. 4, 2006. Disponível em: <http://www.comciencia.br/comciencia/handler.php?section=8&pagina=1>. Acesso em: 4 fev. 2007.

FERREIRA, Vera Rita de Mello. *Psicologia econômica*: estudo do comportamento econômico e da tomada de decisão. Rio de Janeiro: Elsevier, 2008.

FIELDS, R. Douglas. Apagando memórias. *Mente e Cérebro*, São Paulo, ano XIV, nº 162, 2007.

Fisiologia da mentira e suas pistas exteriores. Disponível em: <http://veja.abril.com.br/160909/popup_fisiologia.html>. Acesso em: 22 maio 2011.

FLORACK, Arnd; SCARABIS, Martin. Poderes invisíveis. *Mente e Cérebro*, São Paulo: Duetto, ano XIII, nº 144, 2005.

FOLEY, Robert. *Os humanos antes da humanidade*: uma perspectiva evolucionista. Tradução Patrícia Zimbers. São Paulo: Editora UNESP, 2003.

GARDNER, Howard. *A nova ciência da mente*: uma história da revolução cognitiva. São Paulo: Editora da Universidade de São Paulo, 2003.

GAZZANIGA, Michael S. *The new cognitive neurosciences*. Cambridge, Mass.: MIT Press, 1995; 2000; 2005.

_____; IVRY, Richard; MANGUN, George. *Cognitive neuroscience*. New York: Norton, 2002.

GIANNETTI, Eduardo. *Autoengano*. São Paulo: Companhia das Letras, 2005.

GIGLIO, Ernesto M. *O comportamento do consumidor*. São Paulo: Pioneira Thomson Learning, 2002.

GLADWELL, Malcom. *Blink*: a decisão num piscar de olhos. Rio de Janeiro: Rocco, 2005.

GLIMCHER, Paul. *Decisions, uncertainty and the brain*: the science of neuroeconomics. USA: MIT Press, 2003.

GOLEMAN, Daniel. *Inteligência emocional*. Tradução Marcos Santana. São Paulo: Objetiva,1996.

GOLDBERG, Elkhonon. *O cérebro executivo*: lobos frontais e a mente civilizada. Rio de Janeiro: Imago, 2002.

GOSCHKE, Thomas. Pensar com a intuição. *Mente e Cérebro*, São Paulo: Duetto, p. 40, jan. 2006.

GRAY, John. *Cachorros de palha*: reflexões sobre humanos e outros animais. Rio de Janeiro: Record, 2006.

GRIMM, Oliver. Armadilhas da compulsão. *Mente e Cérebro*, São Paulo: Duetto, edição especial, nº 11, 2007.

GROSE, Thomas. What makes us buy? A fast-growing industry called neuromarketing uses science to help marketers understand how we respond to products. *Time*, 18 Sept. 2006. Disponível em: <http://www.commercialalert.org/issues/culture/neuromarketing/what-makes--us-buy>. Acesso em: 27 nov. 2007.

HARRIS, Judith Rich. *Não há dois iguais*: natureza humana e individualidade. São Paulo: Globo, 2007.

HELLIEK, Kevin. This is your brain on a strong brand: MRIs show even insurers can excite. *Wall Street Journal*, 28 Nov. 2006. Disponível em: <http://www.commercialalert.org/issues/culture/neuromarketing/this-is-your-brain-on-a-strong-brand>. Acesso em: 11 jul. 2007.

HEILMANN, Mario F. *Social evolution and social influence*: selfishness, deception, self-deception. Disponível em: <http://www.a3.com/myself/ravenpap.htm>. Acesso em: 13 abr. 2011.

HERBERT, Wray. Marketing and mind control: how the emotional parts of our brains can be manipulated. *Newsweek*, 24 Oct. 2006. Disponível em: <http://www.newsweek.com/id/45380>. Acesso em: 23 out. 2007.

HERCULANO-HOUZEL, Suzana. *O cérebro em transformação*. Rio de Janeiro: Objetiva, 2005.

_____. *Sexo, drogas, rock'n'roll... e chocolate*: o cérebro e os prazeres da vida cotidiana. Rio de Janeiro: Vieira & Lent, 2003.

HITIER, R.; PETIT, F.; PRÉAT, T. Memórias de uma mosca. *Mente e Cérebro*, São Paulo: Duetto, nº 140, p. 74-81, 2004.

HORGAN, John. *A mente desconhecida*: por que a ciência não consegue replicar, medicar e explicar o cérebro humano. São Paulo: Companhia das Letras, 2002.

HULSHOFF, Thomas. Loucos de raiva. *Mente e Cérebro*, São Paulo: Duetto, edição especial, nº 9, nº 140, 2006.

IACOBONI, Marco. *Mirroring people*: the science of empathy and how we connect with others. New York: Picador, 2009.

_____. *Who really won the Super Bowl?* The story of an instant-science experiment. Disponível em: <http://www.edge.org/3rd_culture/iacoboni06/iacoboni06_index.html>. Acesso em: 19 fev. 2007.

ILLING, Robert Benjamin. Das trepanações à inteligência artificial. *Mente e Cérebro*, São Paulo: Duetto, p. 82, set. 2004.

IZQUIERDO, Ivan. Tipos e mecanismos de memória. *Mente e Cérebro*, São Paulo: Duetto, ano XIII, nº 144, 2004.

JENSEN, Michael C.; ZAK, Paul J. *Moral markets*: the critical role of values in the economy. USA: Princeton University Press, 2008.

KEHL, Maria Rita. *O inconsciente a serviço do lucro*. Disponível em: <http://www.mariarita-kehl.psc.br/resultado.php?id=22>. Acesso em 15 jul. 2007.

KELLY, Margo. *What is neuromarketing?* Disponível em: <http://www.cbc.ca/consumers/market/files/money/science_shopping/neuromarketing.html>. Acesso em: 20 mar. 2007.

_____. *Troubling science worries some*. Disponível em: http://www.cbc.ca/consumers/market/files/money/science_shopping/index2.html>. Acesso em: 18 mar. 2007.

KELLY, Margo. *The science of shopping*. Disponível em: <http://www.cbc.ca/consumers/market/files/money/science_shopping/>. Acesso em: 18 mar. 2007.

KNUTSUN, Brian; RICK, Scott; WIMMER, G. Elliott; PRELEC, Drazen; LOEWEN-STEIN, George. Neural predictors of purchases. *Neuron*, nº 53, p. 147-156, 4 Jan. 2007. Disponível em: <www.neuron.org>. Acesso em: 1º set. 2008.

KIDA, Thomas Edward. *Não acredite em tudo o que você pensa*: os 6 erros básicos que cometemos quando pensamos. Rio de Janeiro: Elsevier, 2007.

KLEIN, Stefan. *A fórmula da felicidade*. Rio de Janeiro: Sextante, 2005.

KLIMCHAK, Steve. Mensagens cifradas. *Mente e Cérebro*, São Paulo: Duetto, ano XIII, nº 144, 2004.

KRAFT, Ulrich. Admirável (neuro) mundo novo. *Mente e Cérebro*, São Paulo: Duetto, ano XIII, nº 144, 2004.

_____. *Ninguém vive sem mentir*. Disponível em: <http://ecommerce.multiply.com/journal/item/11>. Acesso em: 7 nov. 2007.

LEDOUX, Joseph. *O cérebro emocional*: os misteriosos alicerces da vida emocional. Rio de Janeiro: Objetiva, 2001.

_____. *Synaptic self*. New York: Penguin Press, 2002.

LENT, Roberto. *Cem bilhões de neurônios*: conceitos fundamentais de neurociência. São Paulo: Atheneu, 2004.

LENZEN, Manuela. A base biológica das emoções. Entrevista com António Damásio. *Mente e Cérebro*, São Paulo: Duetto, ano XIII, nº 143, 2005.

LEUZINGER-BOHLEBER, Marianne. Sonhos ou espuma? *Mente e Cérebro*, São Paulo: Duetto, ano XIII, nº 145, 2005.

LEWIS, David; BRIDGES, Darren. *A alma do novo consumidor*. São Paulo: Makron Books, 2004.

LIBET, Benjamin; FREEMAN, Anthony; SUTHERLAND, Keith. *The volitional brain*: towards a neuroscience of free will. EUA: Imprint Academic, 2000.

LINDER, Isabel; ECHTERHOFF, Gerald; DAVIDSON, Patrick S. R.; BRAND, Mathias. *Observation inflation*: your actions become mine. 2010. Disponível em: <http://wwwback.jacobs-university.de/imperia/md/content/groups/schools/shss/echterhoff/observinflation_lindnerechterhoffetal_psychscience_inpress_1_.pdf>. Acesso em: 15 set. 2010.

LIPOVETSKY, Gilles. *A felicidade paradoxal*: ensaio sobre a sociedade do hiperconsumo. São Paulo: Companhia das Letras, 2007.

LOFTUS, E. F. *Criando memórias falsas*. Disponível em: <http://ateus.net/miscelanea/criando_falsas_memorias_falsas>. Acesso em: 22 jul. 2004.

LOVEL, Jim. Neuromarketing firm launched by Atlanta ad veteran. *Atlanta Business Chronicle*, 17 June 2002. Disponível em: <http://www.commercialalert.org/issues/culture/neuromarketing/neuromarketing-firm-launched-by-atlanta-ad-veteran>. Acesso em: 23 out. 2007.

LOVEL, Jim. Nader Group slams emory for brain research. *Atlanta Business Chronicle*, 8 Dec. 2002. Disponível em: <http://www.commercialalert.org/issues/culture/neuromarketing/nader-group-lsams-emory-for-brain-research>. Acesso em: 23 out. 2007.

McCABE, Kevin. Neuroeconomics. In: NADEL, Lynn (Ed.). *Encyclopedia of cognitive science*. USA: Nature Publishing Group, v. 3, 2003.

MACHADO, Angelo. *Neuroanatomia funcional*. São Paulo: Atheneu, 2004.

MAUBOUSSIN, Michael J. *More more than you know*: finding financial wisdom in unconventional places. New York: Columbia University Press, 2007.

_____. *Think twice*. Cambridge: Harvard Business School Press, 2009.

McCLURE, Samuel M.; LI, Jiam; TOMLIN, Damon; CYPERT, Kim S.; MONTAGUE, Latané M.; MONTAGUE, P. Read. Neural correlates of behavioral preference for culturally familiar drinks. *Neuron*, v. 44, p. 379-387, 2004.

MALFITANO, Oscar; ARTEAGA, Ramiro; ROMANO Sofia; SCÍNICA, Elsa. *Neuromarketing*: cerebrando negocios y servicios. Buenos Aires: Granica, 2007.

MAYR, Ernst. *Biologia, ciência única*: reflexões sobre a autonomia de uma disciplina científica. São Paulo: Companhia das Letras, 2005.

MALDONATO, Mauro. A nova fronteira da neuroeconomia. *Scientific American Brasil*, nº 66, nov. 2007.

_____. Rumo a uma ciência do livre-arbítrio. *Scientific American Brasil*, nº 76, set. 2008.

MARINO JÚNIOR, Raul. *A religião do cérebro*: as novas descobertas das neurociências a respeito da fé humana. São Paulo: Gente, 2005.

MARTINS, José Maria. *A lógica das emoções*: na ciência e na vida. Petrópolis: Vozes, 2004.

MATOS, Maria Amélia; TOMANARI, Gerson Yukio. *A análise do comportamento no laboratório didático*. São Paulo: Manole, 2002.

MAUTONE, Silvana. Adolescentes que mandam. *Exame*, São Paulo: Abril, ano 41, nº 9, ed. 893, 2007.

MENTE E CÉREBRO. *Entre perdas e ganhos*: sensibilidade neural à possibilidade de lucro ajuda a explicar jogo patológico. São Paulo: Duetto, ano XIV, nº 170, 2007.

MILTNER, F. et al. *Domine os poderes de sua mente*: pense melhor, viva melhor. Rio de Janeiro: Reader's Digest, 2002.

MITHEN, Steven. *A pré-história da mente*: uma busca das origens da arte, da religião e da ciência. São Paulo: Editora UNESP, 2002.

MYERS, David G. *Psicologia*. Rio de Janeiro: LTC, 2006.

_____. Labirintos da intuição. *Mente e Cérebro*, ano XIV, nº 175, 2007.

MILLER, Alan S. *Por que homens jogam e mulheres compram sapatos*: como a evolução molda o nosso comportamento. Tradução de Silvia Schlossarek. Rio de Janeiro: Prestígio, 2007.

MONTAGUE, Read. *Why choose this book*? How we make decisions. USA: Dutton Adult, 2006.

MORAES, Renate Jost de. *As chaves do inconsciente*. Petrópolis: Vozes, 2000.

MOURA, Mariluce. Visões íntimas do cérebro. *Pesquisa FAPESP*, São Paulo: FAPESP, nº 126, 2006.

MUCHA, Thomas. This is your brain on advertising. *USA Business 2.0*, 2006.

MUSZKAT, Mauro. Dinâmica do conhecimento. *Mente e Cérebro*, São Paulo: Duetto, edição especial, nº 8, 2007.

NATIONAL GEOGRAFIC. *Cirurgia de tumores cerebrais malignos*. Disponível em: <http://especiales. natgeo.tv/aincrivelmaquinahumana/sist_nervioso.asp>. Acesso em: 19 out. 2007.

NEGÓCIO. *A geração que o marketing ainda não decifrou*. São Paulo: Globo, abr. 2007.

NICOLAO, Leonardo; LARÁN, Juliano Aita. A dominância paradigmática na pesquisa em comportamento do consumidor e a busca por uma perspectiva pluralista. *RIMAR – Revista Interdisciplinar de Marketing*, v. 1, nº 2, 2002. Disponível em: <http://www.rimar-online. org/artigos/v1n2a>. Acesso em: 13 set. 2007.

NOFSINGER, John R. *A lógica do mercado*: como lucrar com finanças comportamentais. São Paulo: Fundamento Educacional, 2006.

O EFEITO dos filmes no cérebro. *Mente e Cérebro*. São Paulo: Duetto, ano XV, nº 187, 2008.

ORGANIZAÇÃO PARA A COOPERAÇÃO E DESENVOLVIMENTO ECONÔMICO (OCDE). *Compreendendo o cérebro*: rumo a uma nova ciência da aprendizagem. São Paulo: Editora SENAC, 2003.

ORTEGA, Francisco; BEZERRA JR., Benilton. O sujeito cerebral. *Mente e Cérebro*, São Paulo: Duetto, ano XIV, nº 162, 2006.

_____. *O corpo transparente*: visualização médica e cultura popular no século XX. Ciências, Saúde – Manguinhos, Out. 2006. Disponível em: <http://www.scielo.org/cgi bin/wxis.exe/ applications/scielo org/iah/?IsisScript=iah/iah.xis&base=article^dart.org&lang=p&nextAction=search&exprSearch=O%20corpo%20transparente&form=F&conectSearch=AND>. Acesso em: 13 nov. 2007.

PANI, Roberto. *A redução das vitrines*: curiosidade que nos leva a andar pelas lojas está ligada a instintos de caçadores e coletores. São Paulo: Duetto, 2011.

PARA CONSUMIDOR, vinho vale quanto custa. *Mente e Cérebro*, São Paulo: Duetto, ano XV, nº 182, 2008.

REFERÊNCIAS 183

PAUEN, Michael. Liberdade ou ilusão. *Mente e Cérebro*, São Paulo: Duetto, edição especial, nº 9, 2006.

PERES, J. F. P. Retratos do trauma. *Mente e Cérebro*, São Paulo: Duetto, ano XIV, nº 177, 2007.

PETIT, Laurent; ZAGO, Laurie. Bases neurais da curta duração. *Mente e Cérebro*, São Paulo: Duetto, edição especial, nº 2, 2006.

PHILIPS, Helen. Ficções da mente: acreditar nas histórias que inventamos é mais comum do que se imagina. *Mente e Cérebro*, São Paulo: Duetto, ano XIV, nº 169, 2007.

PINKER, Steven. *Como a mente funciona*. São Paulo: Companhia das Letras,1998.

_____. *Tabula rasa*: a negação contemporânea da natureza humana. São Paulo: Companhia das Letras, 2004.

PIOLINO, Pascale; DESGRANGES, Béatrice; EUSTACHE, Francis. Recordar é viver. *Mente e Cérebro*, São Paulo: Duetto, edição especial, nº 2, 2005.

PIZA, Daniel. A gênese da liberdade. *O Estado de S. Paulo*, 28 out. 2007. Caderno Cultura, página D3.

RAPAILLE, Clotaire. *O código cultural*: porque somos tão diferentes na forma de viver, comprar e amar? Rio de Janeiro: Elsevier,2007.

RATEY, John Jr. *O cérebro – um guia para o usuário*: como aumentar a sua saúde, agilidade e longevidade dos nossos cérebros através das mais recentes descobertas científicas. Rio de Janeiro: Objetiva, 2002.

REINBERG, Steven. *Study spotlights marketing's impact on the brain maybe that bottle of wine isn't worth as much as you thought*. Disponível em: <http://abcnews.go.com/ Health/Healthday/story?id=4510046&page=1>. Acesso em: 25 maio 2008.

RENVOISE, Patrick; MORIN; Christophe. *Neuromarketing*: understanding the buy buttons in your customer's brain. Rev. and Updated ed. USA: Thomas Nelson, 2007.

REQUENA, Ramiro Arteaga; CAVUELA, Oscar Malfitano. *Neuromarketing*: para recrear la confianza con los clientes. Espanha: Autores Editores, 2007.

RESTAK. Richard. *Seu cérebro nunca envelhece*: descubra como você pode desenvolver todo o seu potencial. São Paulo: Gente, 2006.

RIDLEY, Matt. *Genoma*: a autobiografia de uma espécie em 23 capítulos. Tradução de Ryta Vinagre. Rio de Janeiro: Record, 2001.

RIDLEY, Matt. *O que nos faz humanos*: genes natureza e experiência. Rio de Janeiro: Record, 2004.

ROSE, Steven. *O cérebro do século XXI*: como entender, manipular e desenvolver a mente. São Paulo: Globo, 2006.

ROSTON, Eric. *The why of buy*. Disponível em: <http://www.time.com/time/insidebiz/article/0,9171,1101040308-596161,00.html>. Acesso em: 20 mar. 2008.

RUSKIN, Gary. *Commercial alert asks feds to investigate neuromarketing research at Emory University*. 17 Dec. 2003. Disponível em: <http://www.commercialalert.org/issues/culture/neuromarketing/commercial-alert-asks-feds-to-investigate-neuromarketing-research-at-emoryuniversity.> Acesso em: 22 nov. 2007.

SACKS, O. W. *O homem que confundiu sua mulher com um chapéu*. São Paulo: Companhia das Letras, 2002.

SCHACTER, Daniel L. *Os sete pecados da memória*: como a mente esquece e lembra. Rio de Janeiro: Rocco, 2003.

SCHEIER, Christian; LEFIMÖLLMANN, Annete. A ciência por trás da propaganda. *Mente e Cérebro*, São Paulo: Duetto, ano XV, nº 176, 2007.

SCHILLER, Gail. Nielsen making brain waves. *Hollywood Reporter*. 7 Feb. 2008. Disponível em: >http://www.commercialalert.org/issues/culture/neuromarketing/nielsen-making-brain-waves>. Acesso em: 6 jun. 2008.

SCHOOLER, Jonathan W.; OHLSON Stellan; BROOKS Kevin. Thoughts beyond words: when language overshadows insights. *Journal of Experimental Psycology*, v. 122, nº 2 , 1993.

SCHUBERT, Siri. Faces da mentira. *Mente e Cérebro*, São Paulo: Duetto, edição especial, nº 14, 2007.

SHERMER, Michael. *O outro lado da moeda*: a influência do fator emocional na relação com o dinheiro. Rio de Janeiro: Elsevier, 2008.

SHLEIFER, Andrei; SUMMERS, Laurence H. The noise trader approach to finance. *Journal of Economic Perspectives*, v. 4, nº 2, p. 19-33. Disponível em: <http://www.economics.harvard.edu/faculty/shleifer/files/noise_trader_approach_finance.pdf>. Acesso em: 13 ago. 2008.

SHUBIN, Neil. *A história de quando éramos peixes*: uma revolucionária teoria sobre a origem do corpo humano. Rio de Janeiro: Elsevier, 2008.

SIEMENS. Disponível em: <http://mediaibox.siemens.com.br/templates/coluna1.aspx?channel=3556>. Acesso em: 22 out. 2007.

SINGER, Emily. *Imaging deception in the brain*. Can brain imaging truly detect lies? Disponível em: <http://www.technologyreview.com/biotech/18148/?a=f>. Acesso em: 8 abr. 2011.

SMITH, David Livingstone. *Por que mentimos*: os fundamentos biológicos e psicológicos da mentira. Rio de Janeiro: Elsevier, 2006.

SQUIRE, L. R.; KANDEL, E. R. *Memória*: da mente às moléculas. Porto Alegre: Artmed, 2003.

STANTON, Angela A. *Neuroeconomics*: a critique of "Neuroeconomics: a critical reconsideration". Germany: Munich Personal RePEc Archive, 2008.

_____. *Evolving economics*: synthesis. Germany: Munich Personal RePEc Archive, 2006.

STEIN, L. M. et al. Falsas memórias e relatos de testemunhas. In: REUNIÃO ANUAL DE PSICOLOGIA, Sociedade Brasileira de Psicologia, Rio Grande do Sul. 1999. *Anais...*

SOARES, Rafael. Humano, demasiado humano. *Ciência & Vida Psique*, São Paulo: Escala, ano II, nº 21, 2007.

SOMA, Fábio Pereira. *Nietzsche e a função da linguagem e da história na busca da verdade.* Disponível em: <http://www.unifra.br/thaumazein/edicao2/ARTIGOS/Nietzsche_e_a_funcao_da_linguagem_corrigido.pdf>. Acesso em: 7 maio 2011.

SOUZA, Altay Alves Lino. Uma longa história. *Psique Especial*, São Paulo: Editora Escala, ano II, nº 6, 2007.

STONE, Gigi. *See lie inside the brain.* Disponível em: <http://abcnews.go.com/WN/story?id=3542921&page=1>. Acesso em: 7 jun. 2011.

SUTHERLAND, Keith; LIBET, Benjamin; FREEMAN, Anthony. *Volational brain towards a neuroscience of free will.* USA: Ingram Pub Services, 2000.

SUTHERLAND, Max. *Neuromarketing*: in retreat. Disponível em: <www.sutherlandsurvey.com>. Acesso em: 23 jul. 2008.

SZEGEDY-MASZAK, Marianne. *Mysteries of the mind*: your unconscious is making your everyday decisions. Disponível em: <http://health.usnews.com/usnews/health/articles/050228/28think_2.htm>. Acesso em: 28 mar. 2007.

TALBOT, Margaret. *The baby lab:* how Elizabeth Spelke peers into the infant mind. USA: The New Yorker, 2006. Disponível em: <http://www.newamerica.net/publications/articles/2006/the_baby_lab>. Acesso em: 12 jan. 2007.

THOMPSON, Clive. There's a sucker born in every medial prefrontal cortex. *The New York Times*, 26 Oct. 2003. Disponível em: <http://www.commercialalert.org/issues/culture/neuromarketing/theres-a-sucker-born-in-every-medial-prefrontal-cortex>. Acesso em: 30 set. 2007.

TIRABOSCHI, Juliana. 1,3 kg de perguntas. *Galileu*, São Paulo: Globo, 2006.

TRIPICCHIO, Adalberto; TRIPICCHIO, Ana Cecília. *Teorias da mente*: o cérebro na mira da ciência, da religião e da filosofia. Ribeirão Preto: Tecmedd, 2004.

TRIVERS, Robert. *Natural selection and social theory*: selected papers of Robert Trivers. USA: Oxford University Press, 2002. (Evolution and Cognition Series.)

UNERMAN, Sue. *Asking people to explain what they think is useless.* Disponível em: <http://community.brandrepublic.com/blogs/sueunerman/archive/2010/05/05/asking-people-to--explain-what-they-think-is-useless.aspx>. Acesso em: 18 set. 2010.

VOGELEY, Kay; NEWEN, Albert. Labirintos da consciência. *Mente e Cérebro*, São Paulo: Duetto, edição especial, nº 8, 2007.

WHAT IS THE DEFINITION of deception? Disponível em: <http://www.truthabout-deception.com/lying-and-deception/ways-people-lie/what-is-deception.html>. Acesso em: 9 abr. 2011.

WINSTON, Robert. *Instinto humano*: como os nossos impulsos primitivos moldaram o que somos hoje. São Paulo: Globo, 2006.

WITCHALLS, Clint. Pushing the buy button. *Newsweek*, 22 Mar. 2004. Disponível em: <http://www.commercialalert.org/issues/culture/neuromarketing/pushing-the-buy-button>. Acesso em: 13 out. 2007.

WRIGHT, Robert. *O animal moral*: porque somos como somos: a nova ciência da psicologia evolucionista. Tradução de Lia Wyler. Rio de Janeiro: Elsevier, 1996.

ZALTMAN, Gerald. *Afinal, o que os clientes querem*? São Paulo: Campus, 2003.

_____. *How customers think*: essential insights into the mind of the market. USA: Harvard Business School Press, 2003.

ZAK, Paul J. *Neuroeconomics*. Disponível em: <http://www.neuroeconomicstudies. org/?page=published>. Acesso em: 23 maio 2007.

Impressão e acabamento
**Imprensa da Fé**